中国工程科技发展战略四川研究院　战略研究与咨询项目丛书

四川农业科技现代化路径及机制研究

◎ 牟锦毅　刘永红　等 著

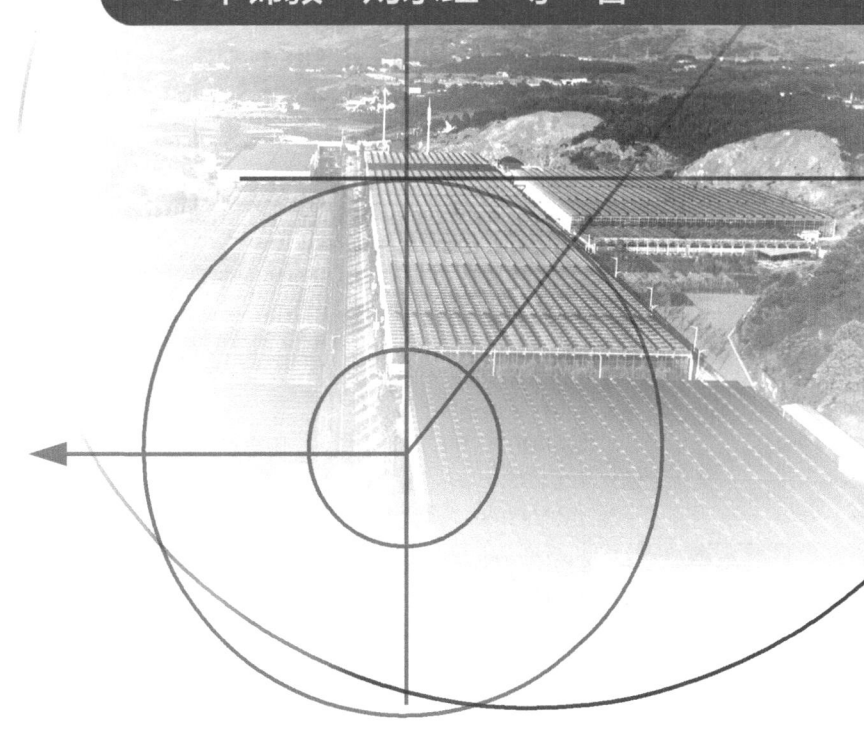

中国农业科学技术出版社

图书在版编目(CIP)数据

四川农业科技现代化路径及机制研究 / 牟锦毅等著. --北京：中国农业科学技术出版社，2023.12

ISBN 978-7-5116-6618-5

Ⅰ.①四… Ⅱ.①牟… Ⅲ.①农业现代化-研究-四川 Ⅳ.①F327.71

中国国家版本馆 CIP 数据核字（2023）第 233781 号

责任编辑	王伟红　朱　绯
责任校对	马广洋
责任印制	姜义伟　王思文

出 版 者	中国农业科学技术出版社
	北京市中关村南大街 12 号　邮编：100081
电　　话	（010）82105169（编辑室）　（010）82106624（发行部）
	（010）82109709（读者服务部）
网　　址	https://castp.caas.cn
经 销 者	各地新华书店
印 刷 者	北京建宏印刷有限公司
开　　本	185 mm×260 mm　1/16
印　　张	14
字　　数	280 千字
版　　次	2023 年 12 月第 1 版　2023 年 12 月第 1 次印刷
定　　价	78.00 元

◀ 版权所有·翻印必究 ▶

四川农业科技现代化路径及机制研究

指导委员会

主　任：康振声　李培武

委　员：向仲怀　陈温福　陈剑平　陈学庚　宋宝安
　　　　尹飞虎　周　卫　柏连阳　李成云

专著委员会

主　著：牟锦毅　刘永红

副主著：刘宗敏　杜兴端　杨恩年　王自鹏　彭建华
　　　　宋　梅

著　者（按姓氏笔画排序）：

　　　　王正源　王自鹏　王辰鹊　邓怀国　古　乐
　　　　龙京局　白贺兰　刘　强　刘永红　刘宗敏
　　　　刘培勋　许钰莎　牟锦毅　杜兴端　杨万宝
　　　　杨恩年　何　鹏　但玉玲　吝祥根　应　婧
　　　　况嘉欣　汪　君　宋　梅　张　鸿　陈春燕
　　　　赵颖文　赵黎明　胡　旭　贺红宇　敖　玲
　　　　高文波　郭耀辉　唐江云　曹　艳　常　洁
　　　　彭　迎　彭建华　彭璟颜　曾晓丹　熊　鹰

序　一

习近平总书记在《中国式现代化是强国建设、民族复兴的康庄大道》中指出，"一个国家走向现代化，既要遵循现代化一般规律，更要符合本国实际，具有本国特色。中国式现代化既有各国现代化的共同特征，更有基于自己国情的鲜明特色。""大国小农"是中国的基本国情，农业农村仍然是我国现代化建设的短板。中国农业大而不强、多而不优、规模不经济的问题依然突出，与世界公认的农业发达国家存在差距。

当前，国际环境复杂多变，地缘冲突日益加剧，资源环境约束不断趋紧，农业发展方式亟须转型，农业综合效益和竞争力亟待提高，结构性、区域性矛盾尚需解决，农产品供给保障问题依然突出。中国作为人口与农业大国，农产品供需紧平衡越来越呈常态化表现，为把粮食安全牢牢掌握在自己手中，提高国际竞争力和抵御风险的能力，中国提出到2035年基本实现农业现代化，到21世纪中叶建成农业强国。建设农业强国，基本要求是实现农业现代化。要实现农业现代化，关键在农业科技现代化，科技创新历来都在国家发展、人类进步中发挥着重要作用，在中国实现现代化的过程中，这个作用更加凸显、更加重要。

四川是全国13个粮食主产省份中唯一的西部粮食主产省，常年出栏生猪6 000万头，占全国1/10，号称"粮猪安天下"。目前，全省共有15个农产品产量居全国首位，是保障国家重要初级产品供给的战略基地之一，但农业大而不强、产品特而不优、品牌多而不响的特征明显。充分理解"三农"之大、"三农"之重和"三农"之慢，以系统的思维和历史的眼光，加快建设四川农业科技现代化，必须要加强顶层设计，以科学的规划来指导建设，并以大历史观看待"三农"问题，循序渐进、因地制宜、久久为功。

在此背景下，我和李培武院士、四川省农业科学院牟锦毅、刘永红等专家们一同承担了中国工程科技发展战略四川研究院重点项目"四川农业科技现代化路径及机制研究"。本课题通过对大量科技管理部门、科研单位、基层农业部门、涉农企业和基地园区的调研，形成了四川省农业科技发展历史方位、农业科技现代化理论研究、面向 2035 年的四川农业科技需求分析、实现四川农业科技现代化的保障机制等 6 份专题研究报告和 1 份总报告，依据上述研究成果，最终形成了本专著。专著总体研判四川农业科技迈入了科技创新驱动发展的全新阶段，但还存在农业科技投入强度低、农业自主创新能力弱、机械化水平不高等短板弱项。在准确把握农业历史方位的基础上，确立了四川农业科技分三步走的发展战略，谋划了四川实现农业科技现代化以种业自立自强、农机装备转型增效、农产品提质与安全、农业新业态构建、区域农业现代化发展为五大战略任务的十大支撑工程，构建了三大政策保障机制。本书内容丰富、实事求是、展现了沉甸甸的工作成果，描绘发展蓝图高屋建瓴、思路明晰、重点突出，具有很强的时代性、战略性和指导性。目前国内还少有以省域为对象的类似系统性研究成果，对政府农业和科技管理部门决策咨询有较大的参考价值，对关心、从事农业科技创新和转化的相关人员也有裨益。

四川作为我国农业和人口大省，地形多样、地貌复杂，推进农业科技现代化任重道远。本书的推出，为推动四川现代农业高质量发展，助力乡村全面振兴，建设农业强省提供了有力的技术智力支撑。同时也希望合作单位四川省农业科学院进一步贯彻落实习近平总书记对四川工作系列重要指示精神，继续在种质资源、农机农艺、病虫害防治、加工仓储、智慧农业等领域加强科技攻关，共同把本次战略研究的谋划一一落实，进一步提高土地产出率、资源利用率和劳动生产率，为擦亮四川农业大省金字招牌，推动由农业大省向农业强省跨越作出更大贡献！

中国工程院院士

序 二

科技是国家强盛之基，创新是民族进步之魂。科技是农业生产力变革和农村经济社会发展的源动力和驱动力，没有农业科技的创新发展就不可能实现农业农村现代化。党的十八大以来，我国大力推进农业科技创新，不断推进农业科技创新体系变革，特别是围绕"粮食安全"这个国之大者，落实"藏粮于地、藏粮于技"战略，取得了一大批科研成果，攻克了一系列核心关键技术，2022年我国农业科技进步贡献率达到62.4%，农业科技创新实现了大发展、大跨越。站在新的历史阶段，必须清醒认识到我国农业发展还面临着诸多新形势、新问题、新任务，农业发展的质量和效益有待提升、农业发展面临资源与市场双重困境、城镇化进程中人地矛盾更加突出、农业供给侧结构性改革任重道远，亟须以农业科技创新赋能农业农村现代化建设。

四川自古就享有"天府之国"的美誉，乡村地域广阔、农业资源丰富、农耕文明底蕴丰厚，从某种程度而言，可以说四川农业农村现代化建设是中国式农业农村现代化进程的生动缩影。习近平总书记对四川"三农"工作作出重要指示，深刻指出要把四川农业大省这块金字招牌擦亮，加快实现由农业大省向农业强省跨越，在新时代打造更高水平"天府粮仓"，推动治蜀兴川再上新台阶，奋力谱写中国式现代化四川新篇章。随着绝对贫困的全面消除以及全面建成小康社会目标任务的如期实现，四川"三农"工作正式迈入由传统农业向现代农业、从农业大省向农业强省跨越的关键阶段。因此，四川省迫切需要加快农业科技自立自强，全面提升农业科技自主创新能力，走出一条独立自主、自主创新、自主可控的农业科技现代化之路。

经过一代代农业科技工作者的共同努力，四川农业科技面貌发生了翻天覆地的变化，农业科技支撑实现了由弱到强、科技服务农户由浅入深、科技基础规模由小到大、科技体制改革由点到面的跨越。但同时也应清醒地认识到，四川省建立在人多地少基础上的农业产业将长期处于紧平衡、高风险、不稳定的态势，随着农业现代化发展向纵深推进，农业发展日益步入耕地退化、生物灾害加剧、水土资源约束、农业污染加重、食品安全风险时有发生等多重风险聚集叠加期,未来农业科技任务比以往任何时候都要艰巨,加快农业科技现代化比以往任何时候都要紧迫,亟须以技术创新替代资源约束、由高产主导向绿色主导转变,彻底改变"跟踪式、依附式"的农业技术路径,布局制定农业科技重点任务和优先路径。

为推动四川农业科技发展,强化科技支撑农业农村现代化发展能力,中国工程科技发展战略四川研究院设立并启动了由康振生院士和我牵头、四川省农业科学院相关专家参与的"四川农业科技现代化路径及机制研究"项目,结合研究进展及结果形成了《四川农业科技现代化路径及机制研究》一书。

本书遵循从一般到典型、从理论探索到实践应用的思路,借鉴智库研究方法,从历史数据分析、发展现状分析、未来趋势分析来驾驭问题。按照"确定研究问题—寻找理论支撑—明确战略思路—提出保障机制对策—寻找案例进行实证"的技术路线,逐步推进,形成了一个有机的整体。对于完善农业科技现代化相关理论内涵、评价省域农业科技发展历史方位、以文献计量和情景分析法明确科技需求等都有比较深入的探索,并谋划提出了引领"十五五"乃至"十六五"省域农业科技优先发展的战略任务和十大工程,构建了政策保障机制,具有重要的研究意义和很好的学术价值。

四川省农业科学院近年来大力建设"天府农科"智库,推出了一批有影响力的研究成果,本次合作研究为四川推进从农业大省向农业强省跨越、加快实现农业科技现代化提供了一整套的技术解决方案,为科技赋能全面推进乡村振兴及农业强国战略提供了省域参考。对农业科技创新领域的研究者、管理者和关心农业科技现代化的读者,也有一定的启示和参考指导作用。

是为序。

中国工程院院士

前言

农业是国民经济的基础,农业现代化是国家现代化的基石。随着世界百年未有之大变局加速演进,我国农业正处于转变发展方式、优化经济结构、转换增长动能的攻关期。加快推进农业高质量发展是农业发展进入新阶段的现实要求,是农业现代化的必由之路,是实现乡村振兴的重要抓手,是推进农业大国向农业强国转变的关键。

科技是强国之利器,更是强农尖刀。纵览古今中外农业发展的历史,每一次重大的农业进步和发展,都是农业科学技术进步推动的结果。要把四川农业大省这块金字招牌擦亮,加快实现由农业大省向农业强省跨越,在新时代打造更高水平的"天府粮仓",就要通过现代农业科技的高质量发展来夯实四川现代化建设根基,在全面把握四川农情特征中找准科技的着力点,加快实现四川农业现代化,真正做到"粮猪安天下、川味誉天下、乡村美天下"。

因此,我们在中国工程科技发展战略四川研究院项目"四川农业科技现代化路径及机制研究"的支持下,在对东部发达省份调研考察和四川省现状与需求调研的基础上,凝聚中国农业科学院、西北农林科技大学、四川省农业科学院及其农业信息与农村经济研究所、作物研究所、农产品加工研究所等30多位专家的智慧和力量,采用文献研究、比较研究、案例研究以及德尔菲法、层次分析法、熵权法、聚类法、机器学习等研究方法,对四川农业科技现代化路径及机制进行了研究,将研究成果进行总结、提炼,形成了本书。

通过研究,我们明确了四川农业科技发展的历史方位。近年来,四川农业科技创新能力持续增强,农业机械化加快推进,主要农作物良种基本实现全覆盖,高效、智能和绿色农业装备加速应用,推动农业生产逐步从传统生产模式向精准化、智能化和集约化方向迈进,农业发展方式已经得到根本性转变,迈入了科技创新驱动型发展的全新阶段。2021年,四川农业科技进步贡献率为60%,位居全国第21位;年均农业劳动生产率为3.86万元/人,位居全国第26位;农业土地产出率为11.23万元/公顷,位居全国第9位;劳均农业机械总动力仅为3.21千瓦/人,位居全国第29位;主要农作物耕种收综合机械化水平仅为67%，位居全国第21位；农田灌溉水有效利用系数为0.477，位居全国第30位；良种覆盖率达到98%；四川农药和化肥的施用强度分别为4.1千克/公顷和207.16千克/公顷；畜禽粪污综合利用率达到77%；农业绿色发展水平总体处于全国前列。总体来看，四川农业科技现代化发展水平总体处于全国第二梯队，与世界发达国家和国内农业强省相比，仍有较大提升空间。

  我们剖析了四川农业科技发展存在的关键问题。四川农业科技现代化虽然已取得一定成效，但农业科技投入强度低，农业科技政策供给存在偏差。四川农业科技投入强度不足1%，与发达国家和国内先进地区存在明显差距。农业科技投入主要源于政府拨款，科研机构自营收入和外部来源较少。且投入应用研究的不足3成，基础研究不足5%。全省专业从事农机科研的人员总计仅100余人。农业自主创新能力弱，原始创新能力亟待提升。尤其是部分前沿和交叉领域基础研究和底盘技术的原始创新能力不足，生物技术、农机装备、智慧农业、绿色投入品等关键领域核心技术和产品自主可控能力不强。总体上处于"少量领跑、大部分跟跑"的格局，整体竞争力不强。农业科技创新存在"四多四少"的现象，即常规技术多、重大关键技术和创新技术少，产量技术多、品质技术少，生产技术多、加工技术少，知识形态技术多、转化为现实生产力的技术少。农民科技文化素养不高，新技术新品种接受意愿低。农业经营主体以小农户为主，土地规模经营率仅为29%，同时这些农户对农业科技的应用仅限于新品种的使用上，平衡施肥、沃土工程、病虫害防治等大量实用新技术推广难度大。农业科技创新和应用失衡。以政府为主导的农业科技推广体制长期占据主导地位，"以技术为中心"，而不是"以农民为中心"，农业科技社会化服务能力明显偏弱，农技推广机构人员流失严重。农业科技推广体系不合理，"最后一公里"存在堵点。农机化发展存在"三高三低""三多三少"问题，即：粮油作物综合机械化水平较高，但特色作物综合机械化水平较低；种植业机械化水平较高，而畜牧、渔、农产品加工机械化水平较低；平原、高原地区的机械化水平较高，丘陵山区的机械化水平较低；耕整地环节机械化水平高，但播栽和烘干环节低；小马力、中低端机具较多，大马力、高品质机具较少；单项应用的农机技术较多，集成配套的农机化技术较少；小规模自用型农机户较多，规模化、专业化、集约化、社会化服务型主体较少。

  我们规划了四川农业科技现代化战略目标。围绕中国式现代化的战略需要，聚焦乡村振兴、打造新时代更高水平的"天府粮仓"等重大需求，我们认为，未来四川农业科技现代化发展可分三步走：一是到2027年，力争突破一批四川丘区农业关键核心技术和短板技术，粮食等重要农产品供给保障更加有力，生物育种、农业5G应用水平显著提高。农业土地产出率、劳动生产率、资源利用率等进一步提高，现代农业种业、装备、流通体系等科技创新能力跃上新台阶，核心种源基本实现自主可控，农田建设质量显著提高，农业专业化、社会化服务体系更加完备，产业链条现代化水平明显提高，农业设施化、园区化、融合化、绿色化、数字化水平大幅提升；二是到2035年，四川农业科技事业全面发展，创新能力和效率大幅提升，四川不同区域产业发展的关键核心技术及集成优化技术有效突破并广泛应用，在保障粮食安全、生态安全、资源安全等方面充分发挥科技引领支撑作用，农业科技创新引领农业产业结构升级和质量效益竞争力提升取得显著成效。四川基本实现农业科技现代化；三是到2050年，在保证资源、环境及社会经济发展可持续的前提下，四川全面实现农业科技现代化。

我们提出要建设四川十大科技创新支撑工程。具体包括：①农业种质资源创新工程；②生物育种工程；③绿色高效生产技术提升工程；④丘陵山地农机攻关破卡工程；⑤智慧农业科技支撑工程；⑥农产品营养高效创制、富集与利用技术创新工程；⑦农产品质量安全评价与管控技术创新工程；⑧农业新业态科技创新工程；⑨区域农业现代化科技创新示范工程；⑩品牌农业提质增效创新工程。

强化农业科技赋能，既要有深入研究的硬功夫，也必须要有机制改善的软环境。因此，我们提出四川省实现农业科技现代化的三大保障机制，一是涵盖学科基础研究系统性设计机制、自主创新与集成创新统筹机制、科技创新平台共建共享机制的农业科技创新机制；二是涵盖科技成果跨周期转化风险共担机制、科技成果转化容错纠错机制、科技成果转化政产学研协作机制的农业科技成果转化机制；三是涵盖科技创新转化工作推进机制、科技人才分类评价与激励机制、科技重大专项长周期投入机制的农业科技工作保障机制。

尽管我们力图在农业科技现代化理论支撑、研究方法、评价实践、战略路径、保障机制上做一些探索和尝试，为提升四川农业科技现代化发展水平提供更多有价值的理论指导和实践对策，但由于数据资料获取方面的局限，加之受到研创时间、能力和水平的制约，研究可能在某些方面还存在不尽如人意之处，敬请各位读者批评指正。

著　者

2023年9月

目　录

第一章　农业科技现代化的理论基础 ··········· 1

第一节　概念辨析 ··········· 1
一、农业现代化相关概念的演变与界定 ··········· 1
二、中国式现代化背景下农业科技现代化的内涵特征 ··········· 4
三、科技强农的内在机理 ··········· 5

第二节　基本理论 ··········· 6
一、农业科技创新理论 ··········· 6
二、农业技术扩散理论 ··········· 11
三、未来农业理论 ··········· 14

第三节　国内外比较研究 ··········· 21
一、发达国家科技赋能农业 ··········· 21
二、国内典型省份科技赋能农业 ··········· 28
三、经验启示 ··········· 34

第二章　四川农业科技发展历史方位 ··········· 38

第一节　四川农业科技发展现状 ··········· 38
一、四川农业科技发展成效 ··········· 38
二、四川农业科技发展存在的问题 ··········· 42

第二节　农业科技发展水平的省域比较 ··········· 45
一、代表性农业科技现代化评价指标 ··········· 45
二、四川农业科技发展在全国的总体位势 ··········· 46

第三节　四川农业科技现代化水平实证测评 ... 51
一、指标体系设计原则 ... 51
二、指标体系具体构建 ... 52
三、指标体系测评方法 ... 54
四、四川农业科技现代化实证测评结果 ... 57

第四节　四川农业科技发展阶段及方位研判 ... 62
一、四川农业科技发展阶段 ... 62
二、四川农业科技发展趋势展望 ... 63

第三章　面向2035年的四川农业科技需求分析与前沿技术研究 ... 66

第一节　四川省经济社会发展情景分析 ... 66
一、人口增长与城市化进程对食物有效供给提出更高要求 ... 66
二、资源与生态环境约束给农业可持续发展带来更大挑战 ... 67
三、建更高水平天府粮仓对转变农业生产方式提出新要求 ... 68
四、气候变化与极端自然灾害频发亟须提升农业发展韧性 ... 69
五、人民美好生活向往对农产品品质与食物安全诉求更高 ... 70
六、新一轮科技革命引领农业产业及科技发展走向新时代 ... 70

第二节　四川现代农业发展需解决的关键问题及科技需求 ... 71
一、四川现代农业发展面临的共性问题及科技需求 ... 71
二、四川五大农区农业发展需解决的关键问题及科技需求 ... 77
三、四川农业领域科技发展需求清单 ... 88

第三节　面向四川现代农业发展科技需求的前沿技术研究 ... 91
一、数据来源 ... 91
二、研究方法 ... 92
三、技术路线图 ... 94
四、研究热点前沿遴选 ... 94
五、研究热点前沿解析 ... 95

第四章 四川发展战略及重大项目任务布局 102

第一节 战略思路与战略目标 102
一、战略思路 102
二、战略目标 102

第二节 战略任务与路径 103
一、种业 103
二、农机与智慧农业装备 106
三、农产品质量与加工 111
四、农业新业态 114
五、区域农业 118

第三节 农业科技现代化十大创新工程项目 126
一、农业种质资源创新工程 126
二、生物育种工程 126
三、绿色高效生产技术提升工程 126
四、丘陵山地农机攻关破卡工程 127
五、智慧农业科技支撑工程 127
六、农产品营养高效创制、富集与利用技术创新工程 127
七、农产品质量安全评价与管控技术创新工程 127
八、农业新业态科技创新工程 127
九、区域农业现代化科技创新示范工程 127
十、品牌农业提质增效创新工程 128

第五章 四川实现农业科技现代化的保障机制 129

第一节 农业科技创新机制 129
一、学科基础研究系统性设计机制 129
二、自主创新与集成创新统筹机制 132
三、科技创新平台共建共享机制 134

第二节 农业科技成果转化机制 136
一、科技成果跨周期转化风险共担机制 136
二、科技成果转化容错纠错机制 138
三、科技成果转化政产学研协作机制 139

第三节 农业科技工作保障机制 140
一、科技创新转化工作推进机制 140
二、科技人才分类评价与激励机制 142
三、科技重大专项长周期投入机制 146

第六章 四川农业科技现代化模式案例研究 148

第一节 四川推进农业科技现代化的典型模式 149
一、"政府主导+科研机构引领"农业科技现代化模式 149
二、"政府引导+市场主体带动"农业科技现代化模式 150
三、"外部资源+内部资源融合互动"农业科技现代化模式 . 151

第二节 四川省推进农业科技现代化建设的主要经验 151
一、聚焦主导产业,提升全链条科技水平 151
二、深化科技合作,共聚各类型科技要素 152
三、加强科技攻关,解决关键共性技术难题 152
四、注重优化环境,培育带动性强示范主体 153
五、坚持以点带面,不断提高农业科技水平 154

第三节 当前亟待解决的主要问题 154
一、农业科技资源向县域流动集聚机制不畅 154
二、县域农业科技基础支撑保障能力不强 155
三、农业关键共性技术难题亟须突破 155
四、农业科技推广机制有待完善 156

第四节 对策建议 156
一、完善县域农业科技支撑保障长效机制 157
二、提高县域农业科技基础配套保障能力 157
三、开展联合攻关破解关键共性技术难题 157
四、构建农业科技多方协同推广的新机制 158

参考文献 159

附　　录 173

附录 1　四川农业领域研究热点初选结果 173
附录 2　四川农业领域研究热点排序 185
附录 3　推进四川县域农业科技现代化的对策建议——以邛崃市成功创建
　　　　全国农业科技现代化先行县为例 191
附录 4　农业科技现代化先行县的主要做法与成效 195

第一章
农业科技现代化的理论基础

第一节 概念辨析

一、农业现代化相关概念的演变与界定

1. 现代化

"现代化"由英文"现代"（modern）衍生而来，在英文里表现为一个动态名词"modernization"，即要成为现代的、向现代转化的。20世纪60年代以来，中西方学者对现代化展开了广泛研究，从西方的研究看，早期受18世纪的启蒙运动和科技革命的影响，人类社会从"传统非工业社会"转向"现代工业社会"，塔尔科特·帕森斯等（Talcott，1937）认为现代化是由传统社会向现代社会的变迁过程，以经济发展作为前提，带动整个社会的全面现代化发展。伴随着世界政治局势的变化，S. N. 艾森斯塔特（1988）对东西方社会现代化发展的过程进行研究，认识到现代化是多元文化的不同表达，是多元制度的特有结果，也是多元社会的独特实践，虽然现代化启蒙于西方，但西方的现代化并不是唯一的路径。西里尔·E. 布莱克（1996）认为现代化不是将传统与现代对立、割裂，也不赞同早期现代化研究过分强调"西方化""欧洲化"的影响，而关注到历史传统在现代化进程中的重要作用，一定程度上展现了对现代化更多维度的认识。通过前期工业发展，西方经济取得了原始成效，但这仅是片面的发展，忽视了人类生存与发展的平衡问题，由过度追求现代工业发展而带来的环境污染、地区战争、强权政治等问题使得现代化发展之路走向局限。荷兰瓦赫宁根大学教授阿瑟·摩尔等学者认为早期工业化造成

了生态环境的破坏（Arthur，2006），提出现代化应该兼顾经济发展与生态环境保护，同时追求经济成长、社会公平和生态环境保护3个目标。国内学者罗荣渠（1989）提出现代化"一元多线的历史发展观"，揭示了"现代化的概念就是一个世界性的历史范畴"，展现现代化内外源两型发展的不同态势。总体来看，现代化是一个动态的概念，已经成为世界发展的必然趋势，在社会客观运动的变化过程中逐渐丰富。从狭义来看，现代化代表着由传统向现代的转化以及实现现代化的一种状态。从广义来看，现代化是一个多元融合的综合性概念，涵盖了经济现代化、政治现代化、社会现代化、文化现代化、生态现代化、人的现代化的整体过程。

2. 农业现代化

农业现代化是国内外现代化发展趋势下农业领域的现代化过程。国外农业现代化的探索较早，19世纪工业与科学技术快速发展，在农业技术发展方面，国外早期探索了品种筛选和农业生产的技术装备升级，用杂交玉米等高产新品种与新耕法替代老品种、老经验的科技实践，农业领域的机械化、电气化、化学化、水利化等都展现了以现代科学技术武装农业的趋势，加快了传统农业向现代农业的转型。在农业经营管理方面，以现代经济管理理论和方法经营农业，以开放式的商品经济替代封闭式的自给性传统经济，为农业现代化奠定基础。1964年，西奥多·W. 舒尔茨在其著作《改造传统农业》中表示，引进新生产要素并诱导现代农业发展是改造传统农业的核心要义所在。

国内对农业现代化的概念理解也逐渐丰富，1954年的《政府工作报告》首次提出建设"现代化的农业"，正式将农业现代化作为奋斗目标纳入国家发展战略框架。1959年，毛泽东同志指出"农业的根本出路在于机械化"，20世纪50年代农业配套机械装备的改善在一定程度上推动了农业现代化发展。中共十一届三中全会后，农村实行了家庭承包制，建立起家庭承包经营为基础、统分结合的双层经营体制，邓小平结合我国人多地少的基本国情，曾指出："农业现代化水平不单单是机械化，还包括应用与发展科学技术""将来农业问题的出路，最终要由生物工程来解决，要靠尖端技术"。改革开放至党的十六大，科学化、集约化、社会化和产业化是农业现代化的内容，其中科学化为核心；党的十六大至党的十八大，农业现代化更为注重现代农业要素的强化、农业产业体系的构建、农业生产组织形式的完善和农业发展模式的转变。党的十八大以来，更为注重农业的生产条件现代化、生产组织社会化、生产技术科学化和农村的生态环境可持续化。党的十九大在进一步认识新时期城乡发展不平衡和农村发展不充分的基础上，提出乡村振兴战略，加快推进农业农村现代化，这是党中央首次在"农业现代化"的基础上明确增加了"农村现代化"内容，并将农业农村现代化作为乡村振兴战略的总目标。党的十九届五中全会上提出建设智慧农业的重大部署，将智慧农业、数字乡村建设作为"十四五"时期推进农业农村现代化的重要举措，为进一步丰富农业现代化研究指明了方向。

综合来看，农业现代化随社会发展而不断演变，具有时代性、综合性等明显特征，从狭义来看，农业现代化指从传统农业向现代农业的转变过程以及实现现代农业后的一种状态，侧重于产业角度下的农业生产技术的现代化。从广义上看，农业现代化的内容不仅包括生产技术的现代化，还包括劳动者的现代化、农业组织管理的现代化、配套运行机制的现代化、农产品市场经济的国际化以及生态环境的优良化。

3. 农业科技现代化

在新一轮的农业现代化进程中，农业科技发挥核心支撑作用。随着生物、信息、新材料和新能源等领域颠覆性技术不断涌现并与传统农业科技交叉融合，科技助力实现农业良种化、水利化、机械化、信息化、智能化和绿色化，不断提高农业综合生产能力、产业质量竞争力和可持续发展能力，并具备现代物质条件、现代科学技术、现代产业体系、现代经营形式、高素质农民等支撑要素。苗红萍等（2022）从"农业""科技""现代化"3个名词入手，将其理解为一个国家或地区能够集中和汇聚自身及周边科技创新资源要素，形成重大农业科学研究成果和先进技术，使之成为地区农业产业发展与升级的核心驱动力，并且农业科技推广与普及（技术扩散）可以满足农业现代化发展的需要，并与农业生产、经营、产业三大体系处于良性的互动状态，是追赶、达到和保持世界先进水平的进程。熊涛等（2022）认为农业科技现代化指农业科技达到现代化水平的过程和目标，农业科技现代化是农业现代化的重要组成部分和主要体现，主要包括农业关键核心技术、农业物质装备、农业科技力量、农业科技服务、农业科技体制和管理等方面的现代化。金丽馥和吴震东（2022）认为农业科技现代化是一个包含农业生产工具现代化、农业信息数字化、生产技术智能化、农业生态环境现代化、农业科技人才现代化等的庞大复杂的社会系统工程。张新仕等（2023）认为农业科技现代化需要建设强有力的人才队伍、多功能的平台、管理运作体系机制和多方位的政策保障。

总体而言，广义的农业科技现代化涵盖了农业、农村和农民的科技现代化，从农业产业角度，农业的科技现代化旨在实现农业产出效率和效益的提升，是用现代物质条件装备农业、现代科学技术改造农业、现代产业体系提升农业、现代经营形式推进农业，提高农业生产良种化、水利化、机械化、信息化水平，提升土地产出率、资源利用率、劳动生产率，农村、农民的科技现代化则为农业的科技现代化发展所必需的环境、人口等资源要素提供空间载体和重要支撑，三者有机耦合实现农业生产、农村生态、农民素质综合发展的科技现代化，三者有机耦合而成为互有联系、彼此促进、相互交融的有机整体，在不断发展农业综合生产力的同时，也实现农业发展方式的转变，形成农业又好又快发展与资源、生态、环境相协调的过程。

二、中国式现代化背景下农业科技现代化的内涵特征

中国式现代化是中国共产党领导的社会主义现代化。中国式现代化新道路既有各国现代化的共同特征，更有基于国情的中国特色。其主要特点包括中国式现代化是人口规模巨大的现代化，是全体人民共同富裕的现代化，是物质文明和精神文明相协调的现代化，是人与自然和谐共生的现代化，是走和平发展道路的现代化。中国作为农业农村人口占比较高的发展中国家，小农户是经营的主体，不足20亿亩（1亩≈667米^2，15亩=1公顷）的耕地面临越来越大的资源约束，要保障重要农产品有效供给，促进农民持续增收，建设和谐美丽生态宜居的新农村，必须建成高质量的现代农业产业体系，而这一切都离不开农业科技的现代化。

农业科技现代化通过聚焦基础前沿、瞄准关键核心、破解产业堵点、释放创新活力，提升农业全要素生产率，依托农业、农村、农民的全面发展推动农业由主要满足"量"的需求向注重满足"质"的需求转变，由过度依赖资源消耗向追求绿色生态可持续转变，实现农业经济效益、社会效益和生态效益多赢。因此，农业科技现代化是"生产效率"科技现代化、"生态质量"科技现代化和"生产主体"科技现代化的综合体现，其典型特征包括3个方面，即：产业科技化、人才专业化、生态绿色化。

产业科技化是农业产业与科技的深度融合，一方面通过加强良种选育推广、推进农田水利和高标准农田建设、提高农业装备水平、加大乡村基础设施建设力度，夯实农业发展的物质基础；另一方面通过提高农业机械化、信息化水平，推动土地适度规模经营，优化农业产业结构，提升农业全要素生产率，增强农业生产经营整体效能。

人才专业化主要体现在农业产业各环节、各领域发展所需要的专业知识、专业技能得到专业化人才的有力支撑，通过促进高素质农民发展，加强农村科技人才培养和引进，提升农村人力资本水平。

生态绿色化主要体现在生产的投入品和废弃物利用等贯穿全过程的绿色可持续，通过推进化肥、农药减量使用和畜禽粪污、农膜、农作物秸秆资源化、综合循环再利用、无害化处理，推动资源节约型和环境友好型农业发展。

"三化"之中，产业科技化是重点，人才专业化是支撑，生态绿色化是保障，通过农业科技的"三化"来装备农业、引领农业、提升农业、支撑农业，提高土地产出率、资源利用率、劳动生产率，突破新时代我国农业发展面临的资源环境和市场需求的双重约束。

三、科技强农的内在机理

1. 微观视野：技术进步推动农业农村现代化

农业科技创新作为科技创新的重要组成部分，主要是指农业新品种或者农业新生产方法的研发、推广、普及等一系列衔接紧密的重组生产要素和促进技术发展的活动。由此，从狭义的技术进步的视角而言，科技创新对农业发展的作用主要体现在两个方面：一是农业生产前沿面的扩张，二是相对技术效率的改进。具体来看，生产前沿面的扩张即生产可能性曲线的外移，也就是说技术进步可以在保持现有投入不变的情况下为农业生产带来更高的生产可能性。这种情形往往表现为在整个社会层面一项新技术从无到有的过程。其作用机理可以用图1-1表示，其中横、纵轴分别表示农业生产投入与产出，当一项新技术尚未应用于农业生产时，生产前沿面为$f_0(x)$，新技术应用后产生新的生产前沿面$f(x)$。点B、D和点A、C、E分别为两个前沿面上的点，其中B点表示某个农户采用要素组合X_2进行生产所得到的产出Y_1的情形。当一项新技术被应用于农业生产之后，生产前沿面向外扩张，该农户仍采用要素组合X_2进行生产时，其最优产出则提升至Y_2，或者说在维持产出Y_1不变时只需要投入X_1即可实现。这种前沿面的扩张体现了狭义技术进步所实现的、绝对意义上的整体性技术进步对农业生产的作用。

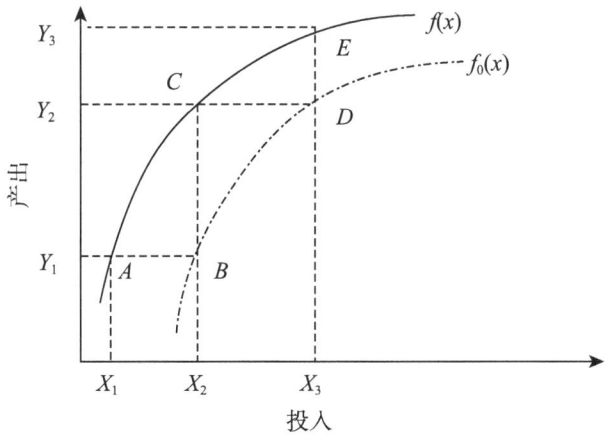

图1-1 狭义技术进步对农业生产的作用机理

2. 宏观视野：技术进步推动农业农村现代化

技术进步推动分工深化，带来生产的专业化、社会化，促成生产力的提高。"一个民族的生产力发展的水平，最明显地表现于该民族分工的发展程度。"技术变迁、生产力发展、市场分工深化、生产关系调适、体制机制改革的推动及上述之间的动态变化，最终反映在农业农村现代化的演化历程中。

农业生产力进步是推动农业农村现代化的基础动力。农业生产技术的不断进步，生产条件的不断改善，促使农业生产力得到快速发展，农业劳动生产率得以提高，由此，农业劳动者所生产的、超过自身消费的农业剩余产品越多，从而农业中释放出来的剩余人口就越多，农业人口向非农部门转移的速度和规模就越大。这些现象对农业、农村、非农产业部门乃至整个社会经济都将产生深刻影响，从而推动农业农村现代化和城乡转型发展。即表达为：技术进步→生产条件改善→分工专业化→劳动生产率提高→剩余劳动力得以释放→城乡经济转型→生产力与生产关系调适→再循环。

此外，技术能否较好地嵌入生产和实现大规模推广应用，还需要在过程中处理好技术创新与制度创新之间的关系，即创设出适合技术发挥的制度环境。制度是生产关系的基本反映，如所有制变迁改变了乡村和农业的要素结合方式。一般而言，所有制会随着生产力的进步、分工的发展以及经济条件的改变而演变。并且，农业劳动者本身也在改变着。"他炼出新的品质，通过生产而发展和改造着自身，造成新的力量和新的观念，造成新的交往方式，新的需要。"因此，所有制变迁不仅改变了传统要素，还吸引新的要素参与生产，提高了要素复杂程度，为要素结合方式提供了更多可能空间。乡村各类要素之间的关系发生重构，乡村资源在农业以及非农产业之间重新配置。

科技创新与制度创新呈现"双螺旋"互动发展规律，正如习近平总书记指出创新驱动发展必须是科技创新与制度创新两个轮子一起动。正所谓"制度稳则农业稳"，高水平自立自强必须依靠制度创新，只有高效开放畅通的创新制度和创新生态，才能实现技术创新的自立自强，实现农业科技高水平自立自强。

第二节 基本理论

一、农业科技创新理论

科技为生产者新的要求提供支撑，也为消费者新的需要提供服务，是经济发展新动力，农业科技创新也是推进农业现代化的源动力，代表着科技为未来农业助力的方向。本部分将对国内外农业科技创新体系及国内外农业科技创新模式研究逐一论述，为四川农业科技现代化过程中的科技创新提供理论启示。

1. 农业科技创新体系

（1）国外农业科技创新体系研究

国外农业科技创新体系研究受美籍奥地利经济学家熊比特的技术创新理论影响，他在1912年出版的《经济发展理论》一书中把创新定义为建立一种新的生产系数。创新应用于经济活动并产生效益，为技术创新理论的相关研究提供了依据。美国经济学家索洛（Solow，1956）认为技术创新是经济增长的内生变量，是经济增长的基本要素，索洛还建立了技术进步索洛模型，专门用于测度技术进步对经济增长的贡献率。美国经济学家罗斯托（Rostow，1960）提出了"技术创新"的概念，认为"技术创新"表现出很强的知识依赖性，无形中产生技术壁垒，成为知识密集型产业的专属产物。

关于农业科技创新体系的主体研究，Dianne等（1999）提倡政府可以为企业和科研院所、高校牵线搭桥，大力促进产学研结合，提高科研成果转化率。Nasierowsk等（1999）认为企业垂直一体化能够在很大程度上促进系统性农业科技创新发展。Sherwood等（2000）的研究表明，农业科技创新涉及多个环节及主体，各主体、各环节应该有效地沟通衔接，否则农业科技创新将无法有效发挥最大效能。Naseem等（2010）探讨了农业科研体系中的私人投资对农业科技创新的影响，并指出私人想要真正发挥出对农业科技创新发展的推动作用，需要政府通过政策等一系列保障，营造公平合理的创新环境。

关于农业科技创新体系的动力机制研究，Schmookler（1965）认为市场需求（包括潜在的市场需求）是影响科技创新的重要因素。Antle（1993）通过分析美国20世纪后期农业生产率取得高速增长的原因发现，技术变迁是推动现代农业增长的重要力量。为了加速农业技术创新，Dinopoulos（1999）认为，增加农业研究开发资金投入总量以及投入强度，能够有效推动农业生产发展，促进农业经济增长。美国经济学家Teece等（1997）认为作为现代农业生产方式社会化集成体现的战略联盟，能够促进资源共享与优势互补，实现产业价值链的扩展和增值，同时激发各创新主体充分发挥比较优势，实现联盟内资源的有效整合，提高创新效率和创造新型产业链，从而提升农业产业竞争力。Lassoued等（2023）总结分析了农业科技企业创新能力的驱动因素包括经济效益、市场规模、组织战略目标和目标市场竞争。

（2）国内农业科技创新体系研究

一是围绕农业科技创新体系的涵义与特征展开研究。许越先和许世卫等（2000）认为农业科技创新体系是以农业科研为基础，以农业推广为纽带，以高新技术产业化为特征，以人才使用为核心的总体创新体系。通过加强农业科研工作建设、促进农业技术推广、推进高新技术成果产业化、大力造就创新型人才4个有机联系来推动我国农业科技创新体系建设。单玉丽（2004）、吕火明等（2011）认为，农业科技创新体系是一个组织系统，是国家科技创新体系的重要组成部分，具体由农业生产单位（企业与农户）、农业推广和社会化服务机构组成，以科研单位和高等院校为依托、以农业企业为主体、以农业技术推广机构和社会化服务中介为纽带、以政府宏观管理调控为主导，各创新主体网络化连接、良性互动、适应市场经济规律和经济全球化趋势，包含创新主体、创新体制和机制、创新环境等。纪绍勤（2005）认为农业科技创新体系是一种有关农业科技嵌入农业经济增长过程之中的制度安排，其核心内容就是科技知识的生产者、传播者、使用者以及政府机构之间的相互作用，并在此基础上形成科技知识在整个社会范围内的循环流动和应用的良性机制。段莉（2010）认为农业科技创新体系是指由农业科技创新主体，在一定创新动力推动下为达到和实现农业科技创造、推广与应用在农业科技领域中的组织或经济个体所形成的网络关系系统，包括农业科技研发系统、农业科技衔接系统和农业科技应用系统3个子系统。袁海（2016）认为农业科技创新体系是由负责农业科技创新的组织机构通过一定的创新动力来进行农业科技创新研究和科技成果推广的完整活动，包含投入、需求、组织和推广。王雅鹏等（2015）总结出农业科技创新体系呈现出公共性与社会性、多元性与协同性、系统性与多层次性以及开放性的显著特征。

二是围绕农业科技创新体系面临的障碍展开研究。一方面，相关研究针对农业科研投入严重不足且投入方式不合理进行了探讨。何利辉等（2003）对农业科研投入结构进行了跨国的比较分析，研究认为发展中国家私人农业科研投入强度较低。张袁媛和胡蝶（2018）也提到农业科技投入存在总量不足、结构不合理、管理不完善的问题。在供需匹配度方面，我国农业科技创新体系仍然存在科研活动与农村经济发展需求脱节，农业科技有效供给和有效需求严重不协调（陈学云和史贤华，2011）、农业科研与农业生产脱节（吴波，2013）、农业科技创新文化不适应创新实践要求（陈剑平，2021）等矛盾。供需双方因信息不对称而出现的逆向选择现象最终造成农业技术的最优交易无法实现。另一方面，相关研究围绕驱动创新的体制机制有待健全进行了探讨。吕建秋（2005）指出我国财政对农业科技投入存在竞争机制弊端，包括盲目引入招投标机制、项目官员与咨询专家责权不清、政府部门与中介机构职责不明等问题。王雅鹏等（2015）发现农业科技创新体制与管理机制障碍突显，农业科技推广与服务体系不健全，缺乏竞争机制以提升活力，农业科技创新激励机制与风险补偿机制匮乏。钱加荣（2023）认为当前我国农业科技创新主体职责不清、分工不明，同质化竞争严重，自主创新能力仍然薄弱。在科技推广及成果转化方面，我国农业科技推广体系不够健全，推广环节薄弱（吴波，2013），农业科技创新存在农业成果转化率偏低等突出问题（郑紫璇，2022）。

三是围绕农业科技创新路径优化展开研究。在投入方面，学者建议建立竞争投入与预算投入双轨制、直接预算到项目和研究者个人、建立监督机制与奖惩机制等措施,增加农业科技投入并加强投入管理(吕建秋,2005;商五一和梅方权,2006;张袁媛等,2018)。郇藏等(2009)认为要通过科学的筛选方式,将有限的科技资源和科研经费向具有创新意识、拥有市场价值成果的农业科技企业倾斜,充分发挥市场机制配置资源的作用。在机制优化方面,单玉丽(2004)认为,要建立以政府调控为主导的农业科技管理体制,不断完善农业科技创新运行机制,保证农业科技创新体系建设的完整性、系统性。吴林海(2009)指出农业科研体制、激励机制、经费投入和人员投入影响农业科技创新的供给,其中有效的激励包括市场激励、产权激励和政府激励。张明奇(2016)认为需要不断完善农业科技创新的机制,通过优化农业科技资源配置,构建农业科技研究和推广系统。王雅鹏(2015)认为需要建立农业科技创新动力机制,推进农业技术转移与成果转化。也有学者认为农业科技创新离不开合作与交流,在国际化的大环境下,应提升农业科技国际合作水平(张平等,2014;程长林等,2017)。

2. 农业科技创新模式

(1)国外农业科技创新模式研究

美国主要实行"农业教育-农业科研-农业推广"的"三位一体"农业科技创新模式,即农、科、教结合机制。美国之所以成为当今农业技术水平最高的国家之一,离不开其较为完善的农业科技创新模式,该模式科技研发水平高、技术推广能力强。刘涛等(2022)分析认为,一是其农业教育与科研投入充足,政府和农学院作为实施主体分工明确,并拥有充足的农业科技研发经费,美国在高等院校推广的技术许可办公室(office of technology licensing,OTL)模式,形成了先进的多元主体利益分配机制,这种成熟的技术转移体制,不断激励各创新主体的科研主观能动性,提高科技成果转化效率;二是美国的农业推广模式是由多主体共同发力的链条式结构,其主体包括联邦、农科院、地方组织等,具有明确的组织分层,农业推广具有波及范围广、实施效率高、传播速度快;三是美国重视数字农业技术研发和知识产权保护利用。

荷兰政府采用农业科技研发、推广、高等院校相结合,建立以农民为中心的农业科技创新三角框架,形成覆盖全国的农业科技创新体系。荷兰农业科技研发系统是由"农业实验站+区域研究中心和研究所+高等院校等"组建而成,他们分工合作,各自掌握不同重点的研究内容、研究方向。农业部负责全国农业科技创新研发、推广和教育并对其进行全局掌控。荷兰农业科研衔接系统采用"政府、农协、合作社"互帮互助的方式,主要由国家推广系统、农民合作社组织、商贸和私有咨询服务等组织组成。在农业部设立了专门掌管农业科技推广的农技推广局,并在各省设立了推广站和地区农技咨询中心,招募一批经验丰富的农学专家和专门从事推广工作的人员从事相关农业科技推广服务。农民和农业企业组成了荷兰农业科技应用系统。拥有一大批懂经营、有文化的高素质农民，就是荷兰农业成功发展的原因之一。

日本利用第三次科技革命的发展机遇，实现了经济的高速发展和产业结构的优化，独具特色的农业科技创新模式也随之产生，日本实行的是以"政府+农业协会双轨模式"（马亚贤，1999）。日本农业科技创新有2个并行的系统，一个系统是政府所属的各级农业相关组织，另一个系统是日本农协组织，两个体系各自独立又彼此联系。该模式形成了农业科技创新与教育及科研部门紧密联系、合作内容较广泛、方法较灵活、任命培训制度较完善、农协对农户的约束力较强等特点。另外，日本从商标、专利、技术等方面保护了农业科技创新成果，维护了科研人员利益，激发了农业技术人员创新动力，在很大程度上调动了农业科技人员的积极性。此外，日本农业协作组织为组织内成员间的互助提供了凝聚力，政府也从资金补助、人才培育等多层面提供支持。日本的双轨模式，促使其农业科技创新水平达到世界先进水平，有效发挥作用。

（2）国内农业科技创新模式研究

国内学者对农业科技创新模式的研究，一方面是从农业科技创新模式的参与主体展开探讨。纪绍勤（2005）认为由于我国市场经济尚不成熟，政府需要既提供非营利性技术研发服务，又要给予企业一定资金、技术支持，所以我国主要是以政府为主导的农业科技创新模式。赵立秋（2011）也认为促进农业进步的核心力量是政府，应当建立集合化的创新运作系统，才能提高农业科技的竞争力。然而，另一些学者却提出了不同看法，吴林海（2009）认为虽然农业科技投资主体是政府，但应当倡导农户和涉农企业参与投资，形成多元投资主体。陈建伟（2010）认为除了以政府为主导的农业科技创新模式能有效提高农业效率外，以职能重组为核心的供给制度和以产权组合为核心的农业组织同样能够实现农业科技创新。许洁好等（2022）认为我国已具有基本成型的农业科技创新模式，即"政府+农业科研机构+农业高等院校+农业企业+新型农业主体"的综合性创新模式。该模式不仅包括以政府为导向的农业科技管理机制，还包括以科研院所、院校、企业等组织机构为市场主体的农业科技创新机制。

另一方面是对农业科技创新模式的体系构建进行了相关研究。孙征权等（2010）认为有效的新型农业创新模式需要建立政府、企业、非营利机构和技术推广的四角相倚态势，形成集合技术联合体。宋桥生等（2011）提出基于转变农业发展方式，从参与产学研合作模式、进驻农业科技园模式和"产-加-销"模式等方面总结科技创新模式。张淑辉（2014）认为，构建农业科技创新模式需要考虑市场与非市场因素、激励机制与投入保障机制，最终形成以公共农业技术创新为基础、以市场需求为导向的农业科技创新模式。郑紫璇等（2022）认为农业科技创新模式是以政府调节为主，科研机构和企业进行辅助的组织结构，并从推广模式、人才培养、法律制度等方面构建、完善相关体系。

3. 农业科技创新理论对四川农业科技现代化的启示

从农业科技创新理论看，农业科技创新是农业经济增长的内生变量，其依托农户、农业企业、农业推广和社会化服务机构、农业科研单位和高等院校等多主体，通过研发、推广、应用等多环节共同参与形成农业科技创新体系。四川作为农业大省，拥有丰富的农业科技资源，农业科技创新是全省创新驱动发展的优势领域，对促进农业科技现代化发挥着基础性、支撑性的重要作用，但与农业大省的地位相比，农业科技创新仍有进步空间，需要坚持创新驱动发展，完善农业科技服务推广体系，加快农业科技成果的转化，关注创新技术推广应用，进一步加快四川农业科技现代化发展，以农业科技现代化推进农业农村现代化，实现由农业大省向农业强省跨越。

二、农业技术扩散理论

我国要实现农业的快速发展，主要依靠科技进步，农业科技进步不仅以农业科技创新为源头，而且以有效的技术扩散为重要运作过程。因此，加快农业技术扩散是推动农业科技现代化发展的关键支撑。本部分将从国内外技术扩散过程及机制研究逐一论述，为四川农业科技现代化过程中的技术扩散提供理论启示。

1. 农业技术扩散过程

（1）国外农业技术扩散过程研究

现代创新扩散理论源于20世纪40年代至70年代以美国农村社会学为代表的研究。在技术扩散过程分析方面，普遍认同的观点是，技术扩散是一项技术创新从扩散源向潜在采用者扩散的链式过程，是一种变化的过程。20世纪初，社会学家加布里尔·塔尔德较早对创新扩散进行了概括，称之为模仿定律。1943年，Ryan和Gross对美国艾奥瓦州杂交玉米种子的技术扩散进行研究，构造了扩散研究的范例，研究结果显示根据特定样本的采纳时间，对采纳模式进行分类，显示出著名的"S"形累积曲线，并在技术扩散阶段有不同的传播渠道在起主要作用，其渠道背后的人际网与技术扩散息息相关，形成了典型的扩散研究农户调查方法，技术扩散理论的地位从此确立起来。1958年，Cochrane提出"农业踏轮理论"，他认为农业技术的应用和扩散取决于农业的两个特殊条件：一是农产品市场近似完全竞争，二是农业技术创新的外在性，即农业技术发明创造往往首先发生在农业领域之外，依赖于非农技术的发展，因而不是农业自身所左右的。同时他认为理论上农民采用一种新技术的过程可以分为5个阶段，即发觉-探讨-评价-试验-采纳。农民获得技术的来源可以分为大众化的宣传工具、政策机构、亲朋近邻、商业渠道4类，随着技术对农业作用的加强和技术复杂程度的提高，农民获得技术的方式也会显著改变。20世纪五六十年代，瑞典地理学家哈格斯特朗构造了著名的"空间信息域"模型，该模型成功模拟了农业技术的扩散过程，同时为农业技术扩散空间过程的相关研究做出了开创性的贡献。通过对技术扩散过程的分析，学者们发现不同技术扩散的速度是存在差异的，Mansfield（1961）认为信息的传播是影响扩散速度的关键因素，因而提出了"传染病模型"。1962年，美国学者埃弗雷特·罗杰斯在《创新扩散》（Diffusion of Innovations）书中定义农业技术扩散是指农业技术创新通过一段时间，经由特定的渠道，在某一社会团体的成员中传播的过程。他考察了创新扩散的进程和各种影响因素，创新、传播渠道、时间和社会系统不仅是扩散研究中主要因素，也是扩散过程或创新项目中的主要因素，罗杰斯总结出创新事物在一个社会系统中扩散的基本规律，提出了著名的创新扩散"S"形曲线（S-shaped curve）理论，即某种新技术随时间的变化而呈现出的"S"形扩散过程。该书将创新扩散这一过程分为5个阶段：获知（获取相关信息）、说服（形成认同）、决策（拒绝或采纳）、实施（开始使用）、确认（继续使用或者放弃）阶段，并提出了"创新扩散"的基本假设，认为创新的扩散并非静止不变的，而是一个动态过程。后续有学者继续对扩散速度研究，Feder等（1981）总结得出在通常情况下，那些被认为回报率越高而风险不确定性越小的创新技术推广速度越快。Tornatzky（1982）的研究认为，创新的相对优势和相容性与扩散速率呈正相关关系，而创新的复杂程度则与之呈负相关关系。近年来，农业技术扩散过程的相关理论越来越多地应用于灌溉管理技术（Pereira等，2002）、病虫害管理（Tonle等，2024）、气候智慧型技术（Khatri等，2019）等推广方面。

（2）国内农业技术扩散过程研究

农业技术扩散是农业技术创新的目的和价值体现，是实现农业科技现代化的一个重要环节。一些学者研究了农业技术扩散的内涵，认为农业技术扩散指某项农业技术由最初的少数人采用到后来大多数人普遍采用的过程，是创新的扩散、辐射和接纳相统一的过程（张伟和朱玉春，2012；黄民杰，2021）。也有一些学者发现在农业技术扩散过程中存在现实的阻碍并对其进行了研究，发现供需双方技术信息流动存在组织障碍和技术信息的黏滞性、资源禀赋和行政管辖以及地理距离对技术扩散存在约束作用阻碍了适宜新技术的研究开发与农业新技术的扩散（齐敦品，2005；龚斌磊，2022）。另有一些学者对农业技术扩散过程中的参与主体进行了研究，储霞玲等（2016）从定量角度，借助波特钻石模型对农业技术扩散过程中的扩散主体（农业科研机构、政府基层推广部门、中介组织、农业龙头企业和农民专业合作社）进行量化研究，发现"科研机构+专业合作社"为最有效的扩散主体组合。王祎霖和胡华平等（2021）认为大数据技术为传统农业提供更加全面的基础信息和更准确的决策支持服务，由此促进创新技术加速扩散。龚斌磊

(2022）也提到为解决地理距离对于技术扩散的束缚，一方面应该加强交通与通信设施建设，降低区域间运输成本，促进区域间交流；另一方面在构建区域性农业技术中心时，需考虑其辐射范围，实现区域性农业技术中心的空间最优分布。另外，欧阳煌和李思（2016）对技术扩散过程速度也进行了研究，他们认为，经营主体在生产要素网络节点中的初始位置会对技术扩散速度产生重要影响，所处节点的初始位置越低，技术扩散速度越慢。

2. 农业技术扩散机制

（1）国外农业技术扩散机制研究

国外学者关于农业技术扩散机制的研究较早，技术的传播扩散可分为外在强制性的技术扩散和内在诱导性的技术扩散，较多研究围绕农户对新技术的接受程度影响机制和技术传播机制展开了探讨。

Rogers 等（1962）提出了创新扩散的概念，他认为创新会跨越技术壁垒而向外扩散。Feder（1985）等学者认为社会结构、人际交流、政府机构、市场体系等会对农业技术扩散形成重要影响。Padel（2001）发现农户在采用创新技术过程中，他们的个人特征、社会关系、时间因素等也是重要影响因素。农业创新的采用与农户的教育水平、经验和农场资产呈正相关关系。Sutherland 等（2012）研究发现带有扩散性质的新技术如今已变得更容易被接受，其重要原因是创新技术相对于传统技术能够带来更高收益。Zamasiya 等（2017）在研究中指出，小农户的受教育程度是影响其采纳创新技术的重要因素。Hunecke 等（2017）的研究表明，社会资本有助于提高农户对农业新技术的采纳。不少学者对技术扩散的制约因素也进行了分析，Sulaiman 和 Hall（2002）通过分析印度农业技术推广案例，总结出农业科技创新领域中新兴技术、理论和观点等难以推广应用的原因，得出其原因主要集中在农业科技供给方和需求方之间缺乏有效沟通。Johnson 和 Byron（2016）发现对风险的排斥是制约农户采用创新技术的关键原因。Zainab 等（2019）基于巴基斯坦地区农户的调研同样发现，创新技术难以扩散的主要原因在于扩散利益相关者之间缺乏凝聚力。

（2）国内农业技术扩散机制研究

国内学者对农业技术扩散机制进行了丰富研究，涉及机制内部作用原理解释及多种机制之间的相互关系。在农业技术扩散的动力机制研究方面，刘志澄（2000）认为导致技术创新转化为生产力的动力，在形式上可分为拉力和推力两类。其中拉力指社会需求牵引力和比较利益诱致力，推力指的是体制改革和技术进步推力。陈会英等（2001）提出了农民技术需要的动力机制等。王武科等（2008）将农业技术扩散机制划分为政府驱动机制、市场诱导机制、政府和市场的耦合机制，认为精准农业技术扩散是政府和市场相互耦合的结果，在前期其扩散主要是由政府推动，当技术效益被示范之后逐步由市场发挥扩散作用。在农业技术扩散的传播机制研究方面，顾焕章和张景顺（1997）认为农业技术扩散过程中的供给机制、需求机制和引导机制共同促进农业科技成果转化。朱方长（2004）总结了国内外农业技术扩散的实践，站在农业技术扩散主体的角度提出农业技术扩散主体涉及政府、农业企业、农业科研机构和农业院校等多种主体，它们共同作用于技术传播扩散。胡瑞法等（2006）通过实践案例叙述了涉及农民参与式的自下而上的农民技术需求信息收集机制、全新的技术服务承诺与考核机制等。此外，还有部分学者对技术扩散机制的影响因素进行了分析，从农户技术采纳的影响因素出发，认为信息传播、农业技术自身因素、农户受教育水平、农民不易获取有关技术信息、不愿意承担采用新技术的风险和代价（顾新，2001），以及自身的资金、劳动力、耕地面积、经济收益情况等（唐永金等，2000）对于农业技术的扩散有着重要影响。在外在影响因素方面，市场发育不良以及缺乏适当的替代技术、土地规模以及政府推广机构的作用、社会网络等对技术扩散具有重要的影响（刘亚，2012；冯晓龙和霍学喜，2016）。在机制作用方面，傅家骥（1998）认为技术扩散机制由供求机制、计划机制、中介机制、激励机制和竞争机制组成，这5种机制共同作用。王祎霖和胡华平（2021）认为农业技术扩散机制是以动力机制为核心，动力机制、竞争机制、激励机制相互制约、相互结合的系统。

3. 农业技术扩散理论对四川农业科技现代化的启示

从农业技术扩散理论看，扩散过程和扩散机制是其核心内容，该理论表明农业技术创新的扩散是一个获知、说服、决策、实施、确认的动态过程，农户对农业新技术的接受过程与其背后的影响机制和技术传播机制密切相关。四川农业经济在国民经济中占基础地位，农业技术的应用对经济发展产生重要作用，但农业技术在扩散过程中仍然面临着扩散运行体制机制不够完善、农业劳动力老龄化且受教育年限不足等短板，直接影响着农业科技现代化实现进程。借鉴农业技术扩散理论，四川在农业科技现代化推进过程中，应加强技术推广和应用，有效缩短农户对农业新技术的接受过程，完善以动力机制、竞争机制、激励机制等为代表的机制体制建设。提升农业劳动者农业技能水平，助力农业人才专业化，促进农业生产过程中的新发明、新技术等被更多的农户及农业企业掌握并使用，进而提升四川农业科技现代化水平。

三、未来农业理论

农业科技进步瞄准世界农业领域前沿科学研究，是引导未来农业农村发展的重要驱动力。在农业科技现代化发展趋势下，未来农业生产趋于科学化、信息化、精准化、智能化，未来农业的发展方向与模式已成为学界关心的前沿问题。本部分将从国内外未来农业发展方向与模式研究逐一论述，为四川农业科技现代化过程中的未来农业发展提供理论启示。

1. 未来农业的发展方向

（1）国外关于未来农业发展方向的研究

国外学者对于未来农业发展方向研究较早探索，20世纪90年代初，约翰·迪尔为拖拉机引入了地理定位系统（GPS）导航，从而诞生了运用于农业生产实践的精准农业。随着信息技术等高新技术的高速发展，1997年美国科学家提出了数字化农业的概念。随着城市化的快速发展，为解决新增城市人口的食物保障，美国学者Despommier（2011）提出垂直农业，在由玻璃和钢筋建成的光线充足的建筑物里进行农业活动。近年来，随着科学技术水平的提升，英国政府于2013年开始专门启动"农业技术战略"，该战略高度重视利用"大数据"和信息技术提升农业生产效率。参与该战略制定的爱丁堡大学信息学院科林·亚当姆斯教授认为，农业可能是最后一个面临信息化和数字化的产业，大数据将是未来提升农作物产量、畜牧业产量的关键。2015年，加拿大联邦政府预测与策划组织发布了《MetaScan3：新兴技术与相关信息图》，指出土壤与作物感应器（传感器）、家畜生物识别技术、农业机器人在未来5~10年将颠覆传统农业生产方式。2015年，日本启动了"基于智能机械+智能IT的下一代农林水产业创造技术"项目，核心内容是"信息化技术+智能化装备"。2017年，欧洲农机工业学会提出了"农业4.0（Farming 4.0）"计划，强调智慧农业是未来欧洲农业发展的方向。美国农业部"2018—2022年战略规划"中，突出了农业人工智能、自动化与遥感技术的应用（赵春江，2021）。2019年12月16日，美国国家科学院、工程院和医学院联合发布了题为Science Breakthroughs to Advance Food and Agricultural Research by 2030的研究报告，描述了美国将围绕系统认知分析、精准动态感知、数据科学、基因组学和精准育种技术、微生物组五大关键技术寻求农业领域的科技突破。这也是未来我国农业领域必须努力、不可或缺的关键核心技术。

关于系统认知分析技术，报告认为，应利用一种系统方法来了解粮食和农业系统不同要素之间相互作用的性质，以提高整体系统效率、适应力和可持续性。农业科技日益体现出多学科融合的特点，生命科学领域的领先技术（如基因组学、蛋白质组学、结构生物学、分子成像等）和新兴学科（如纳米科学、信息科学、大数据、人工智能等）正在与农业进行深度转化和交叉融合（Qian，2022）。

关于精准动态感知技术，农业传感器研究前沿主要集中在农业生物信息监测、农田环境监测、食品安全检测和食品品质检测等领域传感器的研发上。其中，美国对农业生物信息监测的研究较多，涉及监测植物表型性状、胁迫应急信号、细胞分裂素、植物生长素、植物叶绿素及动物呼吸等方面。农业作业过程中传感器也根据农业生产过程中不同的工作需要运用于多种类型的器具上，提升农业自动化水平（Andrea，2022）。

关于数据科学和信息技术，Paul等（2020）认为农业信息技术在现代农业体系中极为重要，大数据信息可以使农业系统朝着更高的生产力、可持续性和透明度的方向发展。Yaser等（2023）认为农业信息技术影响下的智慧农业可以有助于提高作物产量和资源效率，确保全球粮食安全。Bushara等（2023）也认为智慧农业技术将在农业领域引起变革。

关于基因组学和精准育种技术，Ghag等（2022）提到气候变化引起的环境压力、病虫害严重影响作物生长和生产力，对粮食安全构成严重威胁。鉴于不断增加的人口和环境压力，开发能够抵御环境压力并能够保持产量和营养的作物至关重要。Lau等（2022）认为虽然传统的作物育种可以帮助开发具有改良性状的新品种，但这是一个缓慢、劳动密集型和昂贵的过程。现代生物技术和基因组编辑技术可以克服这些限制，以超乎想象的速度加速植物育种。将高通量组学技术与先进的基因组编辑工具相结合，可以精确地操纵作物基因组，从而开发出具有所需性状的品种，并提高对气候变化的适应性。此外，这些技术在作物改良中的安全应用可能有助于实现联合国消除全球饥饿的目标。Fadhli等（2023）也强调了基因组编辑技术和生物技术进步在培育具有改良性状的作物方面的潜力，这对于应对未来的粮食安全挑战至关重要。

关于微生物组技术，在耕地面积不断缩小和气候条件不断变化的情况下，农业系统面临着可持续提高生产力的压力，以满足全球不断增长的人口对粮食和纤维的需求。此外，传统农业导致土壤肥力下降，在某些情况下，不适当和过度使用化肥和农药造成土壤退化，对人类和环境健康产生负面影响。随着技术发展，可以利用新兴微生物组技术提升农业生产力和环境安全性，通过植物微生物群潜在地减少植物病害的发生频率，提高资源利用效率，并最终提高农业生产力，同时减少化肥和农药的投入，从而减少温室气体排放并促进环境的可持续性（Singh等，2018）。

（2）国内关于未来农业发展方向的研究

国内学者对未来农业发展方向的研究与农业发展历程的演变息息相关。温铁军（2016）、许秀成等（2017）、李道亮（2018）、吴丽芳（2021）等对农业1.0至4.0的演进过程中的核心特征进行了总结提炼，发现我国农业发展经历了4个阶段：一是以人力和畜力为主要生产手段的"传统农业阶段"（农业1.0）；二是以大量使用化肥和农药提高农业生产水平的"生物-化学农业阶段"（农业2.0）；三是以农业机械为生产工具的"机械农业阶段"（农业3.0）；四是借助云计算、大数据及人工智能等技术的成熟，以新型互联网技术为基础的新型智能农业阶段（农业4.0）。中国工程院院士、清华大学化工系教授金涌（2018）认为农业4.0阶段是"农业-工业-信息业"的高度融合。温铁军（2022）认为农业4.0时代应将维护资源环境放在首要位置，以营造"资源节约+环境友好"的新型农业生态。

综合而言，随着生物技术和信息技术的突破性进展及其在农业领域的成功应用，国内学者们认为未来农业将向以下几个方向发展：

一是智慧农业，含大数据与云技术。信息化发展视角下的以信息、知识与装备为核心要素的智慧农业，通过互联网、物联网、云计算、大数据、智能装备等现代信息技术与农业深度跨界融合，实现农业生产全过程的信息感知、定量决策、智能控制、精准投入和个性化服务的全新农业生产方式，提高人类对农业系统综合管控的能力，是现代农业科技竞争的制高点，也是现代农业发展的重要方向（周国民，2009；赵敏娟等，2020；赵春江，2021；邓小明，2021）。中国工程院院士、国家智慧农业科技创新联盟理事长唐华俊认为农业4.0阶段就是智慧农业（许秀成和苗俊艳，2017）。

二是基因农业，含基因工程、基因重组与基因选择。未来农业发展需要解决全球粮食短缺引发的粮食安全危机和环境对绿色可持续技术的需求。合成生物学的蓬勃发展为现代农业带来了新的机遇（Lanteng等，2022）。白宇轩（2023）认为基因组研究技术是未来产业的发展重点领域之一。生物技术是21世纪最重要的技术创新领域之一，成为世界各国增强农业核心竞争力的焦点，在现代农业发展中发挥着不可或缺的作用。基因组学是生物学的一个交叉学科领域，基因编辑技术是指通过定点改变基因组DNA序列进而改变目标遗传特征，利用核酸内切酶等工具实现目的基因的定点插入、删除和替换（邓小明等，2021）。随着基因生物技术的发展，其在农业生产、动物饲养和医药研究等诸多领域显示出广泛的应用前景和显著的经济及社会效益（李菊丹和付伟，2023）。

三是精准农业。赵春江（2010）认为随着我国农村经济实力的不断增强、农村土地的流转和农业经营规模的不断扩大，以及生产组织方式逐步由单家独户向农业合作社统一经营的转变，精准农业技术广泛应用时机将逐渐成熟。凡昌茹（2018）提出我国的农业发展面临着耕地资源减少、耕地质量退化、水资源污染严重、农业技术落后等诸多问题，因此大力发展农业技术，促进农业由"粗放型农业"生产向"精准农业"生产转变。精准农业技术的运用，将全面提升我国农业的现代科技水平，促进农业生产信息化、智能化，提高农业的管理水平，对促进我国农业生产的可持续发展具有重大意义。并且，目前绿色发展理念日益得到重视，计算机和信息技术迅猛发展，这都为精准农业的发展奠定了坚实的基础。

四是生态农业。随着全球气候变化和环境污染的加剧，人们对农业的环境影响越来越关注，未来农业会更加坚持创新、协调、绿色、开放、共享的新发展理念，坚持人与自然和谐共生，更加注重农产品的无公害、绿色和有机生产，加强农产品的质量监管和溯源体系建设。同时，农产品的加工和包装技术也将得到改进，以延长农产品的保鲜期和提高产品的附加值。陈德敏等（2002）认为，我国农业生产环境中水资源问题突出、农业生产要素污染严重、传统的农业生态体系被破坏、农副产品等资源利用率低等原因决定了我国农业必须推行清洁生产，在生态农业基础上发展循环农业。另外也有学者关注到未来农业发展方向可能是可持续发展视角下的绿色农业（王赫和黄翀鹏，2020），生态安全角度下的能够推动保障国民健康，还能将大农业一、二、三产相连接的"生态高值型功能农业"（赵其国和尹雪斌，2017）。

五是营养农业。未来农业发展需要拓展传统农业发展领域，树立大农业、大食物观，推动粮经饲统筹，农林牧渔结合，种养加一体，第一、第二、第三产业融合发展，拓展草原、淡水湖海洋、森林、沙漠等成为生产食物的理想场所，发展林下种养殖，开发盐碱地荒漠化土地等，科学解决我国食物生产中的数量安全与质量安全的矛盾问题保障国家食物安全。高旺盛（2021）提到全球生命价值观正在发生深刻变革，疫情肆虐、人畜共患疾病暴发、营养不良人群剧增等影响，人类健康需要创造高级安全的营养物质，同时以营养供给（不是单纯的数量供给）缓解生命痛苦的巨大需求，国际上形成了休闲农业、营养农业和医疗农业等新技术趋势。

此外还有以海洋捕捞、海洋养殖为重点开发海洋生物资源的蓝色农业；利用微生物发酵工程技术的白色农业；利用电脑网络开展农业信息技术服务的网上农业；将农业和旅游业巧妙结合的观光农业（旅游农业）和人类利用太空这一特殊的环境研究和培育农作物新品种的太空农业发展等方向。

在未来农业实现的具体路径上，学者们普遍认为未来农业的发展方向是数字化、智慧化、生态化、绿色化、多元化和国际化。未来农业将是生产者以新的生产方式，比如新的技术、新的装备和新的模式，即绿色化的投入、规模化的生产、机械化的操作、智能化的管理、集团化的运营和品牌化的发展，来满足消费者对安全、绿色、健康、多元的产品、业态和服务的需求。左海霞等（2018）认为受农业成本高、农产品提升价格空间有限和农业资源环境承载力约束的影响，我国未来农业发展需要创新农业生产方式、农业生产管理技术、农业生产经营体制、优化市场供求结构、促进政府职能由主导型向服务型、监督型转变。高旺盛（2021）认为我国未来农业科技任务艰巨，必须强化农业科技自主创新，实现关键核心技术自主可控是唯一出路。

2. 未来农业的发展模式

(1) 国外关于未来农业发展模式的研究

目前，国际上以美国为代表的大田智慧农业、以德国为代表的智慧养殖业、以荷兰为代表的智能温室生产以及以日本为代表的小型智能装备业均取得巨大进步，形成了相对成熟的技术和产品，而且还形成了商业化的发展模式（赵春江，2021）。2017年，英国哈珀亚当斯农业大学（Happer Adams University）的研究小组率先创建世界第一个无人大田农场；同年，日本京都Spread公司创建第一个蔬菜无人农场，挪威建立第一个无人渔场；随后，澳大利亚、韩国也陆续开始建设无人农场（李道亮，2020）。对于未来农业发展模式，主要包括以下3种。

一是以美国为代表的"精准农业"发展模式。早在1999年，Pierce和Nowak将精准农业概括为应用农业策略和方法在正确的地点和正确的时间做正确的事情。专门的网络系统、专业的数据统计以及3S（GPS全球定位系统、GIS地理信息系统、RS遥感系统）技术的运用构成了美国的精准农业体系。在农作物播种、施肥、浇水、收割等培育和收获环节，精准农业下的农业机械必须是智能化的，通常安装有卫星导航系统、自动驾驶系统、计算机设备和必要的传感器，通过数字化地图和坐标化地图的结合，可以准确定位并分析每个种植区农作物的各项指标，并自动下达指令，最大限度地减少生产农田所需的资源，如耕地、水、肥料和其他农用化学品（Beloev等，2021）。例如，位于美国新泽西州的纽瓦克垂直农场，利用大数据技术分析温度、湿度、二氧化碳及作物长势信息，与传统农场相比，每0.093米^{2}用水减少95%、肥料减少50%，农药零投入，年产量高出390倍。这种信息化系统的使用大大降低了美国农业生产的成本，提高了农业生产效率，为美国农产品参与国际市场竞争提供了强有力的支持。

二是以德国为代表的"绿色能源农业"发展模式。绿色能源农业最早在德国出现，它是指从农作物中提取矿物能源和化工原料替代品的一种农业发展模式，实现农产品的循环再利用。在发现这些绿色环保、可持续再生的物质能源后，德国政府开始着手大力扶持此类经济作物的种植和培育。据资料统计，德国政府每年拨付大量资金，专门用于补贴种植能源农业的农民。通过"绿色能源农业"发展模式，德国的土壤资源、水资源得到了合理保护，达到农业生产过程与环境生态系统的协调发展，在保证综合经济发展的同时，兼顾了环境生态保护，真正实现了农业经济的循环发展。

三是以日本为代表的"环保型农业"发展模式。在日本农业发展史中，也有过因化肥、农药的大量使用致使水土流失、环境污染，最终造成社会公害的阶段。为此，日本政府通过发展"环保型农业"模式来改善环境问题，"环保型农业"模式是指将废弃物经过处理，重新变成可利用资源，在具体实践中，通过降低农业生产中化肥、农药的投入，保护土壤肥力；也通过提高废弃物的再利用，实现资源的高效再生，再次回归到农业生产过程中。通过变废为宝，提高资源利用率，实现农业生产再循环。这种"环保型农业"发展模式可以有效防止水土流失、环境失衡等问题。

（2）国内关于未来农业发展模式的研究

围绕未来农业发展模式，国内学者也展开了积极探讨。凡昌茹（2018）提出以遥感技术（RS）、全球定位系统（GPS）、地理信息系统（GIS）和计算机自动控制系统为技术体系的精准农业模式，这是一种基于信息和知识的现代农业管理系统，以获得农田低耗、高产、优质为目标，以信息、知识为基础，根据时空差异，综合运用现代传感器以及先进的监测系统的农业发展模式。精准农业对土地和农作物的详细数据做出完整、准确、及时的了解，达到深入了解土壤性状的目的，从而能够根据当时当地的实际需要确定对农作物的投入。赵春江（2010）认为，为保证国家粮食安全、解决资源环境与人类的矛盾问题，精准农业是我国现代农业发展的客观要求和必然选择。精准农业利用遥感技术和传感探测技术快速获取大面积农田的土壤墒情、养分、作物苗情和病虫害信息，为农业生产的定量决策和科学管理提供依据。另外，精准农业通过模型和专家系统技术对获取的信息进行分析处理，制定出农田地块中不同空间位置（作业单元）的灌溉、施肥、喷洒农药等作业管理处方，制定科学的农业投入措施，按需调整肥、水、药等管理措施的投入量，精准实施，最大限度地挖掘土地的生产潜力和提高土、肥、水、药等农业生产要素的利用率，避免过量投入化学品造成的农田环境污染和生态的破坏，有效保护农业生态环境，保障农产品安全，促进了农业生产的可持续发展。精准农业技术使农业生产潜力得到充分发挥，农产品均一化品质得到保证，减少了盲目投入带来的成本增加，有利于提高农业生产效益。

李道亮（2020）认为未来农业会出现无人大田农场、无人果园、无人温室、无人牧场、无人渔场等系统的无人农场模式。无人农场就是在劳动力不进入农场的情况下，采用物联网、大数据、人工智能、5G、机器人等新一代信息技术，通过对设施、装备、机械等远程控制、全程自动控制或机器人自主控制，完成所有农场生产作业的一种全新生产模式。全天候、全过程、全空间的无人化作业是无人农场的基本特征，装备代替劳动力的所有工作是无人农场的根本属性。罗锡文（2021）认为无人农场是一种生产组织模式，与以往传统的生产方式不同的是大量地使用信息化和大数据等工具。

金强（2022）提到"数字化+农业全产业链"模式，数字化农业全产业链包含农业生产与农业技术、智能机械管理的数字化，农业经营与服务的数字化，农业经济管理的数字化，农业资源的数字化以及农技推广教育的数字化。该模式将数字技术与农业深度融合，是一种集农业种植（生产）、精深加工、运输、销售、服务于一体的农业经济发展模式，其中的数字技术为该模式的基础性和关键性要素，成为激发农业转型升级的内生性动力。

唐华俊（2020）提到利用大数据与云计算、智能传感系统、农业物联网与互联网、人工智能、3S技术、自动控制和互联网等现代信息技术，在农业的生产、加工、经营、管理和服务等各个环节实现"精准化种植""可视化管理""互联网销售""智能化决策"和"社会化服务"等全程智能化管理的智慧农业模式。

3. 未来农业理论对四川农业科技现代化的启示

从未来农业理论看，未来农业代表着农业领域科学前沿，呈现出科学化、信息化、精准化、智能化的典型特征，推动着农业科技现代化发展。随着国家对农业科技的引导和科学技术的不断进步，四川未来农业发展充满机遇与挑战，当前四川农业产业科技水平在不同区域、不同品种、不同生产环节的发展仍然不平衡、不充分。四川未来农业发展方向需要立足当下发展实际，把握四川区域禀赋差异，明确区域优势特征，布局战略性特色农业，同时需要紧抓世界农业发展趋势与潮流，瞄准农业发展前沿，逐步明确发展的各个阶段性目标。因地制宜坚持产业科技化、人才专业化、生态绿色化的目标，促进农业绿色转型和高质量发展，提高农业生产效率、减少资源浪费和环境污染，实现可持续农业发展。

第三节 国内外比较研究

世界农业的发展史表明，科技是农业农村经济社会发展的源动力和驱动力，没有农业科技的现代化就没有农业农村现代化。与世界农业强国相比，我国粮种资源虽然能够实现基本自给，但优质种源开发利用不足，核心技术创新不够。从农机关键装备来看，我国高端农机主要依赖于进口，国产农机难以覆盖农作物的全部作业环节。农业机械化水平不高，农机作业结构也不均衡，小型拖拉机占比在7成以上，中型及大型拖拉机占比不足30%，而美国等农业强国的中型以上拖拉机占比在65%以上。发达国家农业科技贡献率一般在80%左右，农业强国更是在前沿农业科技的研发、应用和示范引领等方面走在世界前列。从科技创新的角度来看，建设农业强国意味着农业科技贡献率、资源要素利用率、全要素生产率不断提高，科技创新在农业产出增长、农业产业发展中的作用增强，逐步完成对传统农业的改造。

一、发达国家科技赋能农业

1. 不同类型国家科技赋能农业举措
（1）人少地多型国家

美国、加拿大、澳大利亚等侧重农业机械替代劳动，属于典型的"劳动节约型"发展模式，农业劳动生产率高。这些地区具有人少地多和资源禀赋丰富的特征，农业现代化起步较早，采用能够充分利用农业机械、良种技术进行规模化、机械化的高技术模式（如美国的大农场模式，在单个农场经营面积增长是通过物质资本要素替代劳动来提高劳动生产率）。这些典型"劳动节约型"国家的农业现代化发展模式主要内容概括为以下3个方面。

一是注重培育农业科技创新主体。美国农业的发展与其高效运作的农业科技创新体系与合理、有效的农业政策息息相关。农业科技创新体系的组织机构包括科研机构、大学、企业、农场主、中介组织等,并由美国农业部集中管理农业科研、推广和教育,形成以政府财政支持为基础、以州立大学农学院为主的科研、教育、推广相结合的科技研发-科技衔接-科技应用三级综合体系。其中,农业科技研发系统的公立研究机构和私立研究机构共同组成一个多层次的研发系统网络;农业科技衔接系统主要由联邦农业科技推广局、州立大学农学院(州推广中心)、县推广站三级网络组成。与此同时,美国以法律为保障,加大联邦政府对农业科技研发和推广的支持力度,加强产权保护,维护企业科技研发投资利益,从而促进农业科技创新。

二是注重农业机械化、良种化。美国平原面积占全国总面积一半以上,耕地面积约占世界耕地面积的10%,土地肥沃,易于耕种。依托于良好的农业生产条件以及世界上最大的农业机械制造商和世界第二大工程机械制造商约翰迪尔,美国早在20世纪40年代就基本实现了农业机械化,其农机研发和推广应用水平处于世界前列,基本实现所有农场配有各种型号的拖拉机及配套农机具,且大功率的拖拉机占多数;同时,美国也是第一个实现农业专家系统的国家,将物联网、人工智能等新技术应用到农业领域,使农作物各个环节都实现了机械化,实现了农业领域的全面变革。

与此同时,美国农产品出口贸易量长期位居世界第一,与其拥有发达的现代化种业密不可分。在种业方面,美国坚持"育、繁、推一体化"的发展模式,注重"从上游技术研发、中游产品物化和下游价值实现"一套功能完整、衔接紧密、运转高效的产业链条培育,开展遗传育种方法、基因及基因组学、生物信息学等前沿领域研究,育成品种有明确的推广区域和市场定位,育种目标符合农业生产和市场需求。种质资源和技术成果一经成熟,便逐步向种子企业转移,服务于企业商业化研发。

三是注重农业生产专门化。美国农业产业不仅实现地域专门化,还实现了生产专门化,其农业分工水平处于世界领先地位。一方面,大型农场(销售额50万美元以上)均使用产量监控器,并辅之以GPS、耕种区域地图、耕种作物种类和植物种群信息等,在未收获作物之前形成产量报告,有助于对农作物合理定价;小型农场(销售额25万美元以下)的发展模式日益趋向于"植物工厂"。另一方面,美国以"互联网+"模式推动农业全产业链升级,借助农业电子商务不断改造升级流通环节,建设遍布全国的冷链物流体系,以孟山都为代表的龙头企业向高度集成化的专业化农业服务公司转型,以农业大数据打造大农资一体化服务体系,满足生产者对农资的综合性服务需求,同时不直接销售初级农产品,采用纵向一体化战略,将种植、收购、加工、销售融为一体,提高农产品价值。

(2)人多地少型国家

日本、荷兰、以色列、韩国等属于典型的"资源节约型"发展模式。这些国家土地、水资源等农业资源极度匮乏，土地高度稀缺，主要依靠技术创新和大量的资本投入，提高有限资源的使用效率，推动农业现代化（但是要关注这些国家在粮食等重要农产品自给方面的缺陷）。鉴于此，这些地区的农业现代化发展模式主要为以下5个方面。

一是注重小农户与现代农业衔接。农协农会的高效运作是日本、韩国等地农业现代化快速发展的重要抓手，日本99%以上的农民加入了农协农会，韩国98%的农业家庭是农协成员，基本实现了区域内成员全覆盖。农协采取"基层综合经营+上层专业经营"模式，在帮助农业政策落实、辅助农业管理的同时，为农户提供产前、产中、产后服务，实现"产加销"一体化。日本和韩国专业农协占比较大，涉及粮食、养殖、机械等多个领域，涵盖农业生产、金融、文化、福利等多方面，一个农户可以加入多个农协。

二是注重山丘区农业机械化发展。此类资源紧缺型国家在农田整治、农机补贴、农机互助等方面"多管齐下"，农业机械化水平均达到90%以上。首先，农机公司不仅生产适用于水田、旱田、果蔬、畜牧的机械，还有覆盖产前、产中和产后所有环节的全套农机。其次，日本重点改造了面积小、不易进行机械化作业的水田，以标准化和规格化的新型水田为标准，大力兴修基础设施，改善农田条件，拓展土地经营规模，为机械化和现代化奠定了基础。

三是注重农业绿色生态发展。绿色生产方式和生态技术运用使这类国家农产品口碑好、价格高、需求旺盛。首先，注重绿色监管，日韩对符合农业管理部分要求的绿色农产品进行"环境友好产品"和"亲环境农产品"认证与监管，严格规范农药、化肥用量，农业生产主体必须制订和提交绿色生产计划，并拥有严厉和完善的惩罚机制。其次，注重生态循环，韩国制定了家禽粪便处理设施项目、环境友好型家畜圈示范项目等，以实现生态循环为目标，极大促进农业生产与生态之间的和谐度，提升农业废弃物资源化利用率。韩国还启动了土壤改良项目以降低土壤硅酸盐含量及提高土壤肥力。最后，注重技术推广。日韩强调农产品可持续发展技术、抗灾防灾技术等方面的研发与应用，在法律保护、资金投入、人才培养等方面多措并举，通过培育技术普及指导员、设置农村指导所等实现从试验田到田间的绿色技术推广。

四是注重农业品牌化发展。日本农业品牌化战略由"一村一品""地产地销"到"本场本物"，韩国品牌发展理念从品牌创建、认证到保护，均十分强调农产品的质量与安全。在品牌打造和宣传方面，日本擅长利用"品质+品牌+营销"的叠加效应，打造"近江牛""琵琶湖八珍"等国际知名品牌；韩国通过"文化打造+品牌保护"，重塑"医生妈妈茶""清原生命农协大米合作社"等品牌形象。在高端品牌"走出去"方面，日韩农产品生产模式先进、管理细致，根据农产品长短、粗细、外观形状等分选分级包装，只有达标的农产品才可送至海外市场。

五是注重农村一、二、三产业融合发展。农村一、二、三产业融合与日韩的"六次产业化"均将农业附加值留给农民,因此推动现代农业提质升级。首先,强调多维度融合,日韩三产融合均以农产品加工业为基础,向两端延伸,实现生产、加工、服务一体化。韩国鹿产业集群利用当地原材料供应优势,实现就地精深加工,通过与梅花鹿亲密接触、亲临修剪鹿茸等,吸引广大消费者。其次,强调多功能开发,日韩地区不仅注重农产品质量的高低,更从文化、教育、历史等领域寻找价值。韩国农业现代化发展的参与主体多元,各有定位、各显功能、优势互补,如深化公司开展的"一村一社"运动,鼓励三星、现代等行业巨头带动支持农业农村建设,在种植、销售、农旅融合等方面帮助解决劳动力不足、粮食销售难和农民增收难等问题。

(3) 人地适中型国家

法国、德国、意大利等属于上述两种模式的"中间类型"。这些国家土地、劳动力适中,资源禀赋较好,大多采用小家庭规模的农业经营模式,机械技术与生物技术并进,把农业生产技术现代化与农业生产手段现代化放在同等重要地位,推行"物力投资"和"智力投资"并举,以提升劳动生产率和土地生产率为主要目标。这些地区的农业现代化发展模式主要为以下5个方面。

一是注重农业机械化。法国一方面强化农机研发与推广,由政府直接参与农业生产资料的生产与销售,以法国农业与农村发展部颁发的许可证为手段控制农业机械市场,成立农机科学研究中心,不断改进农机性能,推动农业机械向智能化、高效率和大型化方向发展,同时利用电视和专业报纸等媒体发布公告向农民宣传推荐,推广农机化新技术;另一方面通过农业机械及配件补贴、乡村道路建设补贴、项目资助、低息贷款等方式鼓励农民使用现代化农业机械,建立集体购买和共同使用农业机械的合作社——"居马"(CUMA),解决了由于农机资产专用性高导致农业机械化推进困难的问题。

二是农业专业化和商品化发展。法国通过调节价格、信贷、补贴及技术援助等手段,推进农业生产区域专业化、农场专业化和作业专业化。在区域专业化方面,按照自然条件、历史习惯和技术水平的划分,将不同的农作物和畜牧生产合理布局,形成专业化的商品产区;在农场专业化方面,按照经营内容对农场生产内容进行细分;在作业专业化方面,将过去由一个农场完成的全部工作,分别由农场和农场以外的各个专业化企业承担,每个企业只负责其中的一个环节,简化了企业农机配置,促进了农机化水平的提高。

三是建立和完善农业科技的研究和推广体系。法国建立了数量众多且类型各异的农业科研机构,拥有庞大的农业科技人员队伍。国家农业研究院进行农业基础研究和应用研究,内容涉及从国土调查到各种高科技在农业中的应用。同时通过隶属于"农业技术协调协会"的各专业技术研究所和技术中心对科研成果进行中试试验，积极发挥"全国农业发展协会-技术推广委员会-农场主自愿组成的农业推广组织"三级农业协会组织的作用，使国家和地方政府、农业行业组织和工业企业都从各自不同的角度共同参与农业技术的推广和普及，全国形成了一个农机、农药、化肥、良种和先进农艺的立体推广网络。

四是注重发展农业社会化服务。法国发展以合作社为核心的农业社会化服务，政府机构提供包括兴建农业基础设施、发展农业科研与教育推广事业、农业信贷等公共服务，并负责组织与协调全国性的农业服务活动等；法国农业社会化服务的主体——合作社，包括农业供销合作社和服务合作社及其联社、农业工会、专业产品联合会、企业跨行业协会等，一方面提供生产性服务，包括提供技术服务和共同使用生产设备等；另一方面提供流通领域的服务，包括农产品的收购、加工、储藏和销售服务，并供应生产资料，其中流通合作社的专业化程度较高。

五是注重促进农村人力资源开发。法国在促进人力资源开发上，一方面，建立以中等农业职业技术教育、高等农业教育、农民成人教育和职业培训为主要内容的农业教育体系，培养农牧林等各个领域、各个层次的人才，构建政府、协会等多渠道的农民培训经费来源。农业高等教育、技术教育分工明确，由相应的教育机构承担研究人员、高级管理人员、技术员及农业技术工人的培养。另一方面，对从事农业经营者提出一定资格要求，规定农民必须接受职业教育，取得合格证书，才能享受国家补贴和优惠贷款，取得经营农业的资格；法国有的农场继承人在接受基础教育之后，还需进行农校和学徒期培训，考试合格并取得绿色证书才有从事农业经营的资格。

2. 发达国家科技赋能农业的特征

（1）共性特征

在农业前沿科技创新能力不断增强的基础上，农业强国具备高水平的技术推广应用能力，让前沿科技快速、广泛地应用到农民的实际生产中。运用现代物质条件装备农业，促进农业机械化、设施化发展是建设农业强国的物质支撑；通过技术推广示范提升农民素质，促进农民专业化、职业化有利于强化农业强国的人才支撑。共性特征大体可以概括为：农业劳动生产率高、科技创新能力强、农业市场化水平高、产业竞争力强、社会化服务链完备、农业经营主体能力强、农业保护政策完善。我国人口规模巨大、农业从业人数较多，拥有较高的谷物自给率，但在农业劳均耕地面积和农业劳动生产率等方面与世界主要农业强国差距较大（表1-1）。

（2）个性特征

聚焦农业生产条件，农业生产强国和农业现代化国家以提高劳动生产率或土地生产率为核心任务，在此基础上通过科技赋能核心农业产业全产业链发展，推进农业全产业链规模化、标准化、精细化发展，实现农业综合效益提升。

表 1-1 2020 年农业强国部分相关指标及与相关国家比较

国家	人口规模/万人	农业劳均耕地面积/（公顷/人）	人均名义GDP/美元	农业劳动生产率/（万美元/人）	农业从业人数占比/%	谷物自给率/%
美国	32 948.41	72.34	63 593.44	10.01	1.36	123.16
加拿大	3 800.52	135.76	43 294.65	11.31	1.51	184.81
法国	6 739.16	26.31	39 030.36	5.36	2.53	209.67
德国	8 324.05	22.25	46 208.43	4.37	1.21	104.23
意大利	5 955.40	7.66	31 714.22	4.03	3.89	55.66
澳大利亚	2 568.70	94.62	51 692.84	8.68	2.56	215.73
新西兰	508.43	3.25	41 441.47	5.08	5.84	61.42
丹麦	583.14	38.85	61 063.32	5.20	2.22	112.53
荷兰	1 744.11	5.54	52 397.12	7.22	2.08	9.40
以色列	921.69	10.77	44 169.94	10.22	0.92	5.77
日本	12 583.60	1.77	40 193.25	1.78	3.38	31.95
中国	141 092.94	0.59	10 434.78	0.56	25.33	94.89

数据来源：姜长云（2023）。

综合型农业强国——美国 美国是典型的综合型农业强国，其农业供给的综合保障能力强、农业科技创新及装备能力强、农业绿色可持续发展能力强、农业综合竞争力强、农业综合发展水平高。在农业强国建设过程中，美国一方面注重农业科技创新能力和装备能力提升，通过大量使用大型农业机械以及种业技术创新提高农业生产率和农产品总产量，实现高度集约化经营；另一方面还注重以科技支撑农业生产效率的全面提升，通过高效的科技成果转化和推广机制，将科技要素渗入农业全产业链，以科技支撑农业分工水平不断提升，实现农业标准化生产，从而全面支撑制造业和商业发展（表 1-2）。

精致农业现代化国家——日本 日本作为主要的农业现代化国家，其耕地面积仅约 4.7 万千米^2，人口高达 1.26 亿，人地关系紧张、农业劳动力老龄化严重，因此农业现代化发展的重点在于提高农业土地生产率。基于此，日本大力发展微耕农业，大力开展高性能微耕机、轮式拖拉机、自动种植机等小型农业机械的研发和推广，推进农机信息化、轻型化、智能化发展。同时，日本采取农户购买、政府补贴的方式，使农业机械的普及率迅速提升，90%以上农业作业实现了机械化，水稻栽插和收获的机械化普及率分别达到 98%和 99%。通过精细化的土地管理和农耕操作，实现了农业生产全程机械化，提高了土壤质量和农作物的产量，提升了土地利用效率，同时以农协为载体，大力发展农业社会化服务，有效释放了农民的劳动力，促进了农业的现代化进程（表 1-2）。

表1-2 典型农业强国及农业现代化国家农业概况及科技现代化举措

维度	美国	日本	法国
耕地资源	①耕地面积：24.41亿亩，其中70%为平原 ②七田二水一分山	①耕地面积：7 035万亩 ②七山二田一分水	耕地面积：4.01亿亩
人口资源	3.33亿人	1.220 31亿人	6 804万人
农业劳动力特征	①平均年龄：57.5岁 ②受教育情况：25%农业生产从事者有大学或以上学历	①平均年龄：66.4岁 ②受教育情况：5.9%农业劳动力有大专及以上学历	—
人地特征	人少地多	人多地少	人地适中
农业科技现代化总体思路	大量使用农业机械提高农业经营规模和农业劳动生产率	提高单位面积产量和种植生产高附加值农产品	以机械化、规模化、专业化提高农业生产率
科技现代化主要内容	①培育科技研发-科技衔接-科技应用三级综合体系科技创新主体 ②各种型号的农业机械研发与推广应用 ③构建现代种业产业链 ④智慧农业带动农业产业链条变革、"互联网+"推动农业产业链升级 ⑤纵向一体化将种植、收购、加工、销售融为一体 ⑥大农资一体化服务体系 ⑦食物社区 ⑧培养新型职业农民	①覆盖产前、产中和产后所有环节的全套农机 ②农协提供产前、产中、产后服务 ③"环境友好产品"和"亲环境农产品"认证与监管，农产品可持续发展技术、抗灾防灾技术等研发与应用，培育技术普及指导员、设置农村指导所 ④"本场本物"品牌化发展 ⑤农产品精深加工，开发高附加值产品，分级分拣、分类销售 ⑥以农产品加工业为基础，向两端延伸，实现生产、加工、服务一体化，农业多功能开发，推进一、二、三产业融合发展 ⑦初、中、高不同层次的职业农民培育体系	①政府控制农业机械市场，成立农机科学研究中心，向智能化、高效率和大型化农业机械方向发展 ②农业机械及配件补贴、乡村道路建设补贴、项目资助、低息贷款 ③建立集体购买和共同使用农业机械的居马合作社 ④专业化的商品产区布局，作业化的生产环节由企业承担 ⑤发展农工联合体，将农业与工业及其他产业部门紧密结合 ⑥国家农业研究院、农业技术协调协会、"全国农业发展协会-技术推广委员会-农场主自愿组成的农业推广组织"三级农业协会组织构成立体研发推广网络 ⑦以合作社为核心的农业社会化服务体系 ⑧中等农业职业技术教育、高等农业教育、农民成人教育和职业培训为主要内容的农业教育体系

此外，日本聚焦高品质农产品，推动农业绿色化、品牌化发展，一方面以"环境保全型农业"为中心，围绕肥料与农药管理、家畜排泄物处理、土壤污染修复、农产品农残管理、指导有机农业的具体实践等形成了一套完善的农业绿色发展政策体系以及由政府主导、企业重点参与、农民协作的农业技术创新；另一方面聚焦产

业延展性提升,以科技要素渗入研发种植、精深加工、营销设计、衍生品开发、研学体验等文旅农商全产业链,实现农业价值全面提升。

特色农业现代化国家——法国 法国是传统的农业大国,粮食产量占全欧洲的1/3,农产品出口仅次于美国,居世界第二位,主产小麦、大麦、玉米和水果蔬菜,葡萄酒产量更是居世界首位。法国也是欧盟第一大农业生产国,农产品出口一度是法国外贸顺差的主要来源。

从1950年开始,法国积极推进农业机械化,法国凭借发达的工业,积极研制和生产各类农机具;到1970年就完全实现了机械化、自动化。21年间,法国农民拥有的拖拉机数量增加了近9倍,收割机增加了32倍。农业的机械化和自动化大大提高了农民的劳动生产率,减轻了劳动强度,使农民有能力开展多种经营。目前来看,法国农业现代化程度很高,农产品不仅能够充分满足本国的需求,而且还能大量出口,是世界上农产品出口量最大的几个国家之一。法国农业逐步实现了由小农经济占主导的传统农业向机械化、电气化、化学化、良种化为主要特征的现代化农业的转变。法国每年10%用于研发的公共开支都进入了农业和农产品加工业。在农业转型的当下,数字科技是维持农业竞争力的关键,法国政府在这方面也不遗余力,投入大量资金鼓励科技研发。如今,法国农业正在迈向集约化、精准化、智能化、数据化道路。

二、国内典型省份科技赋能农业

1. 河南省:做强农产品加工业

(1) 粮食生产"中原粮仓"

改革开放以来,河南粮食总产连续跨上了3 000万吨、4 000万吨、5 000万吨和6 000万吨4个大台阶,成为目前全国5个最重要的粮食净调出省份之一。河南省一方面推进科技创新、技术推广、教育培训三支队伍协同,推动统防统治、机收减损等多项措施,为提升粮食综合生产能力提供了坚实的技术、服务和人才支撑。另一方面加强粮食耕地质量建设,建设高标准农田,在育种、加工、疫病防控、农机装备等领域破解小麦、玉米、大豆等产业发展技术瓶颈,同时以"1+1+1+N"模式打造10个专业化子系统并应用到智慧管理平台,每个子系统通过数字化手段为农业生产的耕、种、管以及收售等各个环节进行数字化赋能。截至2021年底,累计建成高标准农田7 580万亩。2022年,河南粮食总产达到6 789.4万吨,连续6年粮食产量在1 300亿斤(1斤=500克)以上,相当于浙江、广东、上海、广西等13个省份粮食总产之和。河南用占全国1/16的耕地、1/70的水资源量,生产了全国1/10的粮食,其中,小麦的产量超过全国的1/4,小麦平均亩产达到894.62斤,比全国平均水平高103.22斤;除满足全省1亿多人口消费需求外,每年还外调600多亿斤商品粮及加工制品，为中国的粮食安全做出了杰出贡献。

（2）食品加工"国人厨房"

河南推农向食，大力发展特色食品深加工，也是我国食品制造业大省，正面临从"中原粮仓"到"美豫粮品"和"国人厨房"的升级。聚焦全产业链技术支撑，以玉米产业为例，河南明确重大、共性、关键技术问题和重点任务，围绕籽粒机收、全株青贮、鲜食玉米三大产业链，实施协同科技创新与规模产业化应用，在储藏加工方面持续助力籽粒烘干、商品玉米品质、饲料和工业加工利用效率。同时依托"一三五五"工作机制，围绕玉米全产业链开展咨询服务，加速科技成果转化和技术推广。截至目前，河南拥有2万多家食品企业，产品门类齐备、产业基础雄厚，在冷冻食品、休闲食品、方便食品、肉制品等领域拥有众多一线品牌，具有产业基础优势，形成了以三全、思念、双汇、白象、好想你等企业为龙头，涵盖速冻、肉制品、乳制品、休闲食品等30多个产业链条，农产品加工业成为河南省的支柱产业，也是河南省2个超万亿的产业之一。

（3）种业"中原农谷"

河南是种业大省和种业的重要市场，聚焦国家种业、粮食安全重大需求，河南开展种质资源保护利用等六大行动，实施种业创新能力跃升工程，建设国家生物育种产业创新中心、神农种业实验室、小麦国家工程实验室等国家、省部级创新平台，打造要素共享、协调创新、具有独特品牌优势的"中原农谷"，选育了"新麦26""郑麦7698""郑麦379""郑麦136""豫花37号"等突破性粮油作物新品种，打造了正阳花生、兰考蜜瓜、平舆芝麻、延津强筋小麦等全国知名区域公用品牌，孕育了"中国第一米""中国第一麦"等全国知名农业品牌。截至2021年底，河南全省农作物种子企业数量约占全国8.7%，位居第一，全省农作物制种面积达510万亩，年供种能力21亿千克，其中，小麦制种面积430万亩，占全国38%以上。

（4）产业集群

河南省承担了4个国家优势特色产业集群建设任务，包括伏牛山香菇、豫西南肉牛、怀药和优质强筋小麦优势特色产业集群，安排中央财政资金达到2.5亿元；河南省奶业产业集群、河南省花生产业集群入选2022年国家优势特色产业集群建设名单。河南省政府建立了"横向联动、纵向督导、综合审查"工作推进机制，聚焦产业重点，加强项目督导，鼓励和引导产业集群内金融机构不断创新产品和服务。产业集群内基地更加规范、加工转型不断升级，仓储物流体系更加完善，科技赋能得以强化，农产品附加值逐步提高，推动加工业前端向原料基地延伸，后端向精深加工拓展，优势产业向高端化发展，产业上下游之间精准对接的产业链、价值链和供应链"三链同构"正在形成。

2. 山东省：提升农业产业化水平

（1）农业出口创汇能力强

山东省是我国最大的农产品生产、加工和外贸省份，农产品出口遍布世界150多个国家和地区，2022年山东省农产品出口1 394亿元，农产品出口额24年蝉联全国第一。为适应农产品出口新形势和农产品质量安全新要求，2014年山东省创建出口农产品质量安全示范省，制定农资农药管控体系、农产品质量追溯体系、农产品质量安全检测监控体系等涵盖生产、加工、包装、储存、运输、消费各阶段的全产业链标准体系，按照无公害、有机、绿色食品的省、市、地方标准，实行"五统一"管理，从而实现全程质量控制，同时，依托物联网技术，推进农产品质量安全监管追溯平台建设，实现对生产质量安全的可追溯监管，主要农产品监测合格率常年稳定在97%以上。2022年，山东省农产品出口加工行业转型升级速度加快，宠物食品、罐头、大豆蛋白等深加工产业迅速发展壮大，成为全省农产品出口增长的主要拉动力量，其中，深加工产品比重提升1.9个百分点，达到47.7%。

（2）农业科技支撑能力强

山东"农业大省"地位的确立，科技发挥了至关重要的作用。山东是全国唯一拥有两所农业大学和一个省农业科学院的省份，组建了国内首个省级农业科技创新联盟，拥有221个国家和省级（重点）实验室、工程技术研究中心、技术创新中心等创新平台，建有全国第二个国家级农高区黄河三角洲国家农业高新技术产业示范区、全国唯一的国家海洋实验室和潍坊国家农业开放发展综合试验区。尤其是，山东积极推进现代种业发展，建成国内领先的小麦、玉米、大豆、蔬菜等10个协同创新育种平台，2022年主要粮食作物良种覆盖率达到100%，良种对粮食增产的贡献率达47%；小麦、玉米耕种收综合机械化率分别达到99%、96%。2021年，山东省农业科技进步贡献率达65.8%，高出全国5个百分点。

（3）多元主体创新推广能力强

山东省打造科特派共同体，由山东省农业科学院牵头组建，聚集省内"政产学研金服用"等要素主体60多家，整合"政产学研金服用"各要素资源，构建创新链、产业链、人才链、利益链四链融合的工作推进新机制，率先推行科研任务"揭榜制"和首席专家组阁制，吸收"鸿雁""头雁""归雁"科技人才加入队伍，成立农业专家顾问团队，同时从服务一产向二、三产业拓展，基本实现对主要农林牧渔产品的技术服务全覆盖；推进科技特派员分配收益制度改革，通过在省科学技术进步奖中单列名额、支持科技特派员参与科研项目实施和参加科特派共同体等方式构建科技特派员创新创业激励机制，同时鼓励高校、科研院所通过许可、转让、技术入股等方式支持科技特派员转化科技成果，与服务对象结成利益共同体，构建科技特派员服务新格局。

3. 江苏省：增强农业综合产能

（1）土地利用高效化

江苏着力突破耕地等自然条件对农业生产的限制，遵循提升科技装备水平从而提高农业综合产能的思路，一方面开展"小田变大田"改革推进高标准农田建设，配套利用远程控制、物联网技术的灌溉配套智能化控制系统，开展智慧稻麦无人农场、植物工厂化育苗等农业重大科研项目，同时聚焦先进农机核心零部件技术攻关，研发拖拉机、联合收割机等农机装备，创新农机智能控制系统、精准定量栽培技术等，推进农业生产全程全面机械化和农机装备智能化绿色化，实现农业土地产出率、劳动生产率和资源利用率持续提升。另一方面，聚焦科技成果高效转化和推广，建设长三角农业科技成果转化交易中心，探索农科教协同服务新机制。2022年，江苏以6 148.39万亩耕地养活了全国6%的人口，实现人口密度最大省份"口粮自给、略有盈余"，农业科技进步贡献率达71.8%，农作物耕种收综合机械化率达85%，分别高出全国平均水平9.4个、12个百分点（表1-3）。

表1-3 江苏、四川及全国农业生产部分指标对比

指标	全国	江苏	四川
主要农作物耕种收综合机械化率/%	73	85	67
农业科技进步贡献率/%	62.4	71.8	61.5
常住人口总量/万人	141 175	8 515	8 374
耕地面积/亩	191 401.5	6 148.4	7 840.75
高标准农田面积/万亩	100 000	5 000	5 400
粮食产量/亿斤	13 731	753.8	702.1
粮食单产/（千克/亩）	387	461.5	362.1

（2）产业集群化

江苏按照村级发展"一村一品"、镇级建设产业强镇、县级打造产业集群的思路，跨市跨县统筹推进优势特色产业发展，立足优势特色产业，聚力打造"生产+加工+科技"的现代农业产业集群，串珠成线、连块成带、集群成链。截至2023年4月，江苏打造4条省部级重点产业链，培育壮大10亿元以上县级优势特色产业199个，其中超百亿元的7个，发展"小而美、特而美""一村一品"示范村186个，特色产业产值超1亿元的村有44个，超10亿元的镇21个，总数位居全国第一，培育国家优势特色产业集群3个、国家现代农业产业园14个、国家农业产业强镇64个、省级现代农业产业示范园73个，为实现农业农村现代化奠定了基础。

（3）产业链数字化

江苏推动数字技术与产业发展加速融合，推动物联网、大数据、云计算、人工智能等信息技术与产业链深度融合，组织实施"基于数字孪生的绿色果蔬种植关

键技术创新与场景构建"等14项数字农业技术装备研发重点项目，在特色产业基地建设智慧农场、智慧牧场、智慧渔场，拓展农机作业、农情监测等数字化应用场景，组建智慧农业和设施果蔬智能生产2个创新联合体，支持开展"无人拖拉机关键技术与耕深自适应调控系统研发"等9个创新项目攻关，实现全过程智能化、无人化。2022年江苏数字农业农村发展水平达67.2%，农业农村信息化发展总体水平位居全国第二。

4．浙江省：推动产业融合发展

（1）产业融合数字化发展水平显著提升

浙江省以数字化推进农村产业融合发展，实施农村产业融合发展示范工程，积极发挥数字经济发展高地优势，2019年在全国率先开展省级农村产业融合发展示范园创建，并率先开展数字化改革国家级标准化试点，打造成集生态农业、科技智慧、健康养生、自然教育、高端服务提供等"多业态复合"型的农村产业融合发展示范园区，推动生态循环农业、农产品加工、农产品电子商务、特色小镇等多元业态相互融合。浙江省探索科普工作和全域旅游融合发展新模式，创新建立互联网共富工坊；以"数字化基地-数字农业工厂-未来农场"为路径，构建"数字+设施"智慧农业发展体系；以"淘宝村"为载体，大力发展农村电商，创新多元业态，带动县域产业融合化、专业化、链条化发展；以"乡村大脑+浙农应用"为主体，构建"1+16"的体系架构，综合集成农业农村数据、算力、算法，形成农业智能、乡村智治、农民智富三领域能力，建设"浙农富裕""浙农牧""浙渔安""浙农码"等16个"浙农"系列应用。

部分省份农业科技现代化典型做法见表1-4。

表1-4 部分省份农业科技现代化典型做法

省份	科技创新主体	科技装备	科技载体	科技人才	科技服务	科技场景	科技政策
浙江	农业实验室、农业技术创新中心、农业科技园区、涉农高校院所	生物育种、高效生态种养殖、农机装备与数字农业、农产品质量与营养健康、农业生物制造、农业战略基础前沿	农业高新技术产业集群、农业企业、农村科技服务超市、科技小院、民间科技服务机构	科技特派员、科技型农业企业家、供销合作社、农民专业合作社、社会组织	农业科技金融服务、"农资+""农机+"专业化技术服务、农村科技创新成果产权交易、农作物病虫害远程视频会诊和动植物疫病监测预警、农产品质量追溯、农产品加工物流、市场信息、产品营销	浙农经管、浙农宅地、浙农田、浙农码等"浙农"系列场景	科技强农机械强农行动、农机购置与应用补贴、重大品种推广补助、培育适应科技创新的新型农业经营主体

（续表）

省份	科技创新主体	科技装备	科技载体	科技人才	科技服务	科技场景	科技政策
江苏	高校科研院所、国家级农业创新平台（国家重点实验室和工程中心）	生物表型、农业合成生物、智慧农业等农业前沿技术和关键共性技术；智能农业装备；农产品现代化加工；农业产业技术集成创新	国家和省级农高区、农村科技服务超市、星创天地、长三角农业科技成果转化交易中心	科技特派员、产业化龙头企业、专家大院、农业科技示范园区、农民专家、科技示范户、服务综合体	技术培训、技术宣传、监测调查和试验示范	耕地质量管理信息系统、"智慧动监"信息系统、农产品追溯平台、农村产权交易平台、农技耘	财政金融支农16条、省级农业科技成果转化与集成推广项目
重庆	涉农高校、科研院所、农技推广部门、涉农企业、国家工程中心	种业提升、农田宜机化改造、农机宜地化研发、智慧农业	现代农业产业园区			生猪、蛋鸡、柑橘、渔业4个国家数字农业创新应用基地和数字柑橘创新应用分中心、"农品慧"平台、丘陵山地智能农机、鱼菜共生AI工厂	

（2）绿色化、优质化、品牌化不断推进

浙江持续深化"肥药两制"改革，化肥农药施用量连续8年减量，畜禽粪污资源化利用和无害化处理率、秸秆综合利用率持续提高；鼓励和支持开展区域品牌注册保护，加大地理标志农产品挖掘、培育和保护力度，推广县域、市域农产品公用品牌创建经验，围绕省域主导产业、历史经典产业、特色农产品，强化质量管控和认证，打造具有国际竞争力的农产品公用品牌。截至2022年8月底，浙江有效期内绿色食品2 719个，位居全国第二，无公害农产品3 722个，居全国前列。

三、经验启示

国内外农业强国或强省的基本经验表明，农业科技现代化没有固定发展模式，不同资源禀赋条件的农业科技现代化特征不同，其实现路径也有差异。四川作为中西部地区典型的农业大省，在建设农业强省的过程中一方面应把握好农业科学技术发展趋势，借鉴资源禀赋特征类似国家或地区的基本经验；另一方面也要积极探索具有四川特色的农业科技现代化路径。

1. 推进有效市场和有为政府有机结合

由于农业产业投入周期长、回报收益慢、收益率低，在市场经济条件下，资源往往流向收益更高的工业行业，导致农业的弱质化特征更为明显，因此必须加大对农业的宏观调控力度，克服市场失灵。纵观国内外农业现代化进程，政府在农业科技现代化过程中均发挥统筹功能，如美国农业部集中管理农业科研、推广和教育；法国政府直接参与农业生产资料的生产与销售，以法国农业与农村发展部颁发的许可证为手段控制农业机械市场。鉴于此，四川必须加大政府对农业科技发展的推动作用，以政府宏观调控推进资源要素在农业科技全产业链前端聚集，同时聚焦农业科技基础理论与应用研究，构建农业科技科研体系和农技推广体系，对农业科技研发推广、行业标准、法律法规等领域进行全方位监管，探索建立基于利益相关方共赢的产业协同公共创新平台，完善支持政策，营造有利于科技发展的市场条件和环境。

与此同时，一方面由于政府财政投入能力有限，而农业科技领域投入需求大，仅仅依靠政府力量远远不够；另一方面政府支持的研发成果往往不能有效转化为生产力，因此必须发挥市场对资源配置的决定性作用，美国、法国等国家的农业发展趋势为不断提升分工专业化、生产专门化水平，实现市场进一步细分，从而不断推进技术进步。四川应鼓励科技创新企业向专业化分工、细分市场、特色明显的方向发展，顺应农业生产和市场需求，聚焦种业、植保、农机、精深加工、产业融合等农业全产业链上下游协同攻关，创新一批具有重大应用价值和自主知识产权的突破性科技成果，构建农业科学技术集成体系。

2. 农业技术供给须与其他资源相匹配

农业技术供给应瞄准市场需求，因地制宜推进农业科技研发与推广，使其与经济发展水平和农业现代化进程相配适，实现农业科技供给与需求环节有效衔接。如日本针对本国人多地少、耕地资源稀缺的农业发展困境，因地制宜发展微耕农业，在农机研发、育种、加工、销售等全产业链环节进行科技研发推广。四川省作为"天府粮仓"，其农业技术供给应聚焦粮油、生猪、水果、茶叶等关键特色农业产业环节，建立先进适用农业科技需求清单，覆盖从育种到栽培、养殖、植保、加工、设施机械、产业融合等创新链条各个环节。以农机为例，应以实施"天府农机"推进行动和"天府良田"建设行动为抓手，平原地区充分学习江苏经验，协同推进高标准农田建设与机械化生产，探索研发推广大型农机具；丘陵地区借鉴浙江实施科技强农机械强农行动经验，建立先进适用农机具需求清单，建设丘陵山区现代农机装备产业园和研发制造基地，以"先行县+先导区"推进基础设施宜机化改造，推动建设丘陵山区适用小型农业机械推广应用，同时加大农业耕种防收全环节农机补贴力度，提高丘陵地区机械化程度；山地应创新现代农业种养技术，推进山地宜机化改造，改造山地农业生产方式，实现农业发展的小而特、小而精和小而优。

3. 促进农业产业链和创新链深度融合

加强创新链与农业产业链深度融合，优化科技与劳动力等要素的组合配置，推动农业科技从点式创新向链式创新转变，即从生产环节技术创新转向种养加销、资源环境等全过程、全要素、全链条技术创新耦合，农业科技创新从聚焦量的增长向重视质的提升和面的拓展转变，实现粮食和重要农产品产量增长、质量安全、生态安全和一、二、三产业融合发展的统一。四川省应围绕农业供给侧结构性改革，紧扣建设新时代更高水平"天府粮仓"，按照一产稳面提质、二产延链增值、三产多维拓展、全产业链深度融合的总体发展思路，以市场为导向，以科技为引领，以园区为抓手，突出优势特色，实现规模扩张向稳面强基转变、产量增长向质效提升转变、农产品生产向全链条融合转变。

首先，加强创新链载体建设，建设天府万安实验室、农业农村部天府种业创新重点实验室等，完善以企业为主导全链条融合体系，培育农业科技创新企业，在产业链关键环节培育一批竞争力强的专精特新"小巨人"和单项冠军企业，发挥科技创新企业"链主"功能，夯实创新引领产业链发展科技支撑。其次，推动产业链创新链双链融合"升级"，推动农业产业数字化发展，瞄准生物育种、智能农业、绿色农业等前沿领域，以智能化驱动农业、农业加工业、农业旅游业等与科技创新交叉融合，编制省级战略性农业科技新兴产业重点产品和服务指导目录。最后，探索成果转化机制。重庆市围绕现代农业产业园区提高农业科技转化，科技贡献率达68.3%。四川省应以现代农业产业园区为转化载体，聚集全省科研、教学、推广等领域专业技术人才，探索"政、产、研、学、推、用"六位一体科技支撑体系，推动研究孵化、整合转化、验证熟化、示范引领功能一体化，打造科技服务机构集聚区，把农业科技优势转化为产业优势和经济优势。全面实施农业重大技术协同推广计划，重构农业技术推广服务体系，完善以农技推广机构为主体，市场化力量为重要补充，高等院校、科研机构等主体参与的农技推广体系，探索推广山东"乡村振兴科技合伙人"模式，打通科技进村入户"最后一公里"通道。

4. 注重增强农业产业韧性及其稳定性

四川省农业产值高、农产品品类丰富，但农产品出口占比小，2022 年全省第一产业增加值为 5 964 亿元，位于全国第二，但出口仅 13.7 亿美元，不到山东的 1/10、云南的 1/3。究其原因，四川省农产品国际认证较少，重金属、抗生素和农药残留超标等问题不同程度存在，农业生产过程难以满足国际农产品质量安全要求。基于此，四川省应学习日韩特色农业绿色发展经验，以新发展理念为指导，摒弃过去粗放式的农业生产模式，发展高效率可持续农业，在提升农业产量和效益的同时坚持绿色、可持续发展。一方面增加绿色农业技术供给，针对我国农业的绿色发展需求，大力发展生态循环经济，在生态原则的指导下对优良品种选育、节水节肥节药技术、绿色防控、农业废弃物处理等各个环节进行科学管理，尽可能通过合理使用化学制品，减少化肥、农药等外部合成品投入，实施农产品抽检进集群进园区计划。围绕农业自然生产特性，利用和管理农业内部资源，选择农牧结合、种养循环、草畜配套的生产发展路径，积极推广生态循环农业发展模式，加强养殖废弃物无害化处理和资源化利用，加快耕地健康保护、农作物肥料、秸秆处理等方面的技术研发。另一方面完善绿色技术创新体系，健全农业领域绿色技术标准，为技术成果转化、实践成果推广搭建平台，进一步夯实绿色农业技术发展的制度基础。

5. 推进产业聚链集群和特色差异发展

国内外理论和实践经验表明，产业集群专业化、特色化、集群化发展是推进产业高质量发展的必由之路。河南省以国家优势特色产业集群建设为手段推进特色产业发展；江苏按照村级发展"一村一品"、镇级建设产业强镇、县级打造产业集群的思路，打造"生产+加工+科技"的现代农业产业集群，串珠成线、连块成带、集群成链。基于此，四川省应聚力打造"一村一品、一乡一业、一县一特、跨县集群"的特色经作产业全产业链发展格局，一方面围绕区域优势特色产业结合"天府粮仓"建设，跨县（区）、跨市（州）持续开展农业产业强镇、现代农业园区、优势特色产业集群等乡村产业集聚发展平台建设，集中打造具有区域性、引领性的农产品加工集中区；另一方面健全产地冷链服务综合体，建立科技服务、生产服务、金融服务、市场服务体系，打破生活服务、乡村数字、农业农服等行业壁垒，打造现代农业示范面。通过产业聚链集群发展，引导和撬动更多资源要素向乡村汇聚，促进农业产业转型升级，整体提升农业产业链现代化水平。

6. 促进现代农业与服务业的深度融合

实践经验表明，发展农业适度规模经营、构建现代农业经营体系是传统农业向现代农业转型的必由之路。发展农业社会化服务是加快农业生产经营方式转变的重要方式，是构建现代农业经营体系的重要举措，是解决"谁来种地"问题的有效路径。从国际经验来看，以日本为代表的"人多地少"型国家以"农协"为载体，大力发展农业社会化服务；以法国为代表的"人地适中"型国家发展以合作社为核心的农业社会化服务。从国内经验来看，浙江省在完善的社会化服务体系基础上向数字化转型；江苏省发挥其农机装备制造优势，培育发展"全程机械化+"新型专业服务组织，推广"农机企业+合作社+农户""合作社购买+农民租用"等模式，推动社会化服务；贵州省立足山区省情形成"县级总社+镇级分社+N个农机资源入股"的县、镇、村三级农业社会化服务体系，逐步提高社会化服务能力。

基于此，四川省应发展壮大农村新型经营主体，持续深化家庭农场和农民合作社带头人职业化试点，在50个县以村（组）为单位探索开展农业生产社会化服务大托管。培育一批重点农业社会化服务组织，支持建设服务组织联盟，引导各类服务组织开展单环节、多环节、全过程社会化服务，选树一批社会化服务典型样本进行经验总结和推广。引导支持涉农县（市、区）开展农业全程服务综合体建设，依托供销合作社、国有企业等建设一批集农机、农技、烘储、加工、实训等服务于一体的综合体，统筹开展农业全程全链社会化服务。同时，强化农业生产金融支持，鼓励产粮大县全覆盖开展三大粮食作物完全成本保险，探索开展水稻、小麦、玉米种植收入保险。

7. 高度重视农业人力资源开发与培训

从实践层面来看，无论是农业资源较为匮乏国家，还是农业资源丰裕国家的发展经验均表明，培育高素质农业生产经营者是建设现代农业的必要举措。农村人力资本是乡村振兴和农业强国建设的关键要素和重要推动力。然而，四川农村人力资本的数量和质量都存在一定程度上不匹配的问题，一方面是数量上的绝对供给相对不足，另一方面是质量上的相对较低，这在一定程度上影响了中国农业高质量发展。因此，立足"农业大省、大而不强"的基本农情，从培育农业可持续内生动力视角，须着力提升农业劳动者的生产经营能力，将农村潜在的巨大人力资源转化为人力资本。高人力资本农民在经营规模化、现代技术应用、投入产出效率、市场化经营理念等方面比普通农民具备更明显优势。

首先，建立新型职业农民制度，建立以农民成人教育和职业培训为主要内容的农业教育体系，开展标准化生产技术规程、防疫技术等教育培训，推动农户向懂技术、会经营、善管理的新型职业农民转型，培养头雁人才，同时构建教育培训、考核认证、生产扶持、社会福利、退养保障等政策体系。其次，实施新型农业经营主体培育工程和农业产业化龙头企业"排头兵"工程，落实专项经费用于智慧农业、数字农业等农业产业新技术的培训和推广服务，推广"定向培养"基层农技人员模式，探索应用江苏基层农业技术人员"三定向"政策，发挥科技引领示范作用，加速农业产业实用技术的推广普及，系统培训和培养新型经营主体所需要的"田秀才""土专家"和新型职业农民。

第二章
四川农业科技发展历史方位

第一节　四川农业科技发展现状

目前，我国正处于全面建设社会主义现代化强国新征程、贯彻新发展理念、构建新发展格局、推动高质量发展的新阶段，世界正处于新一轮科技革命和产业变革加速演变的新时代，催生出现代农业多种新业态新模式，对四川农业科技提出前所未有的调整需求，迫切需要加快农业科技自立自强，全面提升全省农业科技自主创新能力，走出一条独立自主、自主创新、自主可控的农业科技现代化之路。

四川农业科技在一代代农业科技工作者的共同努力下，发展面貌发生了翻天覆地的变化，彻底改变"靠天吃饭"的传统生产体系，形成了良种良法配套、农机农艺融合的现代农业技术体系；彻底改变"人扛牛拉"传统生产方式，发展成了机械化自动化的现代生产方式；逐步实现了从"大水、大肥、大药"的粗放生产方式，转变为资源节约生态安全的绿色发展方式；逐步实现了从"以粮为纲、单一经营"产业结构，向种植养殖业、农产品加工业及农业现代服务业一、二、三产业融合发展转变；逐步改变依靠"一把尺子一杆秤"的科研手段，发展成设施完备、装备精良的科技创新平台体系。可以说，四川农业科技自中华人民共和国成立以来，尤其是改革开放以来，科技创新硕果累累，经过70多年的发展，四川农业科技支撑实现了由弱到强、科技服务农户由浅入深、科技基础规模由小到大、科技体制改革由点到面的跨越。

一、四川农业科技发展成效

"十三五"以来，四川省以质量兴农、绿色兴农、品牌强农为导向，突出农业科技创新引领，坚持农业科技自立自强，重构更高效能更具活力的农业科技体系，强化农业科技创新与转化推广，推进四川由农业大省向农业强省跨越，确保农业增产、农民增收、农村繁荣。2022年四川农业科技进步贡献率达到61.5%，农业科技综合创新能力居西部第一、全国前列。

1. 农业科技创新体系不断完善

四川拥有涉农科研院所（表2-1）、高等学校44家，建成省级及以上农业领域产业技术研究院11家、重点实验室33个（表2-2）、工程技术研究中心59个、国家农作物改良分中心6个、国家级农作物原种扩繁基地20个、原原种分中心近200个、农业科技园区93个（其中，国家级10个），培育农业高新技术企业120家，产业技术研究院10家、农业科技创新联盟6个、国家级农业科技创新中心1个（全国仅5个）。国家产业技术体系在川岗位科学家36人、试验站62个，建设国家现代农业产业技术体系四川创新团队20个、选聘岗位专家249人，涌现出一批以两院院士、长江学者、杰出青年基金获得者为代表的农业科技创新领军人才和团队。习近平总书记揭牌的"中国-新西兰猕猴桃联合实验室"在天府新区成都科学城建成运行，成为国际农业科技创新合作的典范。四川农业大学创建的西南作物基因资源发掘与利用国家重点实验室挂牌运行。"十三五"以来，实施"川茶""川果""川菜""川猪"等省级优势特色产业链重大科技创新示范项目25项，实施了"长江中下游西部水稻多元化种植水肥耦合与肥药精准减量丰产增效关键技术研究与模式构建""水禽重要疫病免疫防控新技术研究""高产种猪高效安全养殖技术应用与示范"等一批国家重点研发计划专项项目，攻克了大批制约产业发展的关键共性技术，打造了"天府龙芽""高金黑猪肉""圣迪乐鸡蛋""新希望乳制品""吉香居低盐泡菜""哈哥兔肉干""通威鱼"等系列创新产品，获得省级及国家科技进步奖133项，有力支撑了四川现代农业提质增效、提档升级，农业科技综合创新能力总体居全国前列。

表2-1 四川省、市（州）级农科院所基本信息

序号	级别	名称	属性定位	隶属关系
1	省级	四川省农业科学院	公益一类二类混合事业单位	省政府直属正厅级单位，由农业农村厅代管
2	市级	成都市农林科学院	公益一类事业单位	成都市人民政府直属正局级事业单位
3	市级	广元市农业科学研究院	公益一类事业单位	隶属于广元市农业农村局
4	市级	甘孜藏族自治州农业科学研究所	公益一类事业单位	隶属于甘孜藏族自治州农牧农村局
5	市级	甘孜藏族自治州畜牧业科学研究所	公益一类事业单位	隶属于甘孜藏族自治州农牧农村局

(续表)

序号	级别	名称	属性定位	隶属关系
6	市级	泸州市农业科学研究院	企业	隶属于泸州老窖集团有限责任公司
7	市级	阿坝州农业科学技术研究所	公益一类事业单位	阿坝州农业农村局下属副县级事业单位
8	市级	阿坝州畜牧科学技术研究所	公益一类事业单位	阿坝州农业农村局下属正科级事业单位
9	市级	凉山州农业科学研究院	公益一类事业单位	州政府直属，凉山州农业农村局代管事业单位
10	市级	南充市农业科学研究院	公益一类事业单位	南充市市属正县级事业单位
11	市级	达州市农业科学研究院	公益一类事业单位	达州市农业农村局下属单位
12	市级	内江市农业科学研究院	公益一类事业单位	内江市政府直属单位
13	市级	自贡市农业科学研究院	公益一类事业单位	农业农村局下属正县级事业单位
14	市级	宜宾市农业科学研究院	公益一类事业单位	市政府直属正处级单位
15	市级	巴中市农林科学研究院	公益一类事业单位	巴中市政府直属正县级事业单位
16	市级	绵阳市农业科学研究院	公益一类事业单位	绵阳市政府直属单位
17	市级	广安市农业科学研究院	公益一类事业单位	广安市农业农村局管理的正科级单位
18	市级	乐山市农业科学研究院	公益一类事业单位	乐山市农业农村局下属正县级单位
19	市级	攀枝花市农林科学研究院	公益一类事业单位	攀枝花市政府直属单位

表2-2 四川省农业农村部重点实验室（企业类）

序号	重点实验室名称	依托单位
1	农业农村部小麦水稻等作物遗传育种重点实验室	四川国豪种业股份有限公司
2	农业农村部薯类作物遗传育种重点实验室	成都久森农业科技有限公司
3	农业农村部油菜玉米等作物遗传育种重点实验室	仲衍种业股份有限公司
4	农业农村部水产畜禽营养与健康养殖重点实验室	通威股份有限公司
5	农业农村部饲料及畜禽产品质量安全控制重点实验室	新希望集团有限公司

2. 科技创新研发基础更加牢固

四川省规划近100千米^{2}面积的天府现代种业博览园，是国家在西南地区首批布局的唯一国家级种业园区；推动建设天府（万安）种业实验室——成都基地，全力争取纳入崖州湾国家实验室基地体系；目前建成10个省级种业园区，国家级制种大县数量全国第一。实施集中攻关，在成都、德阳、达州等地建设农机专业园区，组建创新联合攻关体，实施农机研发制造推广一体化项目，集中攻克技术难题，建成全程机械化先行县10个、先导区31个。狠抓高产示范，组织规模经营主体开展高产竞赛，在90个粮食主产县每县建设1个万亩高产示范区，新打造"吨粮田"千亩示范片40个，带动全省粮食亩均增产8千克以上。

3. 农业科技创新成果不断涌现

四川着力实施转基因重大专项，推进农业品种源头创新，克隆出与作物产量、品质、抗病、抗虫、耐旱等相关的功能基因一百多个；构建了数十个农杆菌和基因枪表达载体；获得抗虫、抗病、耐旱、抗除草剂、优质的水稻、玉米和小麦的转基因品系数十个，转基因株系400余个；育成转基因抗虫棉核不育杂交种13个，其中10个已获得国家转基因安全证书。"十三五"期间，全省审定主要农作物品种475个，其中水稻品种131个、居长江上游地区第二；登记品种1 207个，其中油菜品种134个、居长江上游地区第一。育成畜禽新品种（配套系）3个、饲草新品种65个、蚕新品种9个、桑新品种5个，审定通过的"川乡黑猪"是我国首个具有完全自主知识产权的生猪父本新品种，审定通过的"天府黑猪"，实现了以四川地方猪遗传资源为主的培育品种"零"突破；审定通过的"天府黑兔"，是我国首个黑色肉兔新品种；审定通过的"天府龙华麻羽肉鸭配套系"，是我国首个麻羽肉鸭配套系。"宜香优2115""川优6203水稻""荣玉1210玉米""川藏黑猪""大恒肉鸡"等优质高效品种广泛应用于省内外，终结了"蜀中无好米"的时代，打破了国外畜禽品种一统天下的格局。

4. 科技成果转化应用加速推进

四川省依托科技成果转化专项资金，积极推进农业科技成果转化平台建设，坚持把科技成果转化作为现代农业发展的关键举措，大力实施农业科技成果转化工程。重点支持优质突破性农畜新品种、病虫害绿色防控新技术、中高端特色新产品、种养结合循环利用等先进适用农业科技成果的中试熟化、产业化示范。"十三五"以来，建立农业科技成果转化示范基地607个，搭建四川农村科技发展中心、川农牛农科e站技转平台、成都市农业科技创新服务平台等，主要农作物、畜禽、林木良种覆盖率分别达96%、90%、60%。深化四川农业大学新农村发展研究院成果转化模式，推进高等学校、科研院所服务地方经济社会发展。强化企业成果转化主体地位，支持企业牵头建设科技企业孵化器、星创天地等成果转化平台，获得科技部备案星创天地96家，总数居全国第三、西部第一。

5. 科技创新体制改革初见成效

一是深入推进厅属科研单位科技体制改革。鼓励科技人员创新创业，完善科技成果转化及利益分配机制，通过转让或许可取得的净收入，以及作价投资获得的股份或出资比例，允许提取不低于70%的比例用于奖励。全面实施"一院一策"方案，鼓励农业科技人员创新创业。二是深入推进农业科技人员创新创业改革试点。11个省级涉农科研院所、10个市级涉农科研院所、62个县（市、区）纳入试点范围，落实农业科技人员兼职取酬、离岗创业、成果处置、收益分配等政策措施。在2017年，5 000余名农业科技人员参与改革试点，离岗创新创业科技人员达200余人，创办经济实体100余家，有偿转让技术成果156项。

二、四川农业科技发展存在的问题

农业科技进步的主线是围绕激发要素活力展开的。分析农业强国和农业强省的共性特征是为了寻找自身的薄弱环节，努力找准农业科技发展的方向，加快推动四川农业强省建设，为建设农业强国作出四川贡献。四川农业科技现代化虽然已取得一定成效，但在农业科技投入、自主创新能力、农民科技素养、区域发展平衡及农业科技推广等方面还存在以下问题。

1. 农业科技投入强度低，农业科技政策供给存在偏差

在科技投入上，四川省农业科技创新投入强度不够，多元化科技投入体系尚未形成，科技创新活力不足。一是农业科技投入强度低。农业科技投入强度反映的是单位产值内科技投入的含量，四川农业科技投入强度不足1%，与发达国家和国内先进地区存在明显差距。二是农业科技投入来源单一。从农业科研经费的来源来看，主要包括政府拨款、科研机构自营收入和外部来源3个部分，其中政府拨款是四川省农业科技投入的主要来源，且占比逐年提升。单一的投入结构不利于农业技术创新的稳定。三是农业科技投入结构不平衡。四川农业科技投入中，用于研发实验研究的占比超过7成，不足3成投入到应用研究，而基础研究不足5%。应用研究和基础研究关系农业技术进步的基础，是农业技术进步取得根本性创新的动力来源，长期投入结构失衡难以保障农业技术进步的持续性，试验与发展研究投入过高还可能激发科研机构的逐利性，降低技术创新效率。全省专业从事农机科研的人员总计仅100余人，且缺乏农业机械相关科技专项，而山东、重庆的专项支持经费每年分别为4 000万元、2 000万元，政策和经费扶持亟待进一步提升。四是社会资本对农业领域科研投入积极性不高。虽然2020年农业农村部印发了《社会资本投资农业农村指引》，2022年四川省农业农村厅印发了《四川省社会资本投资农业

农村指引》，提出引导好、保护好、发挥好社会资本投资农业农村的积极性、主动性，切实发挥社会资本投资农业农村、服务乡村全面振兴的作用，但从政策实施效果看，社会资本下乡依然面临用地难、融资难、缺人才等问题，阻碍了乡村科技创新要素支撑。

2. 农业自主创新能力弱，原始创新能力有待进一步提升

四川省部分前沿和交叉领域基础研究和底盘技术的原始创新能力不足，生物技术、农机装备、智慧农业、绿色投入品等关键领域核心技术和产品自主可控能力不强。总体上处于"少量领跑、大部分跟跑"的格局，整体竞争力不强。农业科技创新存在"四多四少"的现象：常规技术多、重大关键技术和创新技术少，产量技术多、品质技术少，生产技术多、加工技术少，知识形态技术多、转化为现实生产力的技术少。从产业发展效能来看，农业科研周期长、见效慢，全省农业科技创新资源未能得到有效配置，创新资源条块分割，难以共享和流动，除生猪、油菜等应用基础研究领域居全国前列外，农业生物技术、生物安全、农业机械化等前沿基础研究领域还有较大差距；创新主体能力参差不齐，整体力量偏弱，据调研，个别农业产业领域甚至90%的种业企业都以"引"品种、改名字的方式作为主要"创新"手段；科研力量分散，难以形成整体合力，从而导致创新效率不高。从农业种业发展现状来看，突破性品种缺乏，育成的新品种高产和优质很难同时兼备，在农作物基因工程、分子标记辅助选择等生物技术方面与国家先进水平还存在较大差距，生物技术在育种方面应用滞后；全省417家种业企业中无一家在主板上市；省内畜禽核心种源80%依赖国外进口，蔬菜等园艺作物优异种质资源缺乏，自主选育的高端设施蔬菜品种较少，设施番茄和辣椒国外品种市场占有率在60%以上。从农业科技体制机制创新来看，省级层面各厅局之间统筹协调合理配置科研资源的机制尚未建立，科研资源配置权分散在不同的部门，缺少围绕中心目标使命，统筹协调科研机构和调配科研资源的工作机制。不同类型的科研机构之间研究领域重叠、资源碎片化分布、科研同质化低水平竞争等现象还不少，多头管理、条块分割、"碎片化"布局的痼疾仍然存在。如玉米研究团队的配置，从全省范围来看就有6个大团队（四川农业大学3个，四川省农业科学院3个）、10余个小团队在相对独立地开展科研工作。

3. 农民科技文化素养不高，新技术新品种接受意愿低

虽然以小农户为主体的农业经营格局不利于提高农业效率和效益，也不利于农业标准化、品牌化的发展，但这是我们在今后较长时期内难以回避的选择，并且这对稳定粮食和重要农产品有效供给也有重要的积极意义。目前，四川只有少数农户（主要是专业农户）在生产经营中对农业科技较为重视，而专业农户占比相对较小，2021年承包地经营权流转面积2 678.2万亩，流转率仅为29.4%，总体土地

规模经营率仅为29%，同时这些农户对农业科技的应用仅限于新品种的使用上，平衡施肥、沃土工程、病虫害防治等大量适用新技术推广难度大，大量新技术、新成果被束之高阁。小农户对农业科技的有效需求不足，是四川省农业科技成果难以转化为现实生产力的重要原因。制约小农户科技需求的主要原因在于，一是务农比较收益偏低，"种一亩田不如打两周工"抑制了农业适度规模经营和对现代要素的投入；二是留守小农户多为弱能化农户，经济收入水平低，既缺乏购买能力也缺乏现代要素的吸纳意愿和应用能力；三是小农户承受风险能力小，接受新技术的顾虑多，偏好传统农业生产理念；四是农村人力资本偏低，与高质量农业发展所需的文化知识水平及能力素养不相匹配。

4. 农业科技创新和应用的区域失衡问题较为突出

尽管通过农业科技的推广和转化，四川农业取得了巨大成就，但现行农业科技推广所产生的效果与实际需求尚存在一定差距。一是以政府为主导的农业科技推广体制长期占据主导地位。以政府为主导的科技推广体制主要以行政干预为主要推广手段，推广体系"以技术为中心"，而不是"以农民为中心"。这种以政府的宏观农业发展目标（如增产）为主要目的，以科研和推广人员的个人目标（如报奖和职称评定）为直接目的，而不是以提高农民素质和为农民增收致富为主要目的推广模式，必然导致推广工作中的形式主义和弄虚作假。以农业机械装备推广为例，农机购置补贴是中央财政支持四川省农机的唯一渠道，地方财政在农机产业发展中投入较少，70%的县投入为0，社会资本引入困难，农机购置和使用者筹资能力弱，农机装备的推广应用受到严重影响。二是农业科技社会化服务能力明显偏弱。基层农业生产托管服务中心等相关农业科技社会化服务组织的建设和推广速度慢且覆盖面窄，难以覆盖县乡村三级，相关职能部门与服务组织之间缺乏有效协同机制，导致资源投入不够，农业科技社会化服务水平不高、效率不优。大多数农业科技社会化服务组织服务类型限于耕种防收等产中环节，提供育秧、烘干、初加工等产前产后科技服务的组织不多。三是农技推广机构人员流失严重。农业基层推广人员存在年龄偏大、学历不高、现代农业知识储备不足等问题，基层人员很少受过专业系统培训，甚至出现了年轻科技工作者逃离基层的现象。近年来，四川专门从事植保植检工作的专业技术人员减幅达到14.4%，平均5个乡镇共用1个技术人员，尤其是经济发展程度较低的偏远地区，通信设备落后、交通办公条件恶劣，信息传递存在障碍，人才流失严重，严重影响农技推广效果。

5. 农业科技推广体系不合理，"最后一公里"存在堵点

四川省农机化发展情况可概括为"三高三低""三多三少"，即：粮油作物综合机械化水平较高，但特色作物综合机械化水平较低，主要农作物机械化水平已达65%，果茶机械化率仅为19%，远低于黑龙江（56%）和江苏（55%）等省份机

械化水平；种植业机械化水平较高，而畜牧、渔、农产品加工机械化水平较低，农作物耕种收综合机械化率达43%，畜牧、水产、农产品加工分别仅为21%、24%、29%，低于全国平均水平（39%、34%、42%）；平原、高原地区的机械化水平较高，丘陵山区的机械化水平较低，成都市、甘孜州农作物耕种收综合机械化水平分别达53.5%、50.3%，雅安市农作物耕种收综合机械化水平仅为30.1%；耕整地环节机械化水平达到85%，但播栽环节仅为28%，烘干环节更是只有9.9%，不少作物关键生产环节的机械化作业还处于空白；小马力、中低端机具较多，大马力、高品质机具较少，小型拖拉机达14.4万台，大中型拖拉机仅7.7万台，数量为小型拖拉机的50%；单项应用的农机技术较多，集成配套的农机化技术较少，四川省拖拉机配套比1∶0.82远低于全国平均水平1∶1.85，机械化使用效率低；小规模自用型农机户较多，规模化、专业化、集约化、社会化服务型主体较少，全省共有农机户198.76万个，农机服务组织1.8万个，平均每个乡镇拥有农机合作社0.33个，远低于农业农村部提出的"'十三五'全国要达到1个乡镇拥有1个农机合作社"要求。

第二节　农业科技发展水平的省域比较

一、代表性农业科技现代化评价指标

通过检索关于农业科技发展水平的量化研究文献，发现既有相关农业科技现代化水平测度的代表性指标主要涉及农业科技进步贡献率、农业劳动生产率、土地产出率、农业绿色发展效率（畜禽粪污综合利用率、主要农作物化肥与农药利用率）、农业机械化水平、农田灌溉水有效利用系数、主要农作物良种覆盖率等（图2-1）。通过这些代表性指标的横向比较，基本能够厘清和把握四川农业科技发展水平在全国省域层面的总体位势。

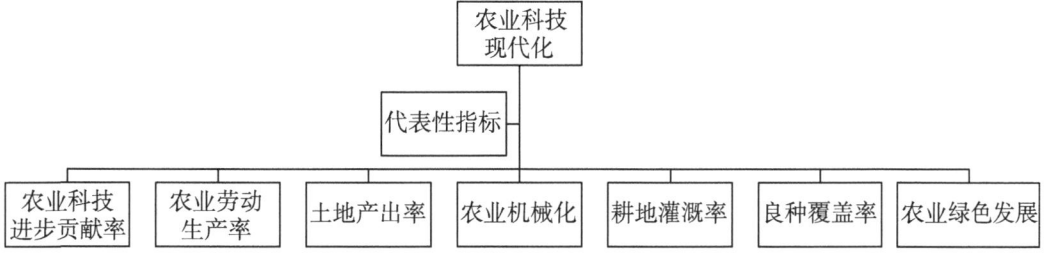

图2-1　既有研究关于农业科技发展水平的代表性指标筛选

二、四川农业科技发展在全国的总体位势

1. 农业科技进步贡献率

2021年，四川农业科技进步贡献率为60%，略低于全国平均水平，位居全国第21位，分别比位居前三位的上海、北京和广东低了20.13个、15个和11.3个百分点（图2-2）。

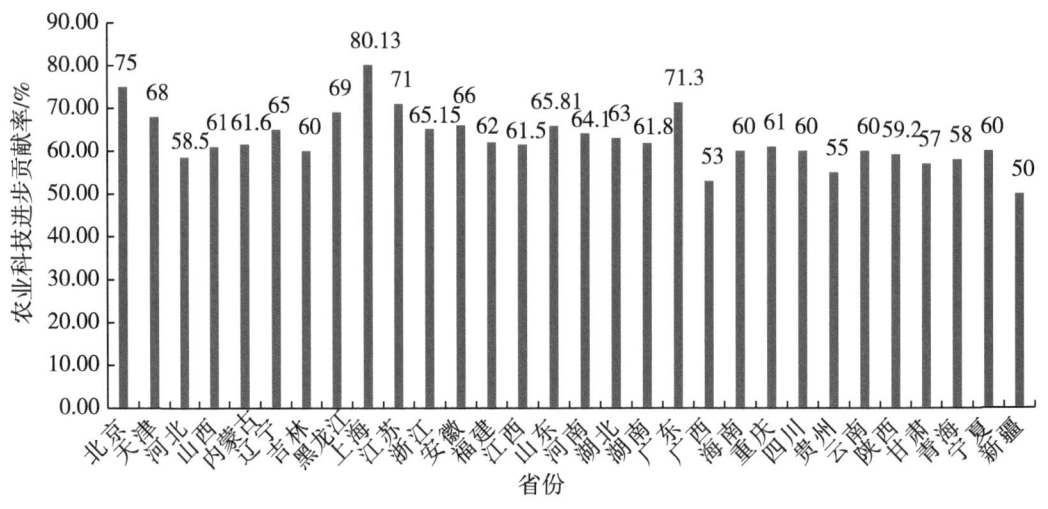

西藏数据暂缺。

图 2-2 2021 年我国各省份农业科技进步贡献率比较

2. 农业劳动生产率

农业劳动生产率为第一产业产值与第一产业就业人数的比值（计算公式：农业劳动生产率=第一产业产值/第一产业就业人数）。2021年四川农业劳动生产率为3.86万元/人，在全国30个省（自治区，直辖市）中排名第26位，低于全国5.08万元/人的平均水平，与排名前三位的浙江（11.02万元/人）、福建（9.98万元/人）和江苏（8.06万元/人）更是差距明显，劳动生产率不高也是制约四川农业科技现代化水平的重要因素（图2-3）。

3. 土地产出率

土地产出率为第一产业产值与耕地面积的比值（计算公式：土地产出率=第一产业产值/耕地面积）。2021年，四川农业土地产出率为11.23万元/公顷，位居全国第9位，土地集约化利用水平相对较好，但也仅为福建、海南和广东的34.83%、37.90%和41.24%（图2-4），农业土地产出效率和效益还需提升。

4. 劳均农用机械动力

劳均农用机械动力为农机总动力与第一产业就业人员数的比值（计算公式：劳

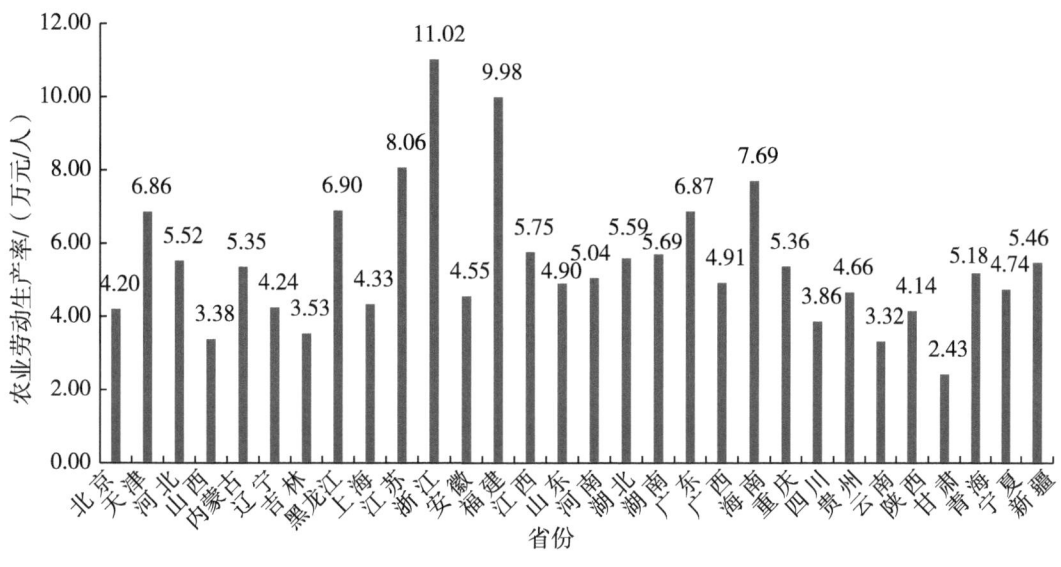

西藏数据暂缺。

图 2-3　2021 年我国各省份农业劳动生产率比较

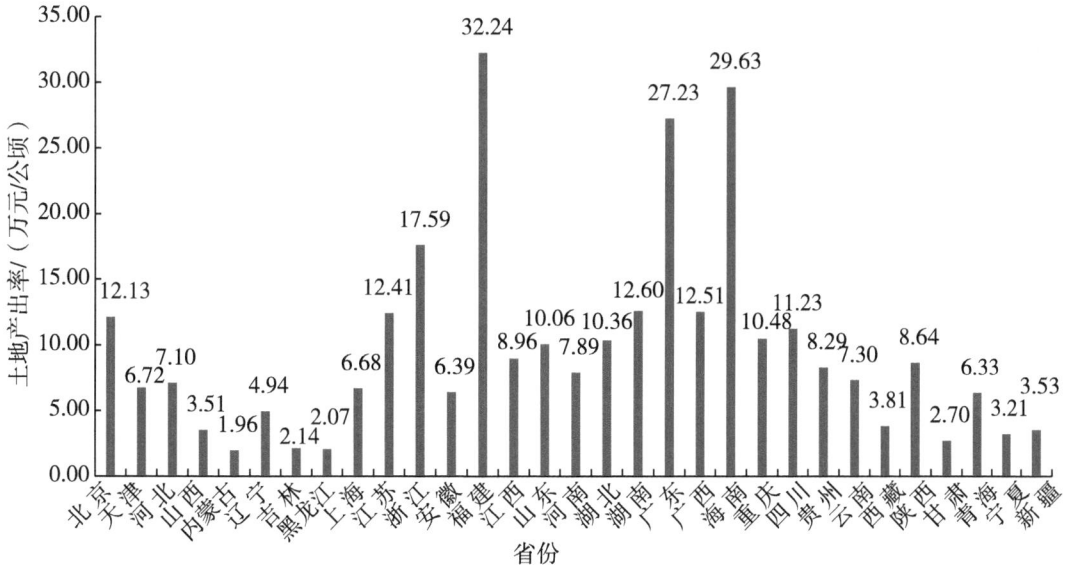

图 2-4　2021 年我国各省份土地产出率比较

均农用机械动力=农机总动力/第一产业就业人员数）。受制于丘陵山地较多、作物种类多等因素叠加，四川劳均农业机械总动力仅为 3.21 千瓦/人，位居全国第 30 位，仅高于云南，为全国平均水平的 50.87%，排名前三位的黑龙江、天津和河北的劳均农用机械总动力分别为四川的 4.18 倍、3.41 倍和 3.25 倍（图 2-5）。

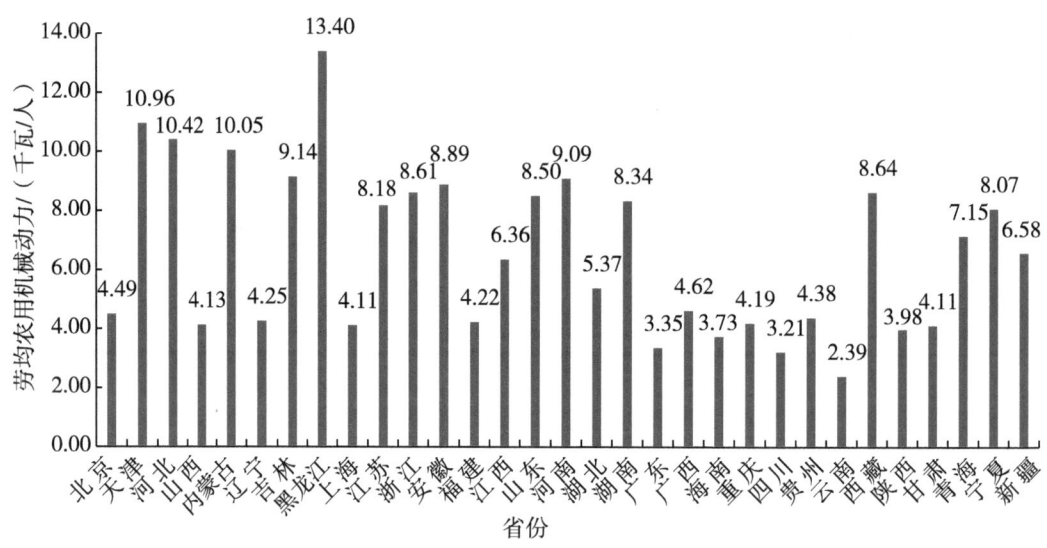

图 2-5　2021 年我国各省份劳均农用机械动力比较

5. 主要农作物耕种收综合机械化率

四川主要农作物耕种收综合机械化水平仅为 67%，较全国平均水平低 5 个百分点，位居第 21 位，机械作用于农业劳动生产水平相对较低（图 2-6）。

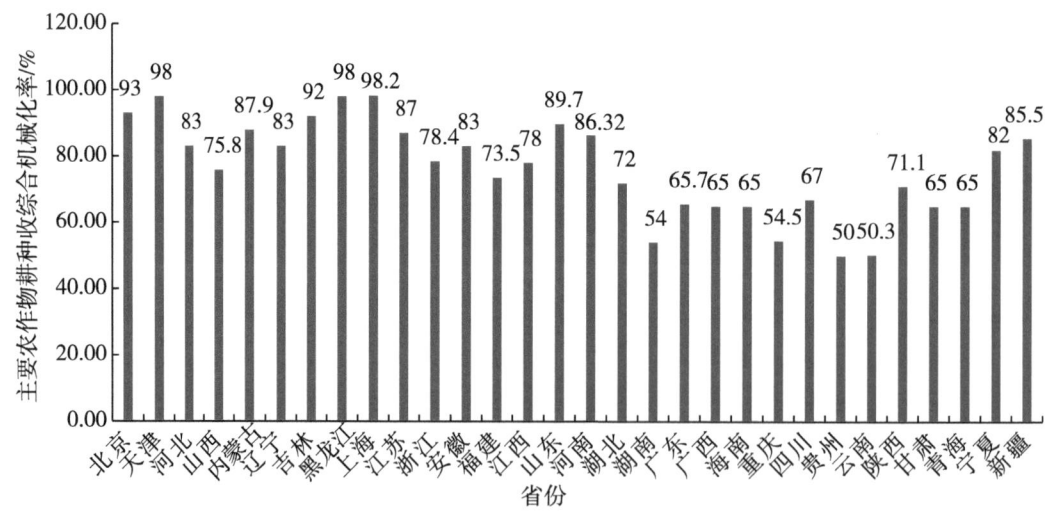

西藏数据暂缺。

图 2-6　2021 年我国各省份主要农作物耕种收综合机械化率比较

6. 农田灌溉水有效利用系数

农田灌溉水有效利用系数是指农田灌溉所使用的水与作物实际利用的水之间的比值，是衡量农田灌溉效率的重要指标之一。从农田灌溉水有效利用系数来看，排在前 10 位的分别是北京、上海、天津、河北、山东、河南、江苏、黑龙江、浙江、吉林，均达到 0.594 以上；四川、贵州和云南均在 0.5 以下，农田灌溉水有效利用率明显偏低（图 2-7）。

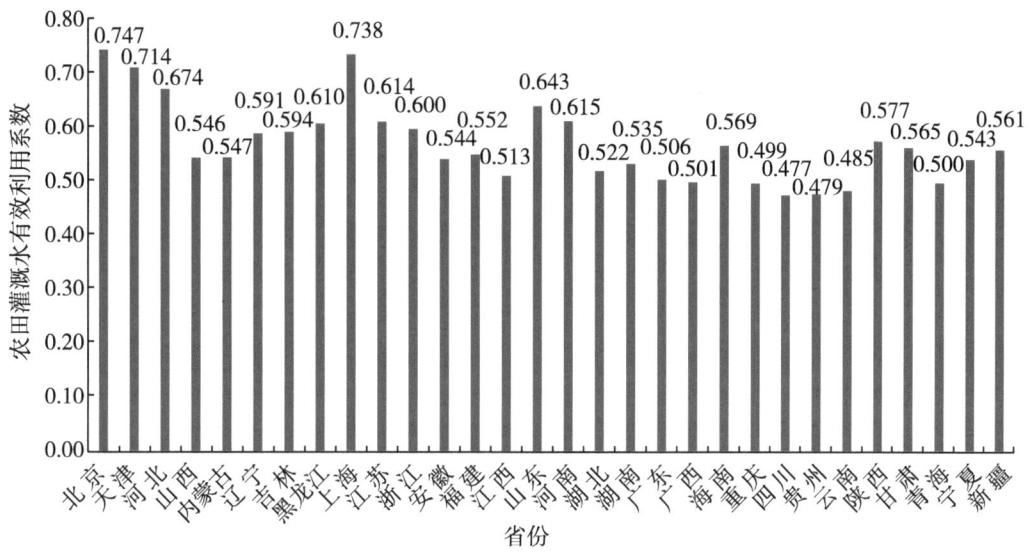

西藏数据暂缺。

图 2-7　2021 年我国各省份农田灌溉水有效利用系数

7. 主要农作物良种覆盖率

2021 年，四川良种覆盖率达到 98%，主要农作物基本实现了良种覆盖。

8. 农业绿色发展效率

农业绿色发展效率可用畜禽综合利用率、单位面积农药和化肥施用量 3 个方面的指标来反映。随着农药化肥减量化改革持续推进，四川化肥农药施用量连续 9 年减量，畜禽粪污综合利用率持续提高。2021 年，四川农药和化肥的施用强度分别为 4.1 千克/公顷（图 2-8）和 207.16 千克/公顷（图 2-9），畜禽粪污综合利用

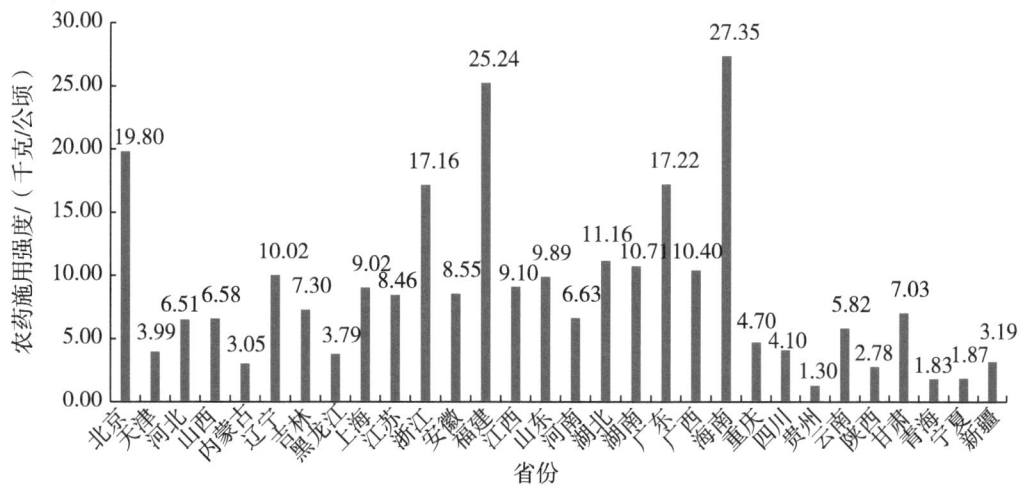

西藏数据暂缺。

图 2-8　2021 年我国各省份农药施用强度比较

率达到77%，农业绿色发展水平总体处于全国前列。

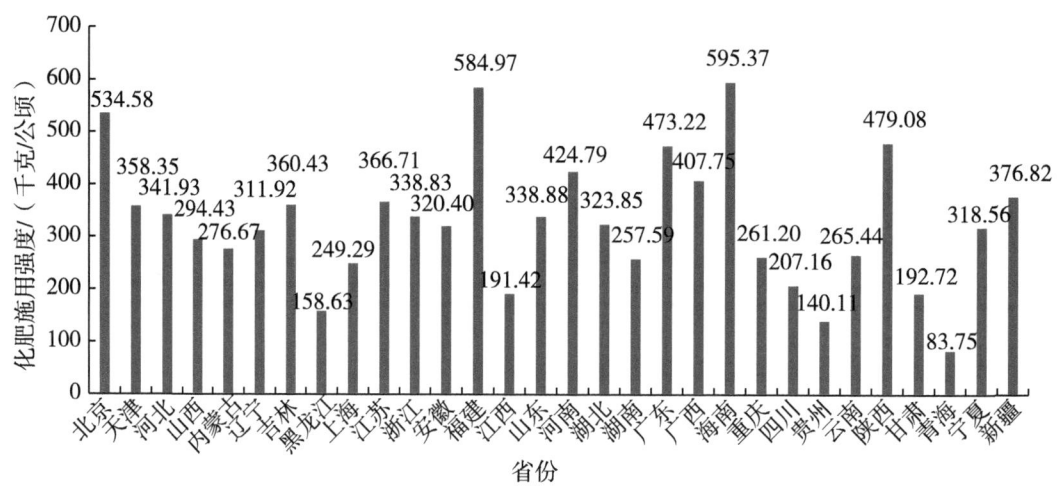

西藏数据暂缺。

图2-9　2021年我国各省份化肥施用强度比较

据此，从农业科技发展的省域层面横向比较（综合上述典型性指标测评结果）来看，目前，我国农业科技发展列居第一梯队的省份分别为：江苏、浙江、福建、广东、山东、上海、北京、安徽、河南和天津；第二梯队省份为：河北、吉林、黑龙江、海南、江西、内蒙古、湖南、湖北、四川、陕西；第三梯队省份为：新疆、辽宁、广西、重庆、云南、宁夏、山西、青海、贵州和甘肃（图2-10）。

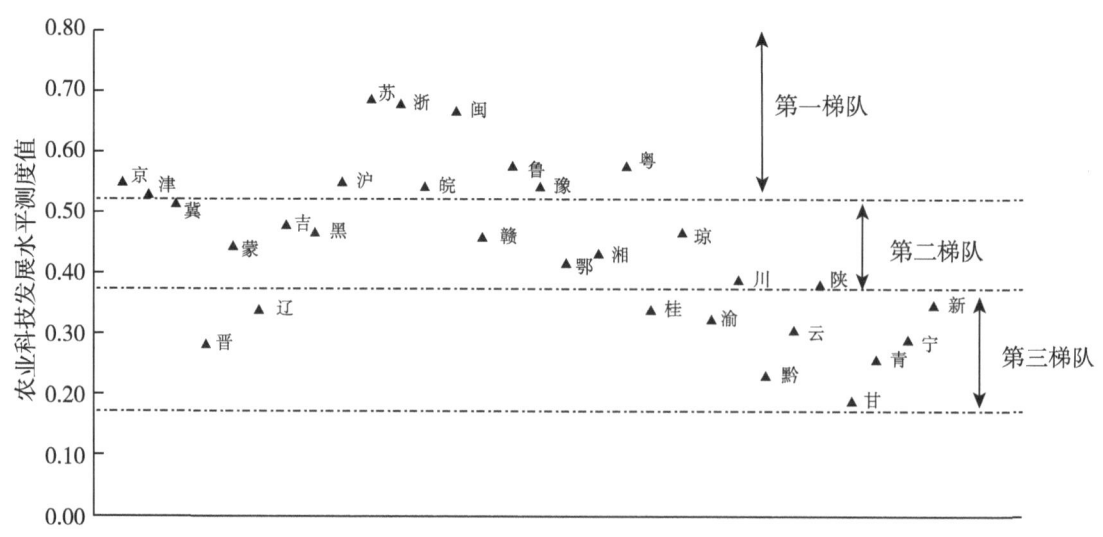

图2-10　2021年我国农业科技发展水平省域间比较

第三节 四川农业科技现代化水平实证测评

一、指标体系设计原则

1. 系统性原则

四川农业科技现代化评价指标是一个系统概念，由目标层、准则层、指标层等不同层次的子系统组成，各系统层次间、各评价指标间联系密切，相互依赖、相互影响和相互约束。在构建农业农村现代化评价指标体系时，要有系统思维，即把该评价指标体系看作是一个有效、包容和开放的系统，使指标的汇聚集合从宏观到微观、从整体到部分，全面反映出四川农业科技现代化的内涵。

2. 指导性原则

四川农业科技现代化评价指标体系的设计，充分体现四川农业科技现代化的重点和关键点，是现阶段和未来一段时间内发展现代化农业、建设现代化农村的突破口和着力点。通过该评价指标体系的构建和使用，为四川加快农业科技现代化的发展提供方向性指导。

3. 客观性原则

四川农业科技现代化评价指标体系的设计，必须紧扣农业农村现代化的阶段目标、时代内涵和特征特色，要综合经济效益、社会效益和生态效益等各个方面去评价衡量。评价体系需要科学合理地明确评价体系中每个指标的类别、权重和目标值，确保涵盖全面、重点突出、逻辑清晰和框架合理，既要注意指标间相互独立，没有重叠，同时又要防止片面性，各指标之间要相互联系、相互配合、各有侧重，形成有机整体，从不同角度真实客观地反映出四川农业科技现代化的实际状况。

4. 动态性原则

评价指标不仅要能体现当前阶段的农业农村现代化发展实际水平，还要能反映出其后续的发展方向和发展潜力，需要协调好历史、当下和未来之间的关系。农业科技现代化既是目标又是过程，既需要满足当下、蕴含未来，还要延续已有的评价指标体系。因此，指标体系既要充分考虑四川农业科技现代化的动态化特点，能综合反映现状和发展趋势，便于预测和管理；同时，又要在一定时期内保持指标体系的相对稳定性，不宜频繁变动。

5. 可操作性原则

指标体系应是一个可操作性的方案，要尽可能利用现有统计数据，指标的经济含义要明确，口径要一致，核算和综合方法要统一，以达到动态可比，保证指标比较结果的合理性、客观性和公正性。每个设计的指标需简单明确，不仅要能具体量化，而且涉及的数据要有较强的可获得性，以便于后续的计算和评价。

二、指标体系具体构建

为推进农业科技现代化、加快实现农业农村现代化提供有力的科技支撑，2021年6月农业农村部办公厅印发《关于开展全国农业科技现代化先行县共建工作的通知》，计划到"十四五"末在全国共建一批产业科技化、人才专业化、生态绿色化的农业科技现代化先行县。以产业科技化、人才专业化、生态绿色化3个目标为主要方向，四川农业科技现代化建设迫切需要建立科学合理的评价机制。通过以评促建，带动四川加快提升农业科技应用广度和深度，促进农业高质高效发展，建设农业强省。基于客观性、动态性、可操作性的原则，结合对农业科技现代化的理论分析，将四川农业科技现代化指标评价体系分为产业科技化、人才专业化、生态绿色化3个一级指标和16个二级指标，形成四川农业科技现代化评价指标体系。

1. 产业科技化指标

产业科技化是农业产业与科技的深度融合，一方面通过加强良种选育推广、推进农田水利和高标准农田建设、提高农业装备水平、加大乡村基础设施建设力度，夯实农业发展的物质基础；另一方面通过提高农业机械化、信息化水平，推动土地适度规模经营，优化农业产业结构，提升农业全要素生产率，增强农业生产经营整体效能。因此，本研究设计的产业科技化指标包括农业科技进步贡献率、主要农作物优良品种覆盖率、高标准农田面积比重、有效灌溉率、农业投资强度、主要农作物耕种收综合机械化率、农业农村信息化发展水平、耕地流转率、农产品加工产值占农业总产值比9个二级指标。

2. 人才专业化指标

人才专业化主要体现在农业产业各环节、各领域发展所需要的专业知识、专业技能得到专业化人才的有力支撑，通过促进高素质农民发展，加强农村科技人才培养和引进，提升农村人力资本水平。因此，本研究设计的人才专业化指标包括高素质农民发展指数、农村人力资本水平2个二级指标。

3. 生态绿色化指标

生态绿色化主要体现在生产的投入品和废弃物利用等贯穿全过程的绿色可持续，通过推进化肥、农药减量使用和畜禽粪污、农膜、农作物秸秆资源化、综合循环再利用、无害化处理，推动资源节约型和环境友好型农业发展。因此，本研究设计的生态绿色化指标包括单位耕地面积化肥施用量、单位耕地面积农药施用量、畜禽粪污综合利用率、秸秆综合利用率、农膜回收率5个二级指标。

"三化"之中，产业科技化是重点，人才专业化是支撑，生态绿色化是保障，通过农业科技的"三化"来装备农业、引领农业、提升农业、支撑农业，提高土地产出率、资源利用率、劳动生产率，突破新时代我国农业发展面临的资源环境和市场需求的双重约束。农业科技现代化评价指标体系具体如表2-3所示。

表2-3 农业科技现代化评价指标体系

类别指标	序号	指标	计算方法	指标解释
产业科技化	1	农业科技进步贡献率/%	直接获取	反映农业全要素生产率
	2	主要农作物优良品种覆盖率/%	直接获取	反映良种选育推广水平
	3	高标准农田面积比重/%	高标准农田面积/耕地面积	反映高标准农田建设情况
	4	有效灌溉率/%	有效灌溉面积/耕地面积	反映农田水利建设情况
	5	农业投资强度/%	农林牧渔业固定资产投资/社会固定资产总投资	反映乡村基础设施建设力度
	6	主要农作物耕种收综合机械化率/%	直接获取	反映农业机械化水平
	7	农业农村信息化发展水平/%	直接获取	反映农业农村信息化水平
	8	耕地流转率/%	直接获取	反映土地适度规模经营水平
	9	农产品加工产值占农业总产值比	农产品加工产值/农业总产值	反映农业产业结构
人才专业化	10	高素质农民发展指数	直接获取	反映高素质农民发展水平
	11	农村人力资本水平/%	（医疗保健支出+文教娱乐及服务支出）/农民生活消费支出额	反映农村人力资本开发程度
生态绿色化	12	单位耕地面积化肥施用量/（吨/公顷）	化肥施用量/耕地面积	反映化肥施用情况
	13	单位耕地面积农药施用量/（吨/公顷）	农药施用量/耕地面积	反映农药施用情况
	14	畜禽粪污综合利用率/%	直接获取	反映畜禽粪污综合利用水平
	15	秸秆综合利用率/%	直接获取	反映秸秆综合利用水平
	16	农膜回收率/%	直接获取	反映农膜回收利用水平

注：（1）数据来自《四川统计年鉴》《四川农村统计年鉴》《四川农业年鉴》《2020全国县域数字农业农村发展水平评价报告》《2020年全国高素质农民发展报告》、政府工作报告和农业农村部门内部资料等，缺失的2021年数据由2020年数据替代。

（2）农机总动力是反映农业装备水平的指标，但早在制定《全国农业机械化发展第十三个五年规划》时就考虑到"十二五"末期我国亩均农机动力已达到0.55千瓦，高出农业发达国家不少，须更加注重用好存量，引导和提高农机使用效率，因此在该规划中未将农机总动力列为规划指标，而是提出采用主要农作物耕种收综合机械化率来引导质的提高。基于此，本研究在反映物质基础现代化的指标中，也未纳入农机总动力指标，而是在生产经营现代化的指标中，采用主要农作物耕种收综合机械化率指标，用以反映农机使用效率水平。

（3）土地适度规模经营率是直接反映土地适度规模经营水平的指标，但由于该指标缺乏数据，采用耕地流转率替代。

（4）由于涉及农业科技人才培养和引进的相关指标缺乏统计数据，且考虑到农业生产经营主体以农户为主，农业科技人才在推进农业科技现代化中的作用也可通过产业科技化、人才专业化、生态绿色化中的部分指标间接反映出来，因此在人才专业化的指标中，未纳入反映农业科技人才的指标。

三、指标体系测评方法

1. 农业科技现代化指标目标及其权重设置

参考党的二十大对农业农村工作的总体部署，2035年为基本实现农业农村现代化的节点，因此，本研究将2035年定为实现农业科技现代化的节点。基于前文对农业科技现代化的概念内涵界定，并借鉴美国、日本、韩国等发达国家和我国东部发达地区的发展经验，参考国务院发展研究中心农村经济研究部、农业农村部科教司和信息中心等公开出版的相关研究报告以及查阅大量文献资料和统计数据而确定，具体目标值见表2-4。

表2-4 四川农业科技现代化指数基期值与目标值

类别	具体指标	2021年基期值	2035年目标值
产业科技化	农业科技进步贡献率/%	60.00	72.00
	主要农作物优良品种覆盖率/%	97.00	100.00
	高标准农田面积比重/%	44.60	60.00
	有效灌溉率/%	44.08	60.00
	农业投资强度/%	4.12	10.00
	主要农作物耕种收综合机械化率/%	63.00	85.00
	农业农村信息化发展水平/%	38.30	60.00
	耕地流转率/%	28.85	60.00
	农产品加工产值占农业总产值比	1.90	3.20
人才专业化	高素质农民发展指数/%	52.56	75.00
	农村人力资本/%	19.15	25.00

（续表）

类别	具体指标	2021 年基期值	2035 年目标值
生态绿色化	单位耕地面积化肥施用量/（千克/公顷）	313.69	225.00
	单位耕地面积农药施用量/（千克/公顷）	6.22	5.20
	禽畜粪污综合利用率/%	77.00	85.00
	秸秆综合利用率/%	92.80	100.00
	农膜回收率/%	84.00	90.00

对比 2035 年的目标值来看，四川离实现农业科技现代化还存在一定差距。从监测的 16 个指标来看，主要农产品优良品种覆盖率较为接近目标值，仅需年均增长 0.21 个百分点，即可在 2035 年达到目标值。单位耕地面积化肥施用量离目标值差距较大，需要年均降低 2.02% 才能达到目标值。耕地流转率离目标值也有较大差距，需要年均增长 2.23 个百分点才能达到目标值。各具体指标离目标值的差距为：达到目标值 80% 以上水平的指标有 6 个，分别是农业科技进步贡献率、主要农产品优良品种覆盖率、单位耕地面积农药施用量、禽畜粪污综合利用率、秸秆综合利用率和农膜回收率；达到目标值 50%~80% 水平的指标有 6 个，分别是高标准农田面积比重、有效灌溉率、主要农作物耕种收综合机械化率、农村人力资本、单位耕地面积化肥施用量和高素质农民发展指数。小于目标值 50% 水平的指标有 4 个，分别是农业投资强度、农业农村信息化发展水平、耕地流转率、农产品加工产值占农业总产值比。

2. 农业科技现代化评价指标体系计算方法

农业科技现代化评价指标体系的 16 个指标中，有正指标 14 个、逆指标 2 个（单位耕地面积化肥施用量、单位耕地面积农药施用量），评价指标体系的计算方法如下：

第一，单个正指标计算方式为：

$$z_i = \begin{cases} \dfrac{x_i}{x_{i1}} \times 100\%, & \text{若 } \dfrac{x_i}{x_{i1}} < 1 \\ 100\%, & \text{若 } \dfrac{x_i}{x_{i1}} \geq 1 \end{cases} \quad \text{（式 2-1）}$$

式中，z_i 为 x_i 的评价值，x_i 为实际值，x_{i1} 为标准值。

第二，单个逆指标计算方式为：

$$z_i = \begin{cases} \dfrac{x_{i1}}{x_i} \times 100\%, & \text{若 } \dfrac{x_{i1}}{x_i} < 1 \\ 100\%, & \text{若 } \dfrac{x_{i1}}{x_i} \geq 1 \end{cases} \quad \text{（式 2-2）}$$

式中，z_i 为 x_i 的评价值，x_i 为实际值，x_{i1} 为标准值。

指标权重采用熵值法计算。利用熵值法对指标权重进行确定，无须依赖人的主观判断，客观性较强，因此在进行多指标定量综合评价时，该方法受到广泛应用。熵值法依据指标变异程度来确定权重大小，指标变异程度越大，相应权重值就越大。本研究采用熵值法计算指标权重，具体计算公式为：

第三，计算第 i 年第 j 项指标的比重 f_{ij}：

$$f_{ij} = \frac{z_{ij}}{\sum_{i=1}^{m} z_{ij}} \qquad (式2-3)$$

第四，计算指标 j 的熵值 e_j 及权重 w_j：

$$e_j = -\frac{1}{\ln m}\sum_{i=1}^{m}(f_{ij}\ln f_{ij})$$

$$w_j = \frac{1-e_j}{\sum_{j=1}^{n}(1-e_j)} \qquad (式2-4)$$

第五，四大类子目标实际程度计算公式为：

$$F_j = \sum_{i=m_j}^{n_j} w_i z_i \Big/ \sum_{i=m_j}^{n_j} w_i \qquad (式2-5)$$

第六，农业科技现代化指数 F 计算公式为：

$$F = \sum_{i=1}^{16} w_i z_i \qquad (式2-6)$$

式中，z_i 为 x_i 的评价值，x_i 为实际值，w_i 为指标 x_i 的权重，计算时需要将百分数换成小数，F_j 为第 j 个子目标的实现程度，m_i 为第 j 个子目标中第一个评价指标在整个评价指标体系中的序数，n_j 为第 j 个子目标中最后一个评价指标在整个评价指标体系中的序数。

基于以上计算方法，得出的具体指标权重和分类权重如表2-5所示。

表2-5 农业科技现代化评价指标权重

类别指标	分类权重	具体指标	指标权重	指标性质
产业科技化	0.541	农业科技进步贡献率	0.074	正向指标
		主要农作物优良品种覆盖率	0.033	正向指标
		高标准农田面积比重	0.068	正向指标
		有效灌溉率	0.037	正向指标
		农业投资强度	0.058	正向指标
		主要农作物耕种收综合机械化率	0.068	正向指标
		农业农村信息化发展水平	0.089	正向指标
		耕地流转率	0.065	正向指标
		农产品加工产值占农业总产值比	0.049	正向指标

(续表)

类别指标	分类权重	具体指标	指标权重	指标性质
人才专业化	0.203	高素质农民发展指数	0.125	正向指标
		农村人力资本水平	0.078	正向指标
生态绿色化	0.256	单位耕地面积化肥施用量	0.057	负向指标
		单位耕地面积农药施用量	0.065	负向指标
		畜禽粪污综合利用率	0.055	正向指标
		秸秆综合利用率	0.042	正向指标
		农膜回收率	0.037	正向指标

四、四川农业科技现代化实证测评结果

1. 总体情况测评

从2015—2021年四川农业科技现代化指数变化情况来看（图2-11），四川农业科技现代化指数从2015年的0.430，到2019年突破0.625，再上升到2021年的0.700，说明四川农业科技现代化发展良好，综合水平呈现不断提升态势。

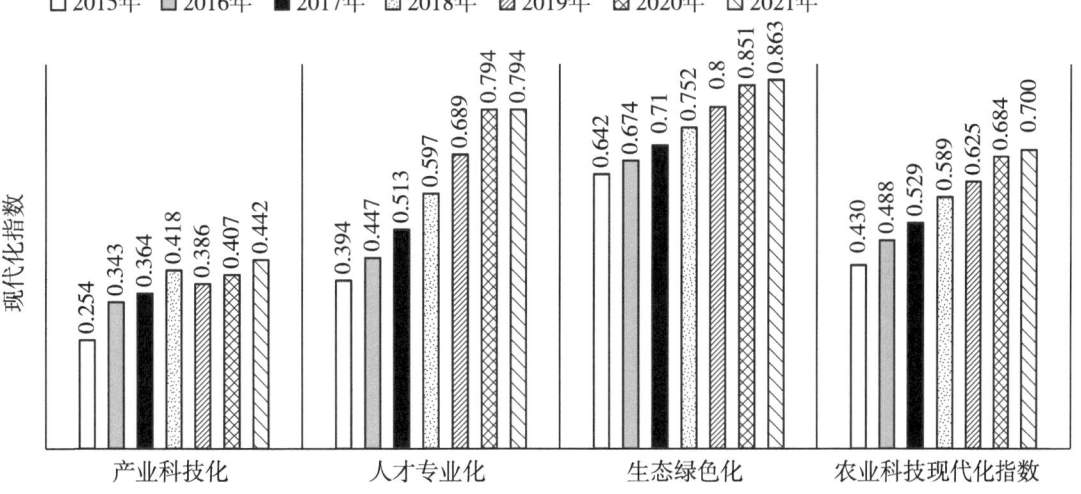

图2-11 2015—2021年四川农业科技现代化指数

2. 分项指标测评

从四川农业科技现代化指数各分项的历年变化情况（图2-11）来看，产业科技化指数增长保持稳健，2015年该指数为0.254，2021年该指数达到0.442，增长率为74.02%。人才专业化指数增长最为显著，2015年该指数仅为0.394，到

2021年该指数为0.794，增长率为101.52%。生态绿色化指数历年水平在各类别中数值最高，2015年该指数为0.642，2021年该指数达到0.863，增长率为34.42%。

（1）产业科技化指标研判

从四川农业产业科技化指数的历年变化情况（表2-6）来看，四川农业产业科技化水平良好，2021年四川农业产业科技化指数为0.442（图2-11）。产业科技化各单项指数具体情况如下：

表2-6 四川和全国农业产业科技化指数

指标	四川							全国
	2015年	2016年	2017年	2018年	2019年	2020年	2021年	2021年
农业科技进步贡献率/%	56.00	56.60	57.20	58.00	59.00	60.00	60.00	61.50
主要农作物优良品种覆盖率/%	96.00	96.00	96.00	96.00	97.00	97.00	97.00	96.00
高标准农田面积比重/%	24.70	29.47	29.66	37.06	40.83	44.60	44.60	43.75
有效灌溉率/%	40.60	41.77	42.72	43.62	43.95	44.08	44.08	54.43
农业投资强度/%	3.40	4.13	4.68	4.61	4.35	4.12	4.12	6.68
主要农作物耕种收综合机械化/%	53.00	55.00	57.00	59.00	61.00	63.00	63.00	72.03
农业农村信息化发展水平/%	—	—	—	—	15.80	—	38.30	39.10
耕地流转率/%	27.76	33.85	36.68	36.49	29.86	28.85	28.85	34.08
农产品加工产值占农业总产值比	1.74	1.82	1.90	1.90	1.90	1.90	1.90	2.30

注：四川农业农村信息化发展水平仅有2019年、2021年数据，其他年份数据以2019年数据为基准，结合能获取的互联网宽带接入用户和移动电话用户数据进行推算。

2021年四川农业科技进步贡献率为60%，较2015年增长了4个百分点，农业科技进步贡献率缓慢上升；与2035年目标值相比相差12%（表2-4），仍存在不小的差距，表明四川的农业科技资源禀赋优势并未有效发挥，农业科技创新驱动效能有待进一步提升。四川农业科技对农业总产值的增长贡献程度还不够，未来需加快提升农业全要素生产率，增强科技对农业发展方式的引领和带动作用。

四川近年来主要农产品优良品种覆盖率较为稳定，2015—2018年均保持在96%的水平，2019年上升到97%，2020年、2021年仍维持这一水平，比全国高1个百分点；2021年水平值比2035年目标值低3个百分点，表明四川良种化水平较高。四川是种业大省，也正加快建设种业强省，在建中的天府现代种业园作为首批5个以种业为主导产业的国家级现代农业产业园之一，是中国西南种业中心，将擦亮"川种"金字招牌，带动区域内主要农产品优良品种覆盖率进一步提升。

2021年高标准农田面积比重为44.60%，较2015年的24.7%增长了80.56%，年均增长达到13.43%，表明四川在高标准农田建设方面取得显著提升；2021年四川高标准农田面积比重比全国同期水平高0.85%；比2035年目标值低15.40个百分点，未来四川仍需持续推进高标准农田建设，为农业科技现代化发展夯实物质基础。

2021年四川有效灌溉率为44.08%，较2015年增加了8.57%；比全国同期水平低10.35%；比2035年目标值低15.92个百分点，未来四川还需要加强农村水利设施建设和管护，进一步提升灌溉水平。

2021年四川农业投资强度为4.12%，较2015年增长了21.06%；比全国同期水平低2.56个百分点，比2035年目标值低5.88个百分点，因此，四川还应加大农业投资，持续推进项目建设，充分发挥投资对农业产业的拉动作用。未来四川除用足用好财政支农资金外，还可以充分发挥地方政府债券、土地出让收益、金融社会资本等各类资金作用，进一步加大农业投资力度。

四川主要农作物耕种收综合机械化率从2015年的53%上升到2021年的63%，增长了18.87%；2021年四川主要农作物耕种收综合机械化率比全国同期水平低9.03个百分点；比2035年目标值低22个百分点，差距较大。四川以丘陵山区地形为主，实施农机化作业难度较大，应进一步加强丘陵山区农田宜机化改造，推动主要农作物耕种收综合机械化率有所提升。未来四川还需要持续推进丘陵山区农田宜机化改造，通过实施"五良"融合产业宜机化改造，提升宜机化改造成效。

根据《2021全国县域农业农村信息化发展水平评价报告》提供的数据，2021年四川农业农村信息化发展水平为38.3%，略低于39.1%的全国水平；比2035年目标值低21.7个百分点，说明四川在农业农村信息化发展方面还处于落后水平。存在缺乏省级层面顶层设计、农业信息基础较为薄弱、农业信息人才支撑不足、政府财政资金保障乏力等问题，未来四川应在这些薄弱环节补齐短板，以信息化驱动农业高质量发展，加大对农业信息发展的政策支持，着力解决农业信息技术落后、服务落后、应用群体不足等问题，以点带面促进农业信息的发展。

四川耕地流转率从2015年的27.76%上升到2017年的36.68%，但从2017年开始逐步下降，2021年为28.85%。2021年四川耕地流转率比2015年提高了1.09个百分点，比2021年全国同期水平低5.23个百分点，比2035年目标值低31.15个百分点。四川受地形地貌影响，耕地的细碎化特征本就不利于实现流转，加之近年来受世界百年未有之大变局和新冠疫情的叠加冲击，外出务工环境不确定性增加以及乡村振兴战略的全面推进，导致农民返乡并增加了对转出土地的追索，使耕地流转率有所下降，政府应出台相关政策，规范和引导农民自主流转，促进适度规模经营水平的提升。四川耕地流转率不高，既有资源禀赋的限制，也与社会经济环境影响有关，未来四川应多措并举推动耕地有序流转，通过规模化激发农业科技发展新动能。

四川农产品加工业产值与农业总产值之比从2015年的1.74逐步提升到2021年的1.90，仅增加0.16，提升水平不高；相较于全国水平和2035年目标值，四川仍有不小的差距。全省农产品加工品中八成以上为初加工，加工链条短，产地农产品加工配套设施差，转化能力弱。多数加工企业的农产品开发主要停留在清洗、初加工和包装上，加工程度低、层次少，精深加工发展缓慢且科技含量不高，难以形成较强的市场竞争力。未来四川还需要积极优化产业结构，做大做强农产品加工业，以农产品加工带动产业链上下游发展，为农业科技现代化提供重要支撑。农产品加工是带动农业产业链发展的核心环节，四川农产品加工业不强，影响了农业产业提升增效，也不利于农业科技的推广应用，这是四川未来亟须突破的发展瓶颈。

（2）人才专业化指标研判

从四川人才专业化指数的历年变化情况（表2-7）来看，四川人才专业化水平较高，2021年四川农业从业者现代化指数为0.794。从农业从业者现代化各单项指数来看，2019年四川高素质农民发展指数为52.56%，与全国2021年高素质农民发展指数接近；与2035年目标值存在一定差距，四川需要加快推进高素质农民的培养。2021年四川农村人力资本水平为19.15%，比2015年增长15.08%，比全国同期水平低0.73个百分点，比2035年目标值低5.85个百分点。四川幅员辽阔，地形、土地禀赋的差异是造成全省农业发展不平衡和不充分的直接原因，而农村人力资本水平，则是放大部分地区自然资源劣势的重要原因，四川作为人口大省和劳务输出大省，农村老龄化、空心化问题严重，因此推进四川农业科技现代化，不仅要加大物质条件投入，还要重视农村"人的进步和发展"，加大对农村人力资本的投资，将人口数量优势转化为人力资本优势，不断推动高素质农民发展。

表2-7　四川和全国农业人才专业化指数表　　　　（单位：%）

指标	四川							全国
	2015年	2016年	2017年	2018年	2019年	2020年	2021年	2021年
高素质农民发展指数	—	—	—	—	52.56	—	—	51.00
农村人力资本水平	16.64	16.48	17.03	18.45	19.11	19.15	19.15	19.88

注：四川高素质农民发展指数仅能获取2019年数据，其他年份的该数值缺失；全国农村人力资本水平仅能获取2020年数据。

（3）生态绿色化指标研判

根据四川生态绿色化指数的历年变化情况（表2-8）来看，2021年四川生态绿色化指数为0.863，呈现逐年稳步增长态势。从四川绿色循环持续化各单项指数来看，2021年单位耕地面积化肥施用量为313.69千克/公顷，比2015年减少了57.19千克/公顷，年均减少2.57%，表明四川在持续推进化肥减量化方面已取得一定成效；比全国同期水平低92.32千克/公顷；比2035年目标值高28.27%，还需要减少 88.69 千克/公顷，说明四川仍有待转变生产方式，推动化肥减量增效。

2021 年四川单位耕地面积农药施用量为 6.22 千克/公顷，比 2015 年减少了 2.52 千克/公顷，年均减少达 4.81%，农药减量化取得显著效果；比全国同期水平低 3.47 千克/公顷；比 2035 年目标值高 19.61%，还需要减少 1.02 千克/公顷，未来仍需加强绿色防控，积极探索、推广农药减量增效的有效模式和技术支撑手段，减少农药投入。

2021 年四川禽畜粪污综合利用率为 77.00%，比 2015 年提高了 28.33%，年均增长 4.72%，四川通过深入推进绿色种养循环农业试点，取得了明显成效；比全国同期水平高 1 个百分点；比 2035 年的目标值低 8 个百分点。未来四川应采取多种治理模式，完善治理机制，持续推进畜禽粪污治理工作，进一步提升禽畜粪污综合利用成效，以期进一步提升禽畜粪污综合利用率。

2021 年四川秸秆综合利用率为 92.80%，较 2015 年提高了 16.00%，年均增长 2.67%，秸秆综合利用率稳步提升，比全国同期水平高 4.7 个百分点，比 2035 年目标值差 7.2 个百分点，未来可通过积极推广秸秆还田肥料化利用、秸秆饲料化利用等多途径综合利用秸秆，力争秸秆综合利用率达到 100%的水平。虽然四川秸秆综合利用率水平较高，已达 90%以上，但要实现 100%的目标，仍需要加大落实中央和省委省政府对秸秆禁烧、机械化还田、能源化利用等秸秆综合利用方面的扶持政策，多渠道推动秸秆综合利用。

2021 年四川农膜回收率为 84%，较 2015 年提高了 54.73%，年均增长达 8.79%，农膜回收利用成效显著；比全国同期水平高 4 个百分点；离 2035 年目标值差 6 个百分点，未来在农膜科学使用与废旧农膜回收利用方面仍有较大的提升空间。为了进一步提升农膜回收水平，不能仅关注回收单一环节，而需要完善整个农膜回收资源化利用体系。

表 2-8　四川和全国农业生态绿色化指数　　　　　　（单位:%）

指标	四川							全国
	2015 年	2016 年	2017 年	2018 年	2019 年	2020 年	2021 年	2021 年
单位耕地面积化肥施用量/(千克/公顷)	370.88	369.66	359.73	349.87	331.45	313.69	313.69	406.01
单位耕地面积农药施用量/(千克/公顷)	8.74	8.61	8.30	7.63	6.89	6.22	6.22	9.69
禽畜粪污综合利用率	60.00	62.00	62.00	66.00	70.50	75.00	77.00	76.00
秸秆综合利用率	80.00	82.60	86.90	87.00	89.00	91.00	92.80	88.10
农膜回收率	55.00	62.10	69.20	74.00	77.10	80.20	84.00	80.00

注：四川单位耕地面积化肥施用量、四川单位耕地面积农药施用量仅能获取 2020 年数据，2021 年采用 2020 年的数据。

综合而言，基于对农业科技现代化内涵的解析，从产业科技化、人才专业化、生态绿色化3个方面构建农业科技现代化评价指标体系，并以四川为实证分析对象，采用熵值法对2015—2021年四川农业科技现代化水平进行综合评价。结果表明：四川农业科技现代化指数逐年提升，同时分项指标保持稳健增长。四川农业科技现代化从起步阶段稳步提升到初步实现阶段，农业科技进步贡献率、主要农产品优良品种覆盖率、高标准农田面积比重、高素质农民发展指数、单位耕地面积化肥施用量、单位耕地面积农药施用量、畜禽粪污综合利用率、秸秆综合利用率、农膜回收率指标表现较好，但有效灌溉率、农业投资强度、主要农作物耕种收综合机械化率、农业农村信息化发展水平、耕地流转率、农产品加工业产值与农业总产值之比、农村人力资本水平距离目标值还有较大提升空间。为此，需瞄准四川农业科技现代化发展需求，明晰四川农业科技现代化发展路径，通过加大农业科技投入力度、积极推进政产学研用深度融合、形成激发创新创业的环境氛围，引导资金、科技、人才、信息等要素集聚，推进四川种业强省建设，弥补四川农业在节水灌溉、机械化、信息化、加工业等方面的发展短板，进一步推进四川农业科技现代化向更高水平发展。

第四节 四川农业科技发展阶段及方位研判

四川省建立在人多地少基础上的农业产业将长期处于紧平衡、高风险、不稳定的态势，随着农业现代化发展向纵深推进，农业发展日益步入耕地退化、生物灾害加剧、水土资源约束、农业污染加重、食品安全风险时有发生等多重风险聚集期，未来农业科技任务比以往任何时候都要艰巨，加快农业科技现代化比以往任何时候都要紧迫，亟须以技术创新替代资源约束、由高产主导向绿色主导转变，彻底改变"跟踪式、依附式"的农业技术路径，制定农业科技重点任务和优先路径。

一、四川农业科技发展阶段

从全国层面来看，随着农业科技的不断投入和科技创新的发展，科技创新已经成为农业现代化的重要驱动力。但与世界发达国家和国内农业强省相比，四川农业科技发展仍有较大提升空间，其农业科技现代化发展水平总体处于全国第二梯队。另外，从四川自身纵向发展而言，基于前述分析，不难看出四川农业科技创新能力持续增强，农业机械化加快推进、主要农作物良种基本实现全覆盖，高效、智能和绿色农业装备加速应用，推动农业生产逐步从传统生产模式向精准化、智能化和集约化方向迈进（农业3.0→农业4.0），农业发展方式已经得到根本性转变，迈入了科技创新驱动型发展的全新阶段（图2-12）。

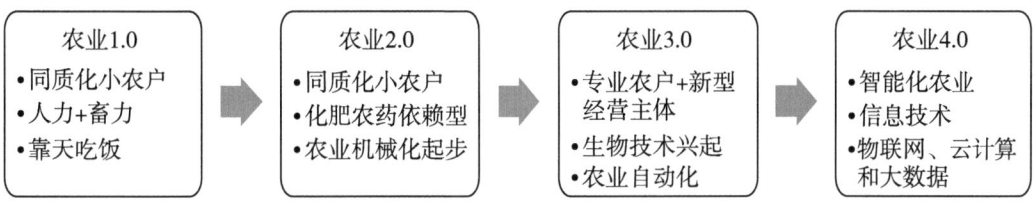

图2-12 四川农业科技现代化发展阶段演进示意

二、四川农业科技发展趋势展望

党的十八大以来，四川农业生产逐步由过去粗放式增加要素投入逐步转向主要依靠农业科技要素进步和投入的加强，农业生产高质量发展水平得到有效提升。然而，随着农业现代化发展向纵深推进，四川农业发展日益步入耕地退化、生物灾害加剧、水土资源约束、农业污染加重、食品安全风险时有发生等多重风险聚集期，未来农业科技任务比以往任何时候都要艰巨，加快农业科技现代化比以往任何时候都要紧迫。迫切需要在透视目前和未来四川农业科技供给、需求耦合性的基础上，明晰四川农业科技发展的总体方位，优化农业科技领域布局。

一是强化粮食和重要农产品安全供给的科技支撑能力。粮食和重要农产品保供是四川农业强省建设的头等大事。从四川现实情况来看，粮食和重要农产品安全供给形势依然复杂严峻，压力和挑战只会增加不会减少，丝毫不能懈怠。据《第三次全国国土调查主要数据公报》，截至2019年末，四川"三调"耕地面积相比"二调"减少了2 239.3万亩，减幅达22.21%，人均耕地面积从1.23亩降至0.94亩，农户户均耕地面积比全国平均低45个百分点。2022年，四川人均粮食占有量419.2千克，比全国平均低69.4千克，该指标已是四川连续第13年在全国13个粮食主产省份中排名垫底。与此同时，受农民工大量返乡及城乡居民膳食结构升级等影响，市场对肉、蛋、奶的消费需求依旧强劲，庞大的人口基数叠加消费升级，将进一步加剧粮食供给压力。在今后较长时期内，随着城镇化持续推进，四川农业发展面临的资源与环境约束也将愈显突出。因此，基于科技赋能视角，必须把全面提升土地产出率、劳动生产率和资源利用率作为重要目标，提升单位资源的产出能力和农业综合生产能力，在此过程中，要突出支持良种繁育技术、节地技术、节水技术、节能技术的研发和应用，走集约化的现代农业发展之路。

二是增强现代农业绿色低碳转型发展的科技引领能力。农业绿色低碳转型是支撑四川农业强省建设的重要表现。绿色是农业的底色，生态是农业的底盘。随着农业供给侧结构性改革的深入推进，生态环境保护和产品质量安全备受关注，并在一定程度上迫使农业要素投入转向结构转型和质量升级的新阶段。一方面，从生态环境保护来看，长期以增产为目标的农业发展方式给生态环境造成了巨大威胁，农业面源污染、土地退化等生态问题日臻突出，迫切要求农业生产者摒弃粗放式的农业生产模式，同时减少农药、化肥等化学品投入，寻求符合绿色发展理念的新要素替代。但从四川多地实践来看，农业生产仍难以兼顾产量提升和绿色发展的双重目标。另一方面，从农业种养殖结构来看，四川是我国重要的畜牧业生产大省，特别是生猪出栏量常年稳居全国第一，易造成较大的生态环境承载压力。因此，"双碳"战略目标下的农业强省建设，突出了走农业绿色可持续发展道路的迫切性与必要性，这就要求农业生产必须从资源要素投入依赖转向技术创新驱动，更加突出技术的生态属性。因此，要尽快完善绿色技术创新体系，健全农业领域绿色技术标准，着力攻克化肥农药减量增效、农业废弃物资源化利用、农业减排固碳、农业生产与食品安全等领域的技术瓶颈，走生态优先、绿色低碳的现代农业发展之路。

三是夯实农产品市场供需结构适配性的科技保障能力。增强农产品市场供需适配性是推动四川农业强省建设的重要内容。随着城乡居民消费升级，市场农产品需求越来越朝着消费安全化、营养化和功能化的方向拓展。同时，居民对闲暇和健康养生的边际消费倾向也在不断提升，休闲农业、乡村旅游业呈现蓬勃发展态势，并不断衍生出新的业态模式和消费场景。但就目前发展而言，四川优质、绿色、专用农产品供给总体不足，特别是中低端农产品供给明显过剩；乡村旅游业发展同质化，缺乏小众类、精准化、中高端产品与服务，品牌溢价有限，造成市面上的农产品和乡村新业态难以满足消费者对产品与服务的多元化和个性化需求。在此背景下，农业科技亟须以市场需求为导向，围绕质量兴农、品牌兴农的重大科技需求，加强农产品质量与生命健康的急需关键技术、前沿引领技术的研发，以标准化推动高质化、高质化推动品牌化发展为主线，加强农产品标准化技术规程体系建设；同时，要依托科技做好农业产业链条重构与整合工作，不断拓宽农业产品和服务供给的功能边界，特别是要围绕特色农产品富民兴村的产业链部署创新链，提升农业产业链供给体系对市场需求的适配性，走现代高效特色农业发展之路。

四是加强面向小农户与现代农业衔接的科技服务能力。推动小农户与现代农业有机衔接是推动四川农业强省建设的现实要求。小农户在四川农业生产中居于绝对主体地位，是推动农业强省建设的最主要力量。据《第三次全国农业普查公报》显示，四川小农户数量占农户总数的99.25%，经营着全省96.7%的耕地。因此，如何推动小农户与现代农业有机衔接，破解小农生产经营中面临的突出制约，做好农业科技社会化服务至关重要。目前，政府提供的科技推广服务内容较为单一、质量参差不齐、覆盖面不广，难以满足四川广大小农户多样化、多层次、多方面的科技需求，随着小农户分化进程不断提速，更是加大了农业科技供给的难度。据此，为提升农业科技服务效能、加强供需对接，需要着眼于广大小农户嵌入农业社会化生产的现实需求，加快构建以农技推广机构、科研院所、合作社、集体经济组织、服务型农业企业等为依托，多元互补、高效协同的农业科技社会化服务体系。鼓励各类科技服务主体积极为小农户提供全程化、精准化和个性化科技服务，探索并推广"技物结合""技服结合""技术托管"等创新服务模式，确保技术供给的科学性与实用性、经济性并重，有效释放小农户和现代农业有机衔接的空间。

五是提升农业全产业链建设薄弱环节的科技供给能力。补齐农业全产业链建设的短板弱项是推动四川农业强省建设的必要条件。随着农业产业、业态和功能愈益多样化，现代农业发展早已超出了传统农业边界，农业的竞争由农产品之间的竞争转化为产业链之间的竞争。然而，单项技术的突破已不足以支撑整个产业的提档升级，推动产业基础再造和一、二、三产业融合发展必须解决全产业链不同环节协同发展的科技支撑问题。因此，为增强农业竞争力，既要重视产业链中单项核心技术的突破，也要注重上、中、下游各环节技术系统配套和组装集成，支持产业链不同环节的协调和供应链管理。目前，四川农业科技进步贡献率已超过61.5%，但从产业链不同环节来看，农机装备、农产品加工、保鲜贮藏、冷链物流等依然是农业全产业链建设中的薄弱环节。基于此，为锻造更具韧性的农业产业链和供应链，须在智能农机装备、农机农艺融合、农产品保鲜、精深加工、储运等领域加大研发力度，特别是要加大对具有研发能力的龙头企业的科技创新政策支撑。在此基础上，加快农业技术"点、线、面"的融合，不断塑造推动农业与关联产业融合的技术新优势。

第三章
面向2035年的四川农业科技需求分析与前沿技术研究

第一节 四川省经济社会发展情景分析

一、人口增长与城市化进程对食物有效供给提出更高要求

目前，尽管四川省粮食产量在持续增长，已连续3年保持在3 500万吨以上，但由于四川省是人口大省，人口数量也连年攀升，从中长期来看粮食供求关系处于紧平衡状态，而且"紧平衡"将越来越紧（赵颖文，2022）。根据四川省第三次全国国土调查主要数据公报，四川耕地面积522.72万公顷，相较"二调"，耕地减幅达到22.21%。随着人口增长和发展建设需求，人均耕地还会不断减少，人地矛盾突出，粮食生产存在供需缺口已成隐患。近年来，四川粮食年调入量都在1 500万吨以上，2020年增至1 800万吨，相比2015年增长了49%，玉米、稻谷、小麦、高粱、大豆等各类粮食品种均有调入（赵颖文，2022）。四川90%人口以大米为主食，常年消费量在1 400万吨以上。预计到2030年，四川稻谷产量将达1 520.40万吨，但未来产需缺口预计将大于249万吨（陈进，2023）。

另外，城市化进程也对食物供给提出更高要求。根据2022年中国统计年鉴及四川省国民经济和社会发展统计公报数据显示，近10年来四川省城镇人口比重逐渐增加，与2012年相比提高15个百分点（图3-1）。城镇人口比重增大主要原因体现在农村人口向城市转移，农民大量离开原耕种土地，农村青壮年人口多聚集在城镇，农村老龄化现象突出，农业生产力下降，故未来要谨防弃耕抛荒导致四川粮

食进口率逐渐增高。

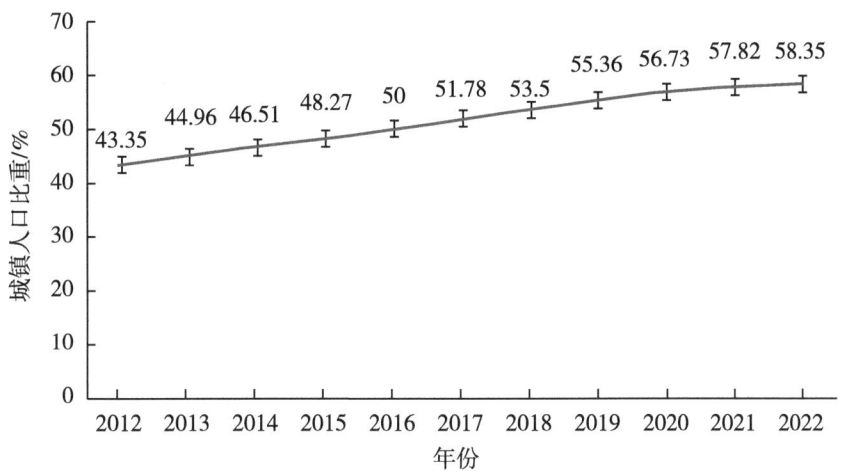

图3-1 四川省2012—2022年城镇人口比重

城镇化格局出现大城市过度膨胀与农村、城镇相对衰落的失调问题，这既是全国性的共性问题，也是新时期四川省自身的个性问题，且更加严峻复杂。一是四川是外出务工大省，2020年末全省农村劳动力转移就业输出2 573.4万人，比上年增加90.8万人。其中省内转移就业1 458.8万人，增加90.2万人。农村劳动力外流导致农村空心化，土地撂荒。二是四川省统计局2021年发布的《四川省村（居）常住人口分布概况》显示65岁及以上常住人口占比，社区为13.5%，农村为21.7%，社区低8.2百分点。这意味着，四川农村老龄化远高于城镇。按国际老龄化划分标准，当某地区65岁及以上人口占比达到20%，为超老龄化社会。四川农村则已经进入超老龄化社会，农村地区每5人就有1个为65岁以上老人。城市化进程使农村转移大量年轻劳动力，把老年人口留在农村。

面对日渐严峻的国际环境和艰巨的改革发展稳定任务，依托进口的粮食如大豆、玉米、稻谷要攻单产，通过科技育种技术培育高产稳产、抗病抗逆的品种。而城市化进程导致的农村生产力下降带来的巨大挑战，也亟须探索降低粮食生产成本的科学办法来应对挑战。

二、资源与生态环境约束给农业可持续发展带来更大挑战

农业关乎国家食物安全、资源安全和生态安全，传统粗放型农业拼资源、拼消耗虽然曾经刺激了我国农业经济快速增长，却使我国农业发展面临着资源短缺、约束趋紧、环境污染等逐渐扼喉的困境（田媛，2021）。近年来，四川耕地有效灌溉面积占总耕地面积的40%左右，大部分耕地用水靠大自然给予，且人均有效灌溉

面积少，仅为全国平均水平的 2/3，区域性、季节性和工程性缺水严重，导致农业供需水矛盾突出，农田灌溉"最后一公里"问题仍然严重，制约农业经济效益的产生，也影响农业的可持续发展（胡俊雅，2019）。自 2009 年起，四川省的化肥施用量持续减少，化肥的减量一方面减少土壤环境污染，降低农业投入，另一方面促进有机肥的施用，有利于土壤地力的恢复和保持。四川省农用化肥施用折纯量 2021 年为 207.16 万吨，较 2018 的 235.21 万吨减少了 27.05 万吨。四川省生物资源十分丰富，有种子植物 191 科 1 520 属 8 553 种，其中国家 I 级重点保护野生植物 18 种，国家 II 级重点保护野生植物 55 种；有各类野生经济植物 5 500 余种，其中药用植物 4 600 多种，芳香植物 300 余种，野生果类 100 多种，油脂植物 300 余种，纤维植物 220 多种，但对这些生物资源的利用却不足。

四川省农业可持续发展需要根据不同的农业发展基础、资源禀赋、环境承载能力分区域建设，如根据四川土地保护、农牧业可持续发展、干旱区节水抑盐与白色污染防控、地下水超采区适水农业发展、耕地重金属污染综合治理、石漠化综合治理、稻鱼种养生态循环等因素，研究确定不同区域的农业可持续发展方向和重点，探索区域农业产业布局与资源环境承载力的匹配关系、农业资源绿色高效利用技术与调控产品。在保护生物多样性的基础上，充分保护野生动植物种子资源和建立基因库，利用生物技术，培育出更加优质的农业种质资源，为四川农业的高质量发展提供坚实的种质资源保障。研发四川农业环境保育与修复技术、农业废弃物综合利用技术，优化区域农业结构，构建区域循环农业模式，提升农业可持续发展能力和综合生产能力。通过集成示范农业资源高效利用、环境综合治理、生态有效保护等领域先进适用技术，探索适合四川 5 个农区不同区域特点的、可复制和可推广的可持续发展模式，为实现资源利用高效、产地环境良好、生态系统稳定、农民生活富裕、田园风光优美的农业可持续发展新格局提供科技支撑。

三、建更高水平天府粮仓对转变农业生产方式提出新要求

2022 年 6 月，习近平总书记在四川考察时明确提出，要在新时代打造更高水平的"天府粮仓"。这就意味着对转变农业生产方式提出了更高水平的要求。一是更高水平的粮食综合生产能力，土地生产率在全国处于领先水平。二是更高水平的耕地建设质量，基本建成集中连片、能灌能排、旱涝保收、稳产高产的高标准农田。三是更高水平的科技和物质装备，生物育种水平和粮食优良品种在全国领先，物质装备水平发达，实现全程机械化、数字化、信息化。四是更高水平的绿色低碳发展，土地和水资源高效集约节约利用，化肥、农药的使用量大幅降低，种养业良性循环，绿色低碳发展水平位居全国前列。五是更高水平的规模化经营，形成以种粮大户、家庭农场、农民合作社等为主，发达的社会化、专业化服务体系为支撑，

产前、产中、产后紧密联系的一体化经营体系。六是更高水平的产业体系，构建比较完整的产业链、价值链、供应链，粮食产业综合素质、效益和竞争力强（陈泳，2023）。

但是，对标习近平总书记打造新时代更高水平"天府粮仓"的要求，四川省农业发展还存在不小差距。尤其是在种业创新、高标准农田建设、耕地保护、关键核心技术攻关、农业装备研制等方面，仍需持续发力有所突破，以此更好实现粮食生产提质增效。面向2035年，四川省《建设新时代更高水平"天府粮仓"行动方案》提出，"到2035年，要基本实现粮食安全和食物供给保障能力强、农业基础强、科技装备强、经营服务强、抗风险能力强、质量效益和竞争力强的农业现代化强省目标。"因此，天府粮仓作为粮食生产重要区域，需要以创新思维和科学技术为支撑，积极推动农业现代化，以适应市场需求和提高农业生产效率。

四、气候变化与极端自然灾害频发亟须提升农业发展韧性

在未来，极端天气气候事件不断增多，尤其是四川盆地、攀西地区更容易受到热浪袭击，城市"热岛效应"也变得更加凸显。同时，贡嘎山等地区的冰川和高寒冻土消融加剧，为农业生产带来新的不确定性。水旱灾害、地质灾害、森林草原火灾、病虫害等自然灾害的致灾危险性也随之增大，呈现更加突发、异常和不可预见的特征。自然带谱向更高纬度、更高海拔缓慢迁移，川西高原物种可能增加，生态系统演替加剧，生物多样性和生态系统稳定性面临巨大压力。主要河流金沙江、雅砻江等的年径流量可能增加，但水文水资源波动幅度也增大，为水安全保障带来更多挑战。在这种情况下，农业气候资源分布格局逐步改变，农作物种植界限不断北移，生产的不稳定性明显增加，威胁粮食和其他重要农产品的稳定安全供应。这一系列的气候变化趋势要求四川农业科技在未来的发展中着眼于更为复杂和多变的环境。

当面对气候变化与频发的极端自然灾害时，农业科技将成为塑造未来农业景观的关键力量。只有通过全方位的科技创新，四川农业才能更好地适应气候变化与频发自然灾害的挑战，实现农业的可持续发展。培育气候适应性强的作物品种是农业科技亟须解决的首要问题。面对气温上升和降水不规律，农业科技研发应加速新品种的培育，这些品种要具备抗旱、抗涝、抗病虫害等特性，以提高农作物对极端天气的适应能力。数字农业技术将发挥更为重要的作用。通过大数据、物联网、人工智能等技术，农业科技可以实现对气象信息、土壤状况、病虫害等的实时监测，提供精准的农业管理建议。智能化农业装备也将大幅提高生产效率，减轻农民劳动负担。这种技术的广泛应用将为农业提供更精细化、智能化的解决方案，以应对气候变化和灾害风险。水资源管理和节水农业将成为农业科技创新的重点。针对气候变

暖和干旱频发的情况，研发高效的灌溉系统、节水农业技术，降低农业对水资源的依赖，成为迫切需要解决的问题。

为更好地应对未来气候变化与灾害频发的挑战，四川农业科技的发展需着眼于培育适应性强的作物品种、推动数字农业技术的应用、加强水资源管理和节水农业研究，并注重科技成果的快速转化和农民的培训与技术推广。

五、人民美好生活向往对农产品品质与食物安全诉求更高

习近平总书记提到要树立大食物观，从更好地满足人民美好生活需要出发，掌握人民群众食物结构变化趋势，在确保粮食供给的同时，保障肉类、蔬菜、水果、水产品等各类食物的有效供给。食品选择多样化、营养均衡化和饮食健康化成为新时期四川居民饮食方面的新追求。在"大食物观"的引领下，未来居民营养水平将不断升级，向"吃得好""吃得健康"的目标坚实迈进。

四川城镇居民消费范围不断拓展，结构持续优化，食物消费从生存型向发展型、享受型转变，消费升级成效显著。2020年四川省城镇居民恩格尔系数为32.6%，已接近30%的富裕线；2020年，四川城镇居民家庭人均肉禽蛋奶和水产品消费量86.3千克，居民膳食结构快速升级（赵颖文等，2022）。但由于四川耕地面积有限，需要处理好粮食和其他重要农产品可能存在的生产空间竞争问题，需要避免肉类、蔬菜、水果、水产品等各类食物的供给大幅波动，践行好大食物观，向森林、草原、江河湖海要食物，发展木本粮油、森林食品、植物基肉制品。

人民对美好生活的向往在保障粮食安全的基础上，也转移到对食品安全的诉求。食品安全关乎人民群众身体健康和生命，发展食品安全检测技术也是未来满足人民需求的重要任务之一，包括食品理化检验技术、食品微生物检验技术、食品中农兽药残留检测技术、食品快速检测技术，将农产品标准化水平提高，提升综合效益与市场竞争力。实施食品安全战略，源头在农业发展，既是让人民过上高品质生活的迫切需要，也是实现乡村振兴、共同富裕的重要保障。

六、新一轮科技革命引领农业产业及科技发展走向新时代

新一轮科技革命与农业产业和农业科技最相关的就是信息技术和生物技术。信息技术在农业方面应用十分广泛，一是农业生产管理的信息化，和传统的精耕细作农业模式相比，现代农业大规模、集成化农业种植生产模式具有更高的管理难度与更大的信息量，若依然以传统模式去管理，则可能会出现各种问题和漏洞（刘国祥，2022）。在农业生产种植中构建信息化管理系统，收集农业种植数据并进行科学分析，为农业种植决策提供科学的参考依据。构建信息化管理系统，在实现信息

数据共享的同时，要为农业生产提供大量的有效数据，从而指导生产科学制定种植方案，这对于提高农业生产水平具有重要意义。二是农业生产中的作物和环境监测技术，运用传感技术能够对作物的生长过程进行有效监测，及时掌握有关于农作物生长环境的数据，从而为实现农作物生产精细化管理提供数据支持。

进行农业生产时，生物技术也经常被应用其中（翟立国，2022）。生物技术能够保证种子的生产品质，使种子从发芽至生长期间能够被人为控制，这对于提高种苗的品质具有非常重要的作用。培育农作物时可借助生物技术来防治病虫害，比如增强种子的生活力，提高农作物本身的抗病能力，基因编辑技术等也可以为种质资源安全等作出贡献。无菌环境下，利用人工诱导方式培育植物幼苗，这种育苗技术更为精细，为后续的高产稳产奠定基础。使用生物技术还有利于提高农产品的品质，绿色环保型杀虫技术可以在保障农作物生产的基础上，减少化肥及农药的使用量，这样既能实现绿色生产种植，又能提高产品的质量。在农业生产种植中使用生物技术有利于农业生产的可持续发展，它不但能够提高农作物种苗的生长品质、强化其抵抗能力，还能持续研发新品种，使农作物的多样性更为丰富。

新一轮科技革命推动农业科技不断进步，农业产业也向集约化、智能化方向发展。近年来，农业科技发展迅速，四川农业科技创新成效显著，新品种、新技术、新设备、新产品、新模式等创新成果不断涌现，为现代农业发展提供了科技支撑。四川农业在数字化、网络化、智能化的宏观发展方向下，持续解放和发展农业生产力，充分利用信息技术、生物技术，促进新一轮科技革命成果与乡村产业深度融合，推进农业全面升级、农村全面进步、农民全面发展，让数字红利更广泛惠及亿万农民，让数字技术成为推进农业农村现代化的不竭源泉应当成为全社会共同努力的大方向。

第二节　四川现代农业发展需解决的关键问题及科技需求

一、四川现代农业发展面临的共性问题及科技需求

加快建设现代化农业是构建新发展格局、着力推动高质量发展的必然要求。通过分析四川省经济社会发展情景发现在建设现代化农业的过程中还有一些亟须解决的问题。本节结合四川农业发展历史数据、农业发展现状、相关政策等多个方面，对四川建设农业强省仍需补齐的短板问题进行了深入分析、梳理和总结，从6个维度针对短板问题列出了技术需求清单。

1. 粮食安全及其他重要农产品保供

四川省是一个农业大省、资源大省，更是全国粮食主产省之一、西部唯一的粮食主产省，全省的粮食生产能力和质量直接关系到国家粮食安全。从 2022 年四川省统计年鉴统计的粮食产量数据来看，粮食总产量整体呈现上升趋势（图 3-2），已经连续 3 年保持在 3 500 万吨以上，但四川省同时也是一个人口大省、粮食消费转化大省，粮食产量的增长率实际没有稳定地高于人口增长率，除 2014 年、2018 年、2019 年、2022 年外粮食产量增长率均低于四川常住人口增长率（图 3-3），粮食生产存在供需缺口，省内粮食自给能力依然是目前四川面临的现实挑战。

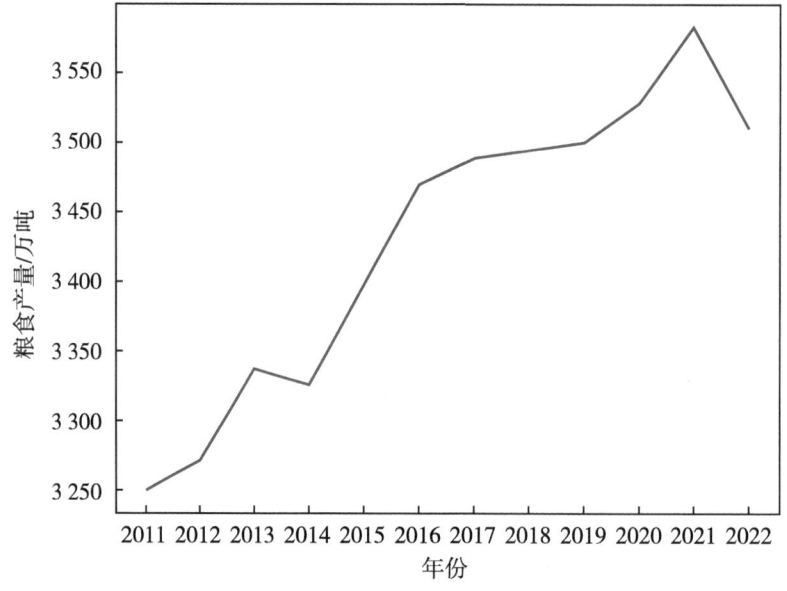

图 3-2 四川省粮食年总产量（2011—2022 年）

（1）关键问题

种质资源利用不充分 四川是全国农作物、畜禽、水产、农业微生物等种质资源最丰富的地区之一，全省森林覆盖率高达 40.23%，具有丰富的野生脊椎动物、林竹种、菌类、野生林果、野菜资源（闫丽新等，2023）。但由于种质资源的保护状况不佳，某些地方特色品种数量整体呈减少趋势，甚至有些品种处于易危或濒危状态。如小麦"矮粒多"、玉米"狗牙齿"已消失；再比如，地方种猪遗传资源个别品种的保种群规模已不足 100 头（蒋小松，2021）。从品种来看，表型与基因型精准鉴定等技术严重滞后、育种创新利用不足，新品种鉴定利用不充分，导致有资源但未开发利用（谯江兰，2021）。另外，近年来四川种业影响力也在不断下降：在十三五期间，国家审定二级以上优质稻品种中，广西有 209 个，四川仅 41 个（农业农村部，2020）。中国农业科学院评估表明，四川水稻育种的整体实力在全

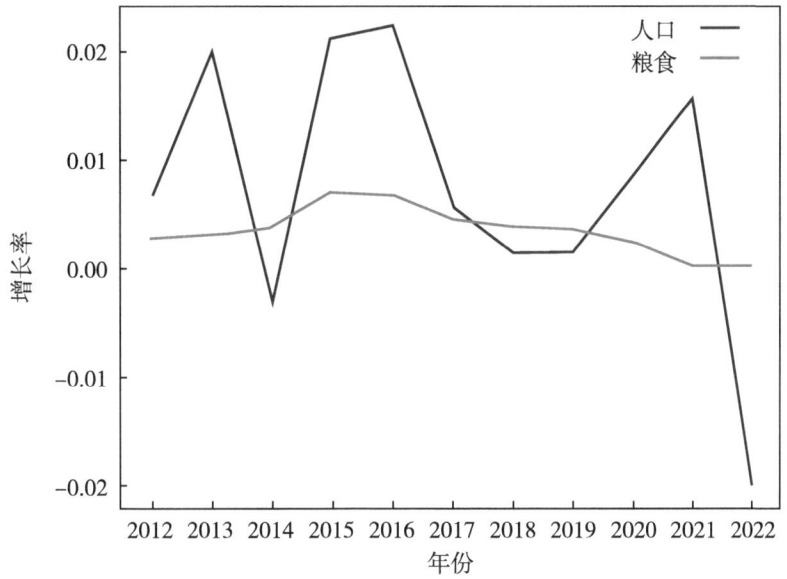

图 3-3　四川省人口和粮食产量年增长率（2012—2022 年）

国由 2011 年的前二位下降至目前的第 8、第 9 位。

人多耕地少与耕地高效持续利用率不高问题并存　四川地形地貌、气候生态、土壤种类、作物种类都十分丰富，但人口众多宜机化耕地资源较少。耕地的高效持续利用是保障粮食安全的关键步骤，四川耕地地貌多样，局部地区大机器进不去，小机器跑不动，不宜机械化的问题客观存在。我国农机化整体水平为 66%，丘陵地区仅不到 40%。而四川丘陵地区行政区域面积 89 279 千米^2，占全省总面积的 18.4%，四川丘陵地区县域常住人口却占全省总人口的 49.3%（安南，2023），是四川人口最为集中的区域之一，人多耕地少的问题尤为突出。此外，四川耕地面积在逐年减少，根据 2022 年四川省第三次全国国土调查主要数据公报，全省耕地面积为 522.72 万公顷，而 2018 年四川省的耕地面积为 672.28 万公顷，减少了 22.25%。

（2）科技需求

为深入种业振兴，提出以下 3 个方面的科技需求：一是强化种业科技持续创新的物质保障，建设种质资源收集保存库，保存好西南区特色农业基因资源，促进优异基因的发掘与育种应用。二是落实系统环境监测站，增加投入建设农业科学观测试验站和野外观测研究站，对水资源、土壤资源、气候、自然灾害、生物灾害等方面进行动态监测，将收集的气象信息、土壤质量、水质状况等这些数据存储到农业数据库中，为科研、生产管理提供重要参考依据。三是建立"作物基因组智能设计育种"的跨学科、多交叉技术体系，让人工智能与分子育种生物技术有效结合，共同支撑作物育种科学向更高层面发展，实现生物育种 2.0 时代到 4.0 时代的跨越。

针对耕地利用效率不高问题，需要围绕耕地宜机化进行改革创新。为了让薄田碎土变成希望良田，提出以下3个方面的科技需求：一是构建田间作业便道，让设备能进入田间。引入自动化灌溉系统，解放人力。二是耕地宜机化改造要有针对性，在改造前需要进行详细的地质勘察工作，要根据地形、土壤厚度、水文地质、基岩坡度来确定田块的大小。三是开展"以地适机"和"以机适地"的双向适应，根据不同的耕地地形地貌进行研发测试，定制化农机装备投入到不同的耕地地形去使用。

2. 农业生产方式落后

（1）关键问题

立足四川省情，精准施力提升农业质量效益与竞争力，推行先进、绿色、可持续发展的农业生产方式才能让天府粮仓多装粮、装好粮。四川省委省政府印发的《建设新时代更高水平"天府粮仓"行动方案》提到农业灌溉能力不足、机械化水平较低、种粮不赚钱等是建设"天府粮仓"当前面临的突出问题。根据省委办公厅印发的《四川省创新体制机制推进农业绿色发展实施方案》，到2030年，全省农产品供给更加优质安全，耕地质量水平和农业用水效率进一步提高，农业废弃物全部实现资源化利用，农业绿色发展制度体系全面建立。现代农业生产方式要向绿色、低碳、可持续发展转型，低碳农业协调了经济和生态效益，提高了生产效益，是"碳中和"愿景下现代农业发展的新方向。

（2）科技需求

针对农业生产方式落后问题，提出以下3个方面的科技需求：一要推动发展种养结合循环农业，实行种养结合循环农业试点示范，推行"高效种植-生态养殖-沼气工程-有机肥料"等科学种养循环模式。二要实施化肥和农药零增长行动，对化肥减量增效技术、农兽药等污染物残留动态监测、声振动果实无损检测技术等进行深入研究。三要推进农业废弃物资源化利用，设置沼气工程，建设有机肥中心对畜禽粪污集中处理、循环利用，强化农业包装废弃物和农田残膜回收处理技术，持续发展秸秆腐熟还田、食用菌基料利用和固化炭化技术研究，提升全省秸秆、畜禽粪便等农业废弃物综合利用率。

3. 农业装备发展进程缓慢

（1）关键问题

根据2022年四川统计局统计的全省农机装备动力数据指标（表3-1），农机化发展进程仍然较为缓慢，截至2022年四川省农机总动力4 833.88万千瓦，大中型拖拉机、联合收割机保有量分别比2015年增长-42.0%、33.4%（四川农业农村厅机械化处，2023），但离全国平均水平尚有差距。四川农机装备发展仍存在农机品种单一、作业效率低下、农机装备科技创新能力弱、农机与农艺融合不足等问题（随顺涛，2019）。

表3-1 四川农机装备动力数据

年份	农业机械/万千瓦	农用大中型拖拉机数量/台	农用大中型拖拉机动力/万千瓦	农用小型拖拉机数量/万台	农用小型拖拉机数量/万千瓦	机动脱粒机/万台	谷物联合收割机/台
2011	3 426.10	107 484	246.51	12.47	147.99	115.90	14 086
2012	3 694.03	115 036	267.45	12.55	141.66	126.60	18 499
2013	3 953.09	121 753	291.65	11.91	134.40	135.20	22 498
2014	4 160.12	126 104	307.48	11.36	127.07	160.60	26 115
2015	4 404.55	132 242	331.40	10.45	115.52	172.80	29 433
2016	4 267.32	134 754	339.74	10.06	109.29	173.12	34 731
2017	4 420.30	134 088	348.24	9.69	104.40	169.65	36 021
2018	4 603.88	74 614	247.22	15.34	220.01	168.82	37 278
2019	4 682.30	74 408	257.45	15.00	216.91	170.15	37 430
2020	4 754.00	76 077	271.42	14.82	215.29	171.20	38 211
2021	4 833.88	76 673	279.94	14.42	209.37	172.88	39 256

（2）科技需求

为推进农业机械化和农机装备产业的发展，提出以下4个方面的科技需求：一是研究针对不同作业主体的农机装备，做好粮棉油糖等重要农产品生产的机械化装备，也要发展果菜茶等经济作物农机装备。二是引进先进适用的农机装备现代生产要素，如无人机施肥打药技术、自动化控制技术、信息化技术（传感器、监测仪器）等。三是落实农机装备社会化服务，引导小农户与现代农业有机衔接现，把生产环节集中起来，统一委托给服务主体完成。四是提升农业相关从业人员科技素养，在农业科技创新过程中，要落实好乡村振兴重点帮扶制度着重培养高素质农民、基层农业科技人员，加强对创新技术、产品的推广宣传，为带动落伍者、迟缓者做充足准备，提升成果转化效率，利用新技术提高农业生产效率和品质。

4. 局部地区工程性缺水

（1）关键问题

四川省委省政府印发的《建设新时代更高水平"天府粮仓"行动方案》提到，农业灌溉能力不足是建设"天府粮仓"当前面临的突出问题之一。四川境内水资源丰富但时空分布不均，局部地区工程性缺水问题突出，全省耕地有效灌溉面积占比不到50%（四川省农业农村厅，2023）。受全球气候变暖和城市化进程加快的影响，未来四川省干旱灾害、极端高温事件有增多增强的趋势。由于粮食作物基本以露天种植为主，降水、温度、土壤湿度是影响粮食产量的重要因素。水资源既是农业的根基命脉，更是粮食保供、稳产增产的大前提。

（2）科技需求

为实现精准供水，减少水资源浪费，提出以下2个方面的科技需求：一是应因地制宜研发针对四川不同区域的节水灌溉技术，建设包括水库、灌溉渠道和水泵等基础设施配套高效的灌溉系统。二是利用微生物处理水中富营养物技术、提取地下水技术都需要大力发展。

5. 烘干冷链物流集散体系建设不完善

（1）关键问题

四川多样的气候、地理条件，孕育了众多优质特色果蔬产区，四川果蔬80%以上为鲜食鲜销，以特色果蔬为主的生鲜产品供应链是四川现代农业重要组成，也是乡村振兴和民生保障的重要支撑。但由于供应链体系的规模化、标准化不足，为贮运管理带来了很多问题，导致生鲜产品生产后供应链贮运环节的腐损率高达30%，影响了四川省优质农产品的有效供给。通过农产品仓储保险冷链物流设施可以扩大生产和消费联系的范围。在农业生产经营中的农产品产销对接环节，烘干冷链物流、无菌贮藏与包装、快速分离监测等农业科技设备的基础建设也是保障农产品质量安全的必不可缺的步骤。

四川省农产品烘干冷链物流体系起步较晚，基础较弱。2020年果蔬、畜禽产品、水产品等农产品产量7 000万吨左右，有70%~80%进入市场流通，然而现有冷库容量只能满足15%左右的需求，低于全国平均水平5%。说明农产品保鲜冷链仓储需求也存在较大缺口。2020年四川省农业农村部已经将建设农产品仓储保鲜冷链物流设施建设工程作为"三农"领域补短板的重大农业基础设施建设项目。

（2）科技需求

针对烘干冷链物流体系建设问题，提出以下4个方面的科技需求：一是加快建设各类主体的新型烘干冷链基础设施，建设一批集粮食烘干冷藏、果蔬茶综合加工、流通、集散批发等功能于一体的物流中心。实现"一村一库"的现代农业烘干冷链物流体系。二是推广农产品精加工、深加工技术装备，加快农产品加工企业技术升级改造，提升农产品精深加工水平。三是完善四川冷链物流枢纽网络及县乡村三级物流体系，改善缺链、断链问题。四是探索冷链物流建设新模式，探索冷链运输节能环保技术，推进新能源、信息化、智能化技术在农产品物流环节的应用。

6. 农产品精深加工能力较弱

（1）关键问题

《关于加快农产品加工业发展的实施意见》在2017年设定了四川省农产业加工的主要目标：到2022年农产业加工业规模翻番、农产品初加工率达到60%、农产品加工业总产值与农业总产值比达到2.6∶1。《2022中国农业企业500强》统计的数据表明四川农产品加工企业仅23家，头部企业数量有限，截至2021年底，四川农产品加工领域高新技术企业和科技型中小企业分别为150家、587家，占全省同类企业总数比重分别为1.5%、4%（全晓艳，2023）。加强食品加工创新能力的建设，有利于提高食品原料高值化利用率和经济效益；加快油粕、糟渣、果皮、蚕茧、动物内脏和骨血深度开发，生产食用性蛋白、生物基纤维、生物制品等高附加值产品的深度开发，进一步提升农产品加工业带来的经济效益和增值空间；建立低碳、低耗、循环、高效的加工体系，落实农产品副产物向工业产品转化的循环利用。

（2）科技需求

针对农产品加工能力较弱的问题，提出以下2个方面的科技需求：一是发展农产品精深加工技术，与农业、食品营养学、食品加工以及医学等多个学科交叉互补共同推进。二是利用高维度、跨层次、多模态的食物大数据，精准对接民众对食物的高层次、个性化需求，满足消费市场对"好吃+功效"的双重需求，创造"川字号"特色加工食品。

二、四川五大农区农业发展需解决的关键问题及科技需求

四川地域广阔、地理差异明显，参照《四川省农业资源与区划》中综合区划一章的研究成果，本研究将四川省全域划分为五大农区，分别是：成都平原区、川中丘陵区、盆周山区、川西北高原区和川西南山地区。成都平原区作为核心区域，以成都为中心，是主要的粮食生产基地和重要的经济作物栽培地区。盆地丘陵区，由于地域特性，主要以种植经济和果树业为主。盆周山地区，地理位置、地貌特征与气候条件的结合为当地茶叶等农业生产提供了得天独厚的条件。川西北高原区，该区海拔较高，气候寒冷，但却非常适合一些特定作物和畜牧业的发展。川西南山地区，以种植玉米、棉花等经济作物为主，特别是棉花产量为全省的棉纺织业发展提供了可靠的原料保障。在四川加快建设农业强省的背景下，明晰五区发展关键问题及科技需求，不仅是破解区域发展不平衡问题，推动"五区共兴"的现实需要，也是推进四川现代化建设的必然要求。

（一）成都平原区

1. 发展现状

成都平原区位于四川盆地西部边缘平原区，是全省唯一的以平原为主的大区，包括成都市、德阳市、绵阳市、眉山市、乐山市的平原部分和雅安名山县，共计6市35县（市、区），总面积为26 344.6千米^2。地形相对平坦，地势开阔，水系丰富，气候湿润，具备良好的自然条件，这对于成都平原区的农业生产、人口聚集和

城市发展起到重要的促进作用，尤其在农业生产上，扮演着非常重要而特殊的角色。该区农业生产与发展主要以种植业（如水稻、小麦、茶叶）和畜牧业（如猪肉养殖）为主。当前，成都平原区在种业技术、循环农业和数字农业方面取得了较为显著的成效。但与国内外农业发达地区相比，仍存在较大差距。

2. 关键问题

（1）育种新技术研发应用滞后

种子是农业的"芯片"。成都平原区承载着打造更高水平的"天府粮仓"的重任，尽管已取得了长足的发展，但是种业发展的短板依然明显，主要体现在：一是关键技术仍在跟跑，颠覆创新少。当前育种处在以杂交选育为主的"2.0时代"，在基因编辑、分子设计和人工智能等新兴育种技术研发应用方面的短板较为明显，缺乏"生物技术+人工智能+大数据信息技术"的应用和推广。此外，育成品种在产量、品质、外观以及适合机械化、轻简化栽培上与先进水平有较大差距。二是缺乏具有突破性的当家品种。2020年四川农作物品种权保护申请量238个，授权量41个，列居全国第15和第18位；育种新材料选育动力明显不足，品种选育上基本是利用已有的亲本材料进行组配选育，并且模仿修饰育种现象普遍，品种同质化问题突出，能够在全国范围内广覆盖的大品种基本空白（胡旭等，2023）。三是农作物制种基地建设和产业发展不平衡。尤其是随着经济作物效益的逐年提高，租赁田地成本日益增高，主要粮食作物制种成本也相应上涨，"两杂"种子制种基地逐步退出历史舞台，由此导致主要粮食作物与经济作物的制种基地建设和产业发展之间不平衡（颜学海等，2020）。

（2）耕地面积锐减，耕地质量下降

随着工业化、城镇化进程的加快，成都平原区的耕地面积在不断减少，耕地质量逐步退化，资源环境承载压力不断增加，耕地利用同耕地保护之间的矛盾日益凸显。主要体现在3个方面：一是耕地资源锐减，面临"无地可耕"的状况。第三次全国国土调查发现，成都平原耕地面积10年间减少了40%。一方面，已转用的耕地复耕复垦难度较大，需要"海量投资"；另一方面，一些地方"占优补劣"等现象较为严重，导致耕地质量有所下降（罗浩轩，2023）。二是耕地破碎度问题较为明显，耕地破碎度的空间分异问题显著。具体体现为耕地破碎度从中心向四周辐射，在东北、东南和西南方向存在显著的递增趋势，只有西北方向呈先递增后递减趋势（欧铭鑫等，2023）。此外，由于区域内建设用地布局的不合理，农用地受道路交通、城镇、村庄、工业园区等建设穿插布局的影响，成片成规模的农用地也在逐渐减少（吴琳璐，2021）。三是土壤污染加剧，耕地质量下降。尽管该区域的耕地条件和灌溉系统普遍较好，农用地等级普遍较高，但是由于工业化"三废"未经处理排放，农药、化肥过量施用和不合理的耕作方式，使土壤重金属污染加重、土壤酸化加剧，使优质耕地质量与等别有所下降（王浩等，2012）。

(3) 农业面源污染严重阻碍农业可持续发展

近年来,成都平原区受化肥施用量增加、畜禽养殖规模扩大、农村生活污水排量增加、工业及城市化的影响,地下水水质监测发现硝酸盐、氨氮等指标总体呈增长势态,部分井点氨氮、硝酸盐浓度甚至成倍增加,出现地下水"三氮"污染(张涵等,2019)。当前,各类污染物和其他农业废弃物对土壤的严重破坏,已经对成都平原区农业实现绿色高质量发展造成了严重阻碍:一是农业废弃物资源化利用效率较低,循环农业生产模式的推广力度不强。多数农户和经营主体对农副产品废弃物再利用所产生的经济、社会、生态效益认识不足,导致其对畜禽粪污等农业废弃物资源化利用效率较低;并且农业生产多以小规模分散经营为主,种植方式差异较大,不利用循环农业生产模式的推广(罗璐,2020)。二是农业废弃物处理能力与生产能力不匹配,缺口较大。未被利用的化肥和农药、畜禽养殖业的粪便、废弃秸秆焚烧、农膜残片积留等造成的土壤、大气和水体的恶性循环污染仍较为严重(齐瑞丽,2021)。针对畜禽粪污、秸秆等农业废弃物的利用以及农药包装物的综合处理,仍缺乏先进的处理技术,并且前期成本投入较高,同时又缺乏相应的政策扶持(朱琳敏,2018)。

(4) 数字农业建设相对滞后,应用服务场景亟待挖掘

在数字农业的推动下,成都平原区在发展都市农业和智慧农业方面取得了一定成效,但总体仍处于起步阶段,发展水平较低,尚未形成成熟的、可推广的经验和模式。一是农业生产信息化发展水平不均衡。农业生产信息化水平主要涵盖大田种植、设施栽培、畜禽养殖和水产养殖4个领域。尽管成都市、绵阳市、乐山市、眉山市农业生产信息化水平高于全国平均水平(22.46%),但德阳市、雅安市的农业生产信息化水平却较低。同时,德阳市的畜禽养殖和水产养殖信息化水平,以及雅安市的大田种植和水产养殖信息化水平均低于10%。二是尚未建立统一的农产品质量安全检测监管溯源系统。目前,成都市数字农业农村大数据平台体系初步框架已建成,大数据农业产业发展指数排名全国第9(四川省农业农村厅,2022),但有关农产品生产、运输、批发、零售、消费等环节的农产品质量安全检测监管溯源系统仍未形成,无法实现对各区(市)农产品农残检测质量以及农资销售情况的监管(成都市农业农村局,2022)。同时,多数农业项目生产的农产品质量保障力度依然不够,农业的肥料、农药以及畜牧业使用的饲料、兽药等依然缺乏完善的安全管理机制(钟佳利等,2022)。三是数字技术应用赋能还未深入。目前成都平原区仅是初步实现了自动化灌溉、农机操作等,且覆盖范围较小,精度较低,缺乏成片规模化的数字化应用。农业经营主体接受数字技术的意愿不强,对数字技术赋能传统产业的认识不足,担忧前期投入成本难以带来后期收益跃升,仍习惯于传统的生产经营模式,导致数字农场、智慧农业等应用尚处于起步阶段。

3. 科技需求

基于成都平原地区的关键共性问题及发展定位，提出以下科技需求。

（1）发展壮大现代种业，培育绿色高效突破性重大品种

种业是关系国计民生的战略性、基础性核心产业，党中央、国务院高度重视种子工作和种业的发展。成都平原构建以粮油（杂交水稻）种业为基础，以蔬菜、花卉、水果、畜禽、水产、中药材等种业为突破的"大种业"格局（陈泳，2023）。以种业产业化发展为主线，聚焦水稻、油菜、玉米、大豆和生猪等短板和弱项，寻求种业发展快车道、走上超车道，培育突破性新品种，同时深挖科技潜力，提升科技创新支撑力量，创新种源关键核心技术，以现代种业园区为载体，以种业龙头企业为抓手，通过"强主体、聚人才、建平台、创机制、优环境"等措施，延伸完善种业产业链，引导种业产业集群发展。提升现代种业技术创新能力，构建以企业为主体，产学研融合，"育繁推"一体的种业创新体系。

（2）加强耕地保护利用，促进农业可持续发展

开展新的全省耕地质量调查与评价，搭建耕地质量建设与管理大数据平台。充分利用各种监测数据，进一步整理耕地地力、肥力、水分利用等基础信息，逐步搭建由基础数据、技术支持系统和管理决策系统构成的耕地质量建设与管理大数据平台。在技术路线上，以土壤改良、培肥地力、养分平衡、耕地修复为重点，实现耕地质量保护与提升。深入实施化肥农药减量化行动，建立农药包装及废旧农膜回收治理体系，加强畜禽粪污资源化利用和养殖尾水治理，农作物秸秆综合利用、受污染耕地安全利用和农村可再生清洁能源替代利用水平全面提升（谢瑞武，2023）。建设秸秆还田、畜禽粪便和农家肥积造设施，着力提高有机肥料投入水平和质量；根据不同耕地与土壤特点，以农机和农艺相结合，配合耕作制度，实施良好耕层构建工程。在典型农田重金属污染地区，建立农田重金属长期监测网络及大数据平台；建设农田重金属污染防控与修复装备生产及产业化示范基地。

（3）补齐生产机械化短板，推进加快农业数字化、机械化转型升级

聚焦需求端、供给端、推广端、服务端和保障端，加大主粮生产全过程机械化、信息化、智能化融合关键技术研发。推进植保无人机、智慧灌溉、农业机器人等智能农机研发。研制适应家庭农场的小型、轻便、多功能农机装备和高效节能农用发动机等关键核心部件。围绕粮经作物薄弱环节、经济作物全程机械化、养殖业短板，强化农机农艺融合，促进适用技术组合集成，探索适合不同农作物、不同品种、不同区域特点的农机化技术路线和模式，加快补齐机播（插）、机收等生产机械化、信息化技术和装备短板。大力推动高标准农田建设、农村土地综合整治与农田"宜机化"改造同步实施，持续推进主要农作物全程机械化生产，经济作物、畜牧水产养殖、农产品加工、物流配送、畜禽粪污无害化处理和资源化利用等环节机械化、自动化、网络化、智能化、数字化。继续实施农机购置补贴政策助力现代

农机装备发展，农机装备应覆盖农田作业农机、高效植保农机、农作物烘干机械、农产品加工机械、畜牧养殖机械、冷链物流装备方面，重点向粮食主产区、产粮大县以及农民专业合作社等倾斜，进而有效支撑现代农业发展。

（4）防治面源污染，打造绿色生态农业高地

深入实施化肥、农药零增长行动，全面推广测土配方施肥技术，支持新型经营主体、社会化服务组织开展化肥统配统施服务；推进农业投入品减施高效利用，建立农药包装及废旧农膜回收治理体系，规范使用饲料添加剂，推广健康养殖和高效低毒兽药，减量使用兽用抗素类药物（矫健等，2020）。以秸秆粉碎旋耕还田、秸秆覆盖栽培、秸秆堆沤腐熟还田、秸秆粉碎栽培食用菌等技术为主，开展秸秆综合利用，全面提升农村可再生清洁能源替代利用水平（罗璐，2020）。大力发展生态循环农业，加快推进种养结合循环农业示范，形成"主体小循环、区县中循环、市域大循环"的"三级循环"模式。建立起农业资源高效利用的集约化现代农业经济循环体系，大力普及喷灌、滴灌等节水灌溉技术，选育高产、优质、低碳水稻品种，推行种养结合生态循环技术模式，积极发展复式、高效农机装备和电动水旱轮作农机装备，实行耕地休耕轮作制度，增加土壤碳输入，降低农业碳排放（谢瑞武，2023），开展土壤污染防治，提升农业面源污染治理能力，促进产地环境保护与治理。

（5）加强产业数字化建设，推动农业生产智能化发展

加快解决物联网在传感、传输和分析应用方面的技术突破，实现对农产品的生长环境及生产、加工、流通和销售等过程的全生命周期管理，提升现代农业生产管理等各个环节的智能化程度，使农业经营实现环境可测、生产可控和质量可溯（郭晓鸣，2020）。充分挖掘数字服务场景，打造覆盖粮油规模化种植、科技化生产、集中化加工储备高效化流通、智能化监测等环节的产业全流程管理平台；强化生猪规模化养殖数字化赋能，利用物联网、5G、视频监控等技术，实现对数字养殖基地进行统一管理、实时监控、智能分析。建立农业信息数据库和资源共享平台，以整合和共享农业数据、知识和经验，同时确保数据的安全性和准确性。在数据分析和决策支持方面，充分运用大数据分析技术，对数据进行处理和分析，提供预警和灾害防控等决策支持，帮助农业工作者科学决策。

（二）川中丘陵区

1. 发展现状

川中丘陵区位于四川盆地底部，其北部、南部、西南部与盆周山地地区相连，西部以龙泉山脉与盆西平原分界（王澄宇，2022），包含自贡、内江、资阳、遂宁等15市62县（市、区），是包含县级行政区最多的大区，总面积为90 858千米^2。该区气候温暖湿润、四季分明，土壤热量和矿物质充足，农业生产主要以水稻、小

麦、玉米和蔬菜等作物为主，但受四川盆地丘陵区地块小、不规则、坡陡弯多、间套种植模式多样、耐密宜机品种缺乏等影响，该区域农业生产方式及机械化发展面临着严峻挑战。

2. 关键问题

（1）农业机械化水平不高和农业装备供给不充分

农业机械化在提高农业劳动生产率、土地产出率和资源利用率等方面发挥着至关重要的作用，是实现农业智能化的强力科技支撑。近年来四川农业机械化水平不断提升，主要农作物耕种收综合机械化率67%，比2015年提升了14个百分点，农机户达到230万户，农机合作社达1 350个，分别比2015年增长20%、9%（阙莹莹，2023），农机合作社作业面积近2 000万亩，较2015年增长40%，全省农业机械化作业面积已达1.4亿亩次左右，全省农机总动力突破4 900万千瓦，大中型拖拉机、联合收割机保有量分别比2015年增长60%、90%；水稻插秧机和粮食烘干机保有量更是呈井喷增长态势，分别比2015年增110%、130%。但四川农业机械化发展与全国农业机械化综合水平尚存较大差距，主要表现在农业机械化作业水平和农业机械化服务保障水平较低（林楠，2021）。

丘陵区由于耕地田块小、不规则，规模化种植较少，土地利用率较高，水旱轮作农作物间套作普遍，作物成熟度不一致，农机农艺融合困难，导致农机供给矛盾突出，农业机械化水平较低（廖敏等，2020）。主要体现在：一是作业环节不均衡。农业生产耕作机械、灌溉机械较多，趋于饱和，而播种栽插、收获等关键薄弱环节农机具数量较少，并且各作业环节机械化水平差异明显，农机设备在使用环节比例失调，结构有待优化（张友才等，2022）；二是作业领域不全面。现阶段农机化生产仅用于水稻、油菜等主要农作物，而蔬菜、林果等经济作物服务水平较低，畜牧、水产等领域机械化水平严重滞后（符刚和马强，2021）。三是农业装备供给不充分。农机工业基础薄弱，农业装备科技创新性投入少，农业装备供给不充分：小马力、中低端机具较多，大功率、高品质机具较少；单项应用的农机技术较多，集成配套的农机化技术较少。绿色、智能、复合型农机装备制造基本空白。四是农机服务主体组织化程度不高。规模化、专业化、集约化、社会化的服务型主体发展不够，缺乏龙头企业带动，标准现代农业产业体系还未完全建立制约了农机化的发展。五是农机投资成本过高。适宜丘陵山区作业的国外小微型农机价格普遍过高，推广难度较大。技术环节烦琐，操作难度较大（陈兵和钟凯，2022）。丘陵山地农业生产实现机械化很难，而且机械化运作成本相对较高，没有竞争优势。

（2）"宜机化"改造基础设施条件差

建设高标准农田是巩固和提升粮食生产能力、保障国家粮食安全的关键举措，也是农民增收的基础保障。盆地丘陵区农田基础设施薄弱状况尚未得到根本改变，耕地基础地力下降趋势未得到有效遏制，许多地方的农田水利设施建设不尽完备，机电提灌设施严重老化，渠系配套不够完善，基本农田改造比例不高。遂宁市宜机作业高标准农田不足30%，农田有效灌溉率不足51%（遂宁市人民政府办公室，2022），2°以上的坡地占80%，其中6°~15°的达44.6%，15°~25°的达20.7%，不便于大型农机作业（杨茂君，2018）。资阳市农田基础条件较差，现有高标准农田面积仅占耕地面积的44%左右，能实行机械化作业果园不到30%。自贡市农田水利设施不够完善，财政专项投入有限，"最后一公里"入田道路配套欠缺，无法满足农业生产机械化的要求（符刚和马强，2021）。内江市尽管在大力建设高标准农田，但也存在效益不高的问题。扩大高标准农田建设规模，着力解决"有设备开不进田"的问题，是盆地丘陵区"宜机化"改造的关键问题。

3. 科技需求

川中丘陵地区处于成渝两大极核之间，是人口最多的分区，对于四川乃至川渝地区发展十分重要。2023年5月14日中共四川省委四川省人民政府发布的《关于支持川中丘陵地区四市打造产业发展新高地加快成渝地区中部崛起的意见》要求构建具有丘陵特色优势的现代农业体系，坚持科技赋能、示范引领，增强保障成渝地区"米袋子""菜篮子"功能，打造"天府粮仓"丘区示范，切实保障粮食和重要农产品稳定安全供给。针对盆地丘陵种植模式、耕地、农机等方面相互不适应，矛盾突出的问题，应以"应用良种、推广良法、建设良田、配套良机、推行良制"为基本要求，推进"五良"融合，构建农业装备与农艺技术相辅相成、协同推进的高效机械化生产体系。聚焦粮油作物生产机械化、丘陵山区机械化薄弱区域和薄弱环节，对丘陵山区适用的农机整机、关键部件（环节）作业性能及养殖业、设施种植等装备的试验鉴定薄弱环节进行研发攻关；实施高标准农田建设、耕地质量保护与治理提升工程。通过"五良"融合产业宜机化改造、高标准农田建设等项目，扩大高标准农田建设规模，提高建设标准，建设一批生态良好、设施完备、有利于机械耕作的高标准农田，实现农机作业"来去自如、上下自如"，推进主要农作物全程机械化。

（三）盆周山区

1. 发展现状

四川盆周山区所辖行政区包括达州市、广元市、巴中市等31个县（市、区），四川盆周山区土地总面积66 255千米^2。由一系列的中低山组成，海拔高度大多在1 000~2 200米，相对高度500~1 200米。大部分区域气候属于亚热带湿润季风气候，四季分明，温和多雨。自然资源分布地域广泛、数量丰富，是长江上游重要的水源涵养区和水土保持区，也是动植物资源集中分布区，具有十分重要的生态地位。山区土地耕垦条件略差，土层瘠薄，水土流失比较严重，但盆周水力资源丰富,土地利用垂直差异显著,也是我国重要的经济林、特产品的基地之一。在这个广袤的地区,农业一直是当地居民的生计来源和区域经济的重要支柱。然而,随着时间的推移和社会变革的加速,四川盆周山区农业面临着多方面的挑战,需要采取综合性的科技措施来解决。

2. 关键问题

(1) 土地资源的可持续利用性不高

四川盆周山区拥有中高山地、丘陵等多种地貌类型,受青藏高原地带抬升的作用,地质构造活动强烈,分布地域广阔,垂直地带分异显著,土壤、气候条件和生态环境类型都趋于多样化,生态系统稳定性较差,属于生态脆弱带,土地资源受到限制,而且土壤质量存在差异:存在土地碎片化、荒地复垦和盆周山区南部土地石漠化问题。

(2) 盆周山区面临地质灾害和气候灾害问题

恶劣的地质环境是发生地质灾害的内在原因,盆周山区多为中低山区,地形起伏仍较大,水系发育,沟谷深切,褶皱断裂也较发育,多暴雨容易诱发山地灾害及滑坡、崩塌等灾害。诱发地质灾害的外因有降雨及暴雨强度,不合理活动,例如,不合理采矿会破坏边坡平衡;不合理的公路施工方式导致边坡失衡;城镇建设因选址不当、排水设施差造成基础变形、边坡失衡;由于滥伐森林,破坏地表植被等容易促进泥石流发育。

四川盆周山区气候灾害也很频繁。盆东南山地属于中亚热带季风气候类型,具有气候温和、四季分明、热量充足和雨量集中的特点。由于地理位置的不同,季风活动影响及受副热带高压的控制,主要是河谷地区干旱高温和低中山区的低温冷害,气候不稳定和极端天气事件对农业生产造成了威胁。

(3) 存在水资源时空分布不均衡问题

四川盆周山区面临着干旱和不稳定的降水导致水资源供应不足的问题。季节性差异明显,夏季降水充沛,但降水过程集中,易引发洪涝灾害,给水资源管理带来挑战。相反,在冬季,尤其是高寒山区,降水相对较少,可能导致干旱缺水问题,影响农业灌溉和生活用水。此外,由于地形复杂,山脉分布不均,一些山区由于地势较高或坡度大,水源相对匮乏,制约了当地农业发展。特别是达州、巴中、广元盆周北部山区,暴雨洪灾严重,水利建设欠账较大,泸州、宜宾、乐山盆周南部山区,干旱缺水问题突出,骨干水利工程缺乏。

3. 科技需求

土地碎片化、荒地复垦和土地石漠化等问题需要得到有效解决,以确保土地资源的可持续利用。此外,农地的评估和划分也需要科学方法,以确保土地的合理使用。在应对水资源缺乏这个问题时,需要通过改进灌溉技术、开发高效的灌溉系统来减少水资源的浪费。水资源监测和管理方法也至关重要。此外，需要建立有效的水资源管理机构和政策，确保水资源的公平分配和合理利用。

为了提高农业生产的效率和质量，需要不断推动农业科技创新。例如，研发提供适应该地区气候和土壤条件的粮食品种，培育高产高质的畜禽品种。同时，还需要开发新的农业管理方法，以适应干旱和高温条件下的生产。引入智能农业和数字化技术、推广有机农业技术，减少化学农药和化肥的使用，提高农产品的品质。研发适合山区的农机，逐步实现山区农业"零机械化"或"弱机械化"向"半机械化""机械化"转变，提升农业机械化水平。开发循环农业系统也是一个重要的方向。将废弃物和粪便转化为有机肥料，有助于减少资源浪费，提高土壤肥力，同时也有助于环境保护。

（四）川西北高原区

1. 发展现状

川西北高原地处青藏高原与四川盆地之间的过渡地带，介于 27°57′N~34°21′N 和 97°22′E~104°27′E，位于青藏高原东南缘、四川省西北部，地跨阿坝藏族羌族自治州和甘孜藏族自治州，包括阿坝、甘孜等 31 个县（市），总面积约 2.4 万千米²，占四川省总面积的 48.82%。区内海拔为 770~7 556 米，相对高差接近 7 000 米，地形起伏大；气温为 9.01~10.5℃，气候垂直变化特征明显，水资源和太阳能资源丰富。主要定位是国家重点生态功能区，是长江、黄河上游重要生态屏障和水源涵养地。

2. 关键问题

（1）川西北高原区土地利用现状复杂

川西北高原不仅是一个农业区，还承担着长江、黄河上游重要的生态屏障和水源涵养地的角色。这一地区的生态系统对于整个流域的生态平衡和水资源可持续至关重要。因此，在追求经济发展的同时，必须谨慎防范牺牲生态空间的风险。这一地区属于雨养区，依赖着自然降水来满足农作物的灌溉需求，这在一定程度上使农业面临不确定性。另外，长期以来的农牧业活动对土地产生了不可忽视的影响：土地水土流失的严重问题导致土壤肥力逐渐下降，土地变得瘠薄，而有机质含量普遍不高，使土地呈现出贫瘠的特征，成为中低产田。

（2）农牧业的协调发展是川西北高原区农业面临的一个独特挑战

这一地区的农用地通常呈现垂直带状分布，被高山和大河分隔成零星的小块，分散且面积有限。复杂的地形导致牧草分布不均匀，牲畜饲养面临着草场资源不足、草地退化等问题。随着海拔的上升，适宜农作物种植的土地面积逐渐减少，这对农业生产带来了一定的制约。由于有限的耕地和草场资源，农业和牧业存在着资源竞争问题。需要采取一系列措施来协助农民和牧民更加合理地利用土地资源，以实现农牧业的协调发展。

（3）"两化三害"防控形势严峻

川西北高原牧区草场的"两化三害"，即草原退化、沙化、虫害、鼠害、毒杂草害，具有分布面积大、扩散能力强、易暴发、难控制等特点。据估算，川西北高原牧区草场约38%的"两化三害"源自人为草场破坏，约72%源自畜牧业失序发展。尽管近年来川西北高原牧区在草场"两化三害"治理和修复中取得了重大突破，但由于该地区生态环境具有多样性、复杂性和脆弱性等特点，容易受地理条件等因素的反复影响，区内天然草场仍然出现不同程度的退化和沙化。草场退化为虫、鼠提供了良好的生存环境，更利其繁殖，从而酿成虫害、鼠害。加之部分地区干旱化趋势加剧，损害了天然草场的抗干扰能力和恢复能力，原生植被群落的优势种类逐渐减少，大量毒草、杂草趁机涌入，"两化三害"长期防控形势依然严峻，治理任务繁重。

3. 科技需求

川西北高原是青稞的主要产区，对当地农民的经济至关重要。在高寒气候和独特的土壤条件下，品种改良成为稳定青稞产量的关键。耐湿、耐寒、耐旱和耐病虫害的特性成为选育高产青稞品种的重要指标，以确保其在恶劣环境中的生长和高产。

面对气候变化和不规律的降水，水资源管理变得更为复杂。为了解决这个问题，引入高效的节水灌溉技术变得尤为关键。此外，畜牧业的发展需要科学合理的土地资源利用。草地资源的保护与管理、天然草场改良、人工种草以及草产业的创新都是至关重要的。为提高农牧业生产效率，引入现代农牧业技术和机械化设备是不可或缺的。现代农机设备的使用还能提供数据支持，帮助农民更好地管理农田和牲畜，实现农牧业的可持续发展。

（五）川西南山地区

1. 发展现状

川西南山地区位于四川省西南部，属中亚热带，气候呈垂直分布和偏干的特点。行政区划含雅安、攀枝花两市和凉山彝族自治州、甘孜藏族自治州等2市2州23县（市、区），总面积58 827.9 千米^2，山地占94.0%，属横断山系，其中部的安宁河谷平原面积约960 千米^2，是四川省第二大平原。本区为农、林、牧业交错区，农业开发历史不长，经济技术水平也较低。但由于人口密度低，人均产值较大，本区农业经济状况的特点是区内各亚区差别大，发展不平衡，中部河谷地区较发达，而大凉山区和盐源盆地区较滞后。总体上，该区农业经济发展落后于工矿业的发展，农产品供应有一定的压力。

2. 关键问题

（1）适宜山地农业的优质高效品种不足

川西南山地区的作物和畜禽良种不足，如杧果、马铃薯等主要农业产业品种退化严重。农业是凉山彝族自治州主要发展产业之一，但在近年，很多少数民族村所使用的作物品种都是自留老品种，产量和品质都较差，作物和畜禽良种更换比例普遍较低（邓自圆，2021）。攀枝花市种植的马铃薯主要分布在山区，该区气候冷凉，马铃薯病虫害发生较轻，具有马铃薯繁种和发展商品薯的良好自然条件，但生产上却存在马铃薯品种单一和品种退化严重等问题，致使马铃薯产量降低、品质下降和销售价格低（孙强，2021）。

（2）适宜丘陵山地农业的轻简化农业机械不足

农村人口老龄化、人口增速放缓，劳动力成本持续升高；受攀西地区多山地地形限制，农业生产机械化率低，造成农业生产效率不高。攀西地区主要种植水果蔬菜等经济作物，除了攀枝花的经济条件较好外，其余地区多为山区，因此针对攀枝花以及其他平坝河谷地区，合作社带动农户发展农业机械化取得较好效果；而在其他山区，由于地势和经济条件的双重限制，单个农户无法依靠自身力量推动农业机械化的发展（杨建华，2020）。

（3）水热资源、水土资源矛盾突出

川西南干热河谷区气候区域性差异显著，河谷区降水量少且季节分配不均，蒸发量大，此外还受焚风效应影响，干热河谷气候表现突出，以干、热为主要特点（秦纪洪等，2016）。川西南干季、雨季十分明显，干季缺水严重，雨季雨量大但时间短，主要集中在每年的7月至9月3个月，易冲刷土壤形成冲沟，有75%是以洪水的形式流走了，水资源没有留下来，其他9个月的降水量相对较少。当地大中型水利灌溉设施不足，山地农业的灌溉依赖提灌，造成地区工程性缺水。

3. 科技需求

四川省委、省政府专门印发的《建设新时代更高水平"天府粮仓"行动方案》分3个阶段提出新时代更高水平"天府粮仓"的建设目标：到2035年基本实现粮食安全和食物供给保障能力强、农业基础强、科技装备强、经营服务强、抗风险能力强、质量效益和竞争力强的农业现代化强省目标。农业的发展取决于机械化程度，只有提高农业机械化率才能保障粮食安全，才能带动产业发展；只有立足农业机械化向农业数字化、智能化迈进，才能提升农业现代化水平，加快农业高质量发展速度（王华，2020；胡光亚等，2023）。攀西地区立足其优质荞麦、特色水果、早春蔬菜、高效桑果、优质核桃、园林花卉、草食畜牧等优势特色农业，需要育种新技术、新方法等现代农业关键技术，创制和优化适宜该地区的优质高效品种；在稻菜轮作区、柑果主栽区重点开展农田有害污染物动态监测、评价和修复关键技术研究与应用，以提高耕地质量；需要选育高抗逆品种，以适应全球气候变化加剧的大趋势；由于攀西降水时空分布不均，导致区域性或季节性缺水，在攀西地区提出高效节水灌溉建设不仅是农业生产发展的需求，也是未来发展的趋势（廖功磊等，2018）；攀西地区的山地、丘陵以及碎片化耕地，需要轻简化、全程化、适应化的智能农机装备以及智能病虫预警监测设备智能防控病虫害；要提高农业生产效率和效益，需引进农业智能生产技术、果园林下复合种养技术、生态循环种养技术、肥料减施技术、测土配方施肥技术、缓控释肥技术，促进川西南农业节本增效，可持续发展。

三、四川农业领域科技发展需求清单

（一）共性需求

基于以上 6 个维度的共性需求分析，四川现代农业发展需解决的共性关键问题及科技需求概括为表 3-2。

表 3-2 需解决的重大问题及技术需求清单

需解决的重大问题	技术需求
种质资源利用不充分	建设种质资源收集保存库 落实系统环境监测站 作物基因组智能设计育种
耕地高效持续利用率不高	构建田间作业便道、引入自动化灌溉系统 针对不同地形地质勘查 科学施肥技术
农业生产方式落后	实行科学种养循环模式 化肥减量增效 农兽药污染物残留动态监测、果实无损监测技术 推进农业废弃物资源化利用（秸秆腐熟还田、食用菌基料利用） 建设有机肥中心对畜禽粪污集中处理、循环利用
局部地区工程性缺水问题	针对四川不同地区的节水灌溉技术 微生物处理水中富营养物技术 提取地下水技术
农机装备发展进程缓慢	自动化控制技术 无人机施肥打药技术 信息化技术（传感器、监测仪器等）
烘干冷链物流集散体系建设不完善	建设烘干、加工、流通、集散批发一体物流中心 投入建设农产品精深加工装备 冷链运输节能环保技术

(二) 分区关键需求

基于五大农区存在的现有关键问题，有针对性地提出其对应的科技需求，如表 3-3 所示。

表 3-3　四川五大农区农业科技发展的科技需求清单

区域	战略目标	关键问题	农业科技需求	备注
成都平原区	打好种业翻身仗，保障粮食安全	种业发展问题	1. 高产、高抗品种培育 2. 宜机品种 3. 当家品种培育 4. 种质资源保存、利用挖掘	—
	坚守耕地保护红线	耕地面积锐减、耕地质量下降	1. 耕地质量提升信息平台与系统 2. 耕地质量提升核心工程装备与机械 3. 耕地质量提升过程控制技术 4. 精量节水灌溉技术 5. 机械化秸秆还田技术 6. 畜禽粪便还田技术 7. 耕地质量监测技术与评价系统	—
	加强农业面源污染防治	面源污染问题	1. 节水滴灌技术 2. 种养结合生态循环技术 3. 测土配方施肥技术 4. 粮经饲统筹、种养加结合、农林牧渔融合循环发展技术 5. 绿色生产技术 6. "猪-沼-粮""猪-沼-菜""猪-沼-菌""猪-沼-果"等循环农业技术 7. 氮素利用效率提高技术	—
	强化现代农业科技支撑	数字农业水平参差不齐	1. 农业大数据及物联网技术 2. 智慧农业的发展	—
川中丘陵区	提高现代农业装备研发应用能力	农业机械化水平不高和农业装备供给不充分	1. 机械化精准播种、精确施肥技术 2. 水肥一体化自动智能灌溉 3. 丘陵山区水稻智能化育插秧机械 4. 优质果蔬机械化生产技术 5. 油菜机播机收轻简化技术	—
	加快推进高标准农田建设	"宜机化"改造基础设施条件差	1. 高标准农田建设技术 2. 坡耕地治理技术 3. 耕作层土壤剥离利用技术 4. 农田土壤墒情监测技术 5. 耕地质量监测技术	—

(续表)

区域	战略目标	关键问题	农业科技需求	备注
盆周山区	农业可持续发展	生态治理	1. 地质灾害防治技术 2. 石漠化区治理、退耕还林、水土保持和植被生态恢复技术 3. 生态功能评价	—
	发展特色粮食	耕地有限 地形条件限制大	1. 山区农作物气候适应研发 2. 高效耕作技术 3. 土壤改良技术 4. 精准灌溉技术	—
	实现种养循环	协调种养需求 粮饲互补	1. 循环农业技术 2. 农产品加工与饲料制备技术 3. 粮经复合种植技术	—
川西北高原区	稳定青稞面积，发展高原绿色蔬菜	品种改良 生产全程机械化 水资源需求 土壤退化	1. 土壤改良技术 2. 高效耕作技术 3. 山区农作物气候研发 4. 精准灌溉技术 5. 高原农机装备	—
	特色养殖	保护和管理草地资源 饲料工业 生态养殖	1. 现代农牧业技术和机械化设备 2. 草地可持续发展技术研究 3. 饲料加工工艺和新型饲料添加剂技术 4. 畜类生态养殖及废弃物利用技术	—
川西南山地区	粮食安全和食物供给保障	适宜地区的优质高效品种不足	1. 育种新技术、新方法，创制和优化品种 2. 现代农业关键技术	优质荞麦、特色水果、早春蔬菜、高效桑果、优质核桃、园林花卉、草食畜牧等
	耕地质量提升	土壤污染问题	1. 土壤有害污染物动态监测、评价和修复关键技术 2. 肥料减施技术	稻菜轮作区、枇果主栽区
	山区农业机械化	农村人口老龄化、人口增速放缓，劳动力成本持续升高 山区农业生产轻简化农业机械不足	1. 轻简化、全程化、适宜化的农机装备 2. 智能病虫预警监测设备	—
	抗风险能力	水资源不均衡，水热矛盾 生态环境脆弱，地质灾害频发	1. 节水灌溉、农艺节水、雨水收集技术 2. 高抗逆品种选育技术	多山地、碎片化农用地

第三节 面向四川现代农业发展科技需求的前沿技术研究

通过剖析四川省农业科技发展现状和存在的问题,进一步明晰了四川省农业发展的科技需求。开展面向四川农业科技发展需求的前沿技术研究,以科技创新为引领,加快推动传统农业发展与科学技术应用的深度融合,对加快建设现代化农业强省具有重要意义。

在研究方法上,多数学者采用德尔菲法、层次分析法,利用宝贵的专家意见提出描述新兴技术特征的指标,如 IPC(international patent classification)数量等;基于文献计量学的前沿技术研究多采用科技论文或相关专利的直接引用网络、共线及耦合网络进行聚类分析;基于文本挖掘的前沿技术研究多数采用 LDA(latent Dirichlet allocation)模型划分技术主题(魏明珠等,2022)。参考中国工程院、中国科学院、中国农业科学院对前沿技术的研究方法和经验借鉴,本研究采用基于文献计量学的方法,运用文献共被引、文献聚类以及熵权法等,对 Web of Science 核心数据库中的目标数据集进行收集和分析,以此挖掘出四川农业科技发展需求的前沿技术。

一、数据来源

农业生产对象的多样性和生产条件的复杂性,决定了农业科学的范围广泛和门类繁多,并且随着有关学科的相互渗透,新的研究领域层出不穷,学科内容范围还在不断扩大。国家统计局以《国民经济行业分类》(GB/T 4754—2017)等标准文件为基础,将我国农业及相关产业(农林牧渔业)细分为 10 个大类,61 个中类和 215 个小类。中国农业科学院面向世界农业科技前沿、国家重大需求和现代农业建设主战场,确立了以基础前沿、作物、园艺、植保、资源与环境、畜牧、兽医、农业微生物、农产品质量与加工、农业装备工程与信息、农业经济与农村发展 11 个大学科集群,58 个学科领域,283 个研究方向为基本架构的三级学科体系。百度百科词条中将农业科学大体概括为六大门类,包括植物生产类、森林资源类、环境生态类、动物生产类、动物医药类和水产类,每个门类又有若干学科及其所属分支。此外,不同类型的数据库(如 Web of Science、中国知网等)在对相关文献数据进行分类时也采用了不同的学科分类体系。

由于学科体系分类的多样性和复杂性,以及相关数据获取的便捷性,本研究选择以 Web of Science 中的学科分类体系为主,根据相关研究目标和需求最终选择了植物科学（plant sciences）、农业乳品和动物科学（agriculture，dairy & animal science）、渔业（fisheries）、农业多学科（agriculture，multidisciplinary）、食品科学与技术（food science & technology）和农业工程（agricultural engineering）六大学科领域，并采用基于机器学习的文献自动分类方法，获取到2018—2022年有关这六大学科领域的共7 179篇论文作为基础数据集合，对四川省农业科技发展需求的前沿技术进行研究。

二、研究方法

1. 文献共被引

1973年，美国情报学家Small（1973）首次提出了文献共被引（cocitation）的概念，当两篇文献同时出现在第三篇文献的引文中时，就认为这两篇文献建立了共被引关系，共同出现的次数被定义为共被引的频次。文献共被引作为测度文献间关系程度的一种研究方法，经历了近半个世纪的发展，已成为用于情报研究的文献计量方法中最具影响力的首推方法（王建芳和冷伏海，2006）。

文献共被引的结果必然是文献的聚类，每一个聚类中文献通常有较高的共被引频次，体现了较高的相关度，往往能够反映某一个主题范围的内容（陶颖等，2017），因此文献共被引更适合描述研究主题的演变与科学结构的变化（宋歌，2020）。

2. 文献聚类

科技文献聚类的基础在于对科技文献特征的识别与提取，从科技文献的题名、关键词、作者等关键信息中提取文本特征从而实现对科技文献的聚集（叶佳鑫等，2021）。在科技文献中，关键词是对文本的高度凝练，集中反映了文献数据库中论文内容的主要观点。利用共词分析计算同一语义类型关键词的相似度，可挖掘学者在研究主题、研究范围与理论技术方法等维度上所需论文（熊回香等，2021），进而提供研究的主题、所属领域、理论方法及限定范围等重要特征。从关键词本身出发，通过对关键词进行权重划分或采取特定筛选方式来确定用于文本聚类的关键词从而提升聚类效果的文献聚类研究在相关领域已经广泛展开。

3. 熵权法

在测评指标体系中，由于每个测评指标与同一类别中的其他指标相比，其作用、地位和影响力不尽相同，必须根据每个指标的重要性程度赋予不同的权重，权重反映了各个指标在"指标集"中的重要程度，指标的权重直接关系到这一指标对总体的"贡献性"大小，根据计算权重时原始数据的不同来源，确定指标体系权重的方法一般可分为主观赋值法和客观赋值法两大类。主观赋值法客观性较差，但解释性强;客观赋值法确定的权重在大多数情况下精度较高,但有时会与实际情况相悖,对所得到的结果难以给出明确的解释(程启月,2010)。结合项目需求采用主观赋值法与客观赋值法相结合的热点前沿遴选方法,即将采集专家意见的德尔菲专家调查法与定量评价指标相结合,形成"典型排序",对"典型排序"按照给定的熵决策公式进行熵值计算、"盲度"分析,既提高了精准度也减少了主观干扰。

熵权法其原理是根据评价过程中各指标值的变化所反映的信息量对指标进行加权(韩勇等,2020),即熵值越低,该指标的信息量越多,该指标的权重越高;反之,熵值越高,该指标的信息量越少,该指标的权重越低。

熵权法计算方法如下:

步骤一:对各因素按照每个选项的数量进行归一化处理

$$x'_{ij} = \frac{X_{ij} - \min(X_{1j}, X_{nj}, \cdots, X_{nj})}{\max(X_{1j}, X_{nj}, \cdots X_{nj}) - \min(X_{1j}, X_{nj}, \cdots, X_{nj})}$$

步骤二:计算第 j 项指标的熵值

$$e_j = -k \sum_{i=1}^{n} p_{ij} \ln(p_{ij}), \ j = 1, \cdots, m$$

式中,$k = 1/\ln(n) > 0$,满足 $e_j \geq 0$;

步骤三:计算信息熵冗余度

$$d_j = 1 - e_j, \ j = 1, \cdots, m$$

步骤四:计算各项指标的权重

$$\omega_j = \frac{d_j}{\sum_{j=1}^{m} d_j}, \ j = 1, \cdots, m$$

步骤五:计算各样本的综合得分

$$s_i = \sum_{j=1}^{m} \omega_j x_{ij}, \ i = 1, \cdots, n$$

4. 研究热点评价指标遴选

研究热点前沿(research front)即由一组高被引的核心论文和一组共同引用核心文的施引文献所组成的研究领域。本研究中构成研究热点前沿的核心论文均来自 Web of Science(WoS)数据中的高被引论文,即在同学科同年度中根据被引频次排在前10%的论文,因此对核心论文中涉及的理论、方法及技术的解读是深入了解研究热点前沿发展态势的关键。引用这些核心论文的施引文献可以反映出核心论文所提出的技术数据、理论在发表之后是如何被进一步发展的,反映了该领域的新进展。因此,核心论文和施引文献是考察研究热点前沿重要性的两个重要依据(孙巍等,2021)。

三、技术路线图

参考当前热点前沿主流研究方法，结合项目需求与数据源特点，设计四川农业领域热点前沿遴选技术路线为数据获取/处理、主题模型聚类、数据统计、指标计算、结果分析、清单生成，共六大步骤。具体流程如图 3-4 所示。其中指标计算包含新颖性、影响力、前瞻性、专家评价值四大指标，①新颖性：通过技术主题内文献的发文时间测度主题新颖性强弱（论文平均出版年）。②影响力：通过技术主题内文献的被引频次测度主题影响力大小（被引频次）。③前瞻性：通过技术主题内核心论文数、施引论文测度主题前瞻性。④专家评价值：专家对热点前沿的新颖性、影响力、前瞻性评价打分值。为减少主观干扰，综合定量与定性指标，采用熵权法对四大指标客观赋权，并对热点前沿主题排序，为热点前沿的多维度识别及清单生成提供技术支撑。

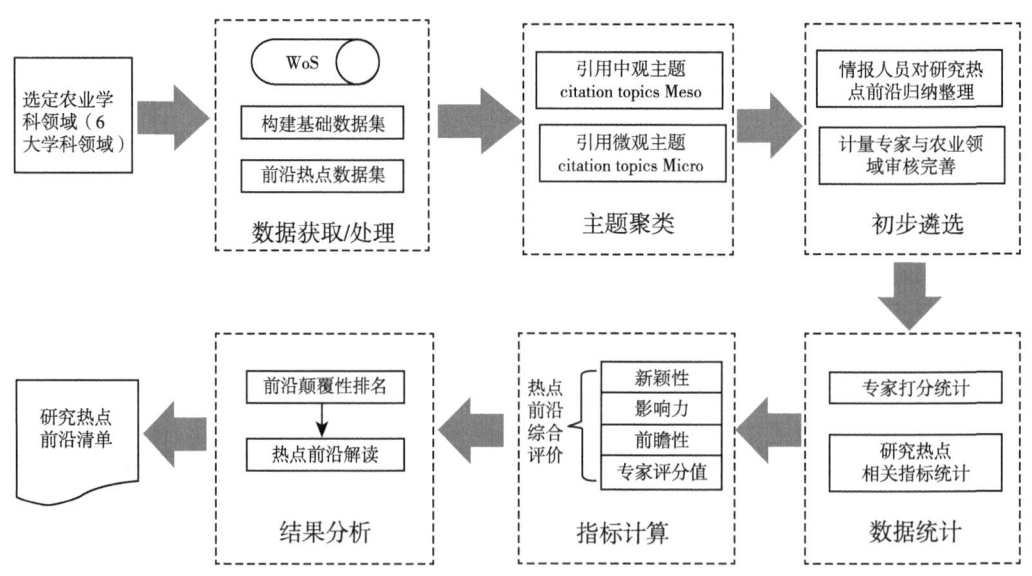

图 3-4　四川农业领域热点前沿遴选技术路线

四、研究热点前沿遴选

1. 四川农业领域研究热点主题数据构建

基于上述农业领域6大学科论文基础数据集，选取2 300篇高被引论文（即同学科同年度中被引频次排在前30%的论文）作为四川农业领域研究热点核心论文集数据集。同时，基于 Web of Science 主题聚类法，按照引用中观主题（citation topics Meso)、引用微观主题（citation topics Micro）进行引文主题分析，由学科战略情报研究人员判断这些研究前沿的主题是否显著促进了本领域的知识进步，最终从6大学科中遴选出22个中观主题、28个微观主题论文作为四川农业领域研究热点主题数据集。

2. 四川农业领域研究热点前沿遴选

参考中国工程院、中国科学院、中国农业科学院的研究前沿遴选方法，结合本研究中领域专家优势，采用定量与定性结合的方法遴选研究热点前沿。具体过程如下：

首先基于四川农业领域研究热点主题数据集，由学科战略情报研究人员，根据研究热点前沿核心论文的研究主题、主要内容、关键词逐一归纳整理命名111个研究热点前沿（详见附录1）。其次组建由计量专家和农业6个学科领域专家组成的农业热点前沿遴选专家，依据研究热点前沿核心论文，对111个研究热点前沿判定的准确性进行审定与完善。再次从研究热点前沿的新颖性、影响力、前瞻性设置专家打分问卷，并采用问卷星的形式发放统计问卷结果，对6大学科领域研究热点排序。为减少主观干扰，选取111个研究热点前沿的论文平均出版年、核心论文数、被引频次、专家打分值4个维度指标进行熵权法综合评价，对四大指标研究热点前沿排序。最后通过现场专家咨询研讨，层层筛选，最终遴选出最具前瞻性的农业研究前沿，研究热点排序结果见附录2。由于农业科技多为多学科交叉应用融合，因此虽然研究领域不同但其微观主题会出现重复。另外，渔业微观主题难以提取，在选取数据时提取了整个Web of Science收录的四川省机构在渔业领域发表的核心文献，出于准确度考虑并没有参与学科研究热点排序。

五、研究热点前沿解析

在进行文献收集时，依据Web of Science中的学科分类体系，聚焦植物科学（plant science）等六大学科对相关文献进行采集，利用文献计量等方法凝练出22个中观主题、28个微观主题和111个研究热点前沿。在对四川农业领域的研究热点前沿进行解析时，结合农业领域专家论证意见，最终按照植物科学、畜牧及动物医学、渔业、农业资源与环境、食品科学与技术和农业工程6个领域对其进行具体阐述。

1. 植物科学领域

植物科学（plant science）领域涵盖植物生长与发育、植物遗传学和基因组学、植物逆境生物学、植物分子生物学和基因工程等研究方向。基于Web of Science的学科分类体系，筛选出作物科学（crop science）、植物化学（phytochemistry）、系统发育学和基因组学（phylogenetic & genomics）、土壤科学（soil science）、植物病理学（plant pathology）和林学（forestry）六大主题方向作为中观研究内容。深入了解植物的生物学特性，将为种植业、生态保护和可持续发展等提供重要的科学支持。

2018—2022年有关农作物的数量遗传位点（quantitative trait loci，QTL）的研究，重点围绕小麦、玉米、水稻等农作物，对其遗传特征和农艺性状之间的关系进行研究。其研究热点有：利用全基因组关联图谱和基因组预测分析技术，挖掘出小麦、玉米、水稻等农作物中具有利用价值的QTL，并通过研究这些位点与其他重要农艺性状之间的遗传关系，理解作物的遗传基础和性状的形成机制。利用新型的基因组测序方法——定量性状基因测序（QTG-seq），加速QTL的精细定位。通过结合极端表型混池高通量测序和数量性状的表型数据，可以在整个基因组水平上识别数量性状（如产量、抗性等）相关的基因，快速定位QTL区域，并精细定位候选基因。利用QTL遗传图谱定位控制数量性状的基因位置。它通过分析遗传标记与性状表型的相关性来确定与数量性状相关的特定基因区域。利用EST-SSR（expressed sequence tag-simple sequence repeat）分子标记技术，分析基因转录产物的表达序列标签（EST）和简单序列重复（SSR）并生成分子标记，这些标记可以用于研究种群的遗传结构、进化关系、品种鉴定、抗性与产量等重要遗传性状，以及基因功能的遗传多态性。

与拟南芥（*Arabidopsis*）相关的研究热点主要集中在以下3个方面：利用靶标模拟方法抑制特定的microRNA与其靶标基因之间的结合，从而增强稻瘟病（rice blast）的抵抗力，提高谷物产量并缩短生长周期。研究miR398b在水稻免疫中发挥的功能作用。miR398b是一种重要的microRNA，它通过调节多个超氧化物歧化酶基因的表达，影响水稻对稻瘟病菌的免疫能力，并为培育抗病性强的水稻品种提供了理论依据。研究拟南芥免疫相关基因启动子对免疫信号分子的响应强度。通过分析启动子的功能和响应强度，可以更好地理解植物对病原体的免疫反应，为植物免疫育种提供重要参考。

有关籽粒产量（grain yield）的研究热点有：探索不同温度和太阳辐射条件，以及不同播种方式对水稻和小麦抗倒伏性、生产和谷物质量的影响机制。谷类作物耐热基因筛选和耐热品种选育。通过分析谷类作物的基因组信息和表达谱，寻找出与热胁迫响应相关的关键基因，从而培育出具有较高耐热性的谷类作物品种。探究秸秆覆盖免耕（straw mulch no-tillage，SMNT）对土壤温度、湿度、微生物群落等生态环境产生的影响，以及其对小麦生长发育和分蘖的积极影响机制，促进农田管理的可持续发展。利用SNP（单核苷酸多态性）分子标记技术，进行普通小麦的高密度基因分型，以识别和验证与功能性状相关的定量性状位点，了解普通小麦功能性状的遗传基础，为作物遗传改良提供重要参考。关注氮（N）的吸收和利用，特别是在稻麦（rice-wheat）和大豆-小麦（soybean-wheat）种植系统中对籽粒产量和蛋白质品质相关性状的贡献，从而优化氮肥管理策略，提高稻麦和大豆-小麦种植系统中的农产品产量和品质。

在植物化学方面，有关三萜（triterpenoids）的研究热点主要包括：研究柴胡皂苷（Chaihu Saponins）、大戟（Euphorbia）等物质在抗炎、抗肿瘤、抗氧化、抗病毒、抗菌、降血糖等方面发挥的关键性作用。探究南蛇藤属（*Celastrus* L.）的植物、香附（Cyperi Rhizoma, CR）、苦皮藤（*Celastrus angulatus*）、板蓝根等中草药在民族传统医药中的应用、功效和药理机制。探索高含氧三萜类化合物和稀有四萜类化合物的抗菌活性。相关研究结果表明，这些化合物具有显著的抗菌活性，对多种病原菌和耐药菌均具有抑制作用。这些研究为探索新型抗菌药物的开发提供了理论基础，并有望应用于抗菌药物的研究和临床治疗。

在系统发育学和基因组学方面，与线粒体基因组（mitochondrial genome）相关的研究主要聚焦物种的适应性进化和基因组结构、功能以及演化关系，揭示不同物种之间的进化关系和基因组演化的动态过程。其研究热点主要表现在：有关百合科系统发育、年龄及叶绿体全基因组揭示的物种的适应性进化研究，主要涉及对叶绿体基因组序列的分析和比较，以评估不同物种之间的遗传关系、进化起源和适应性进化的模式。通过研究叶绿体基因组的序列差异和变异，不仅可以揭示物种之间的演化关系、进化速率等重要信息，还可以探究不同物种的适应性特征和进化途径，为保护葱科和百合科植物的多样性提供科学依据。

在土壤学科方面，有关间作（intercropping）主题的研究热点主要包括以下4方面的内容：关注玉米-大豆间作系统中不同作物之间的相互作用和种间效应对土地生产力的影响，以此评估玉米-大豆间作对土壤质量和农田可持续利用的潜力，为优化种植方式和农业管理提供科学依据；探讨土壤有机质和土壤氮含量对农田生产力和养分循环的影响，研究提高农田的养分供应和生产效率的方法。探究不同程度的遮荫处理条件和光合作用效率对大豆植株生长和产量的影响，为优化大豆种植管理提供科学依据。研究玉米-大豆间作体系的最佳种植密度。通过设置不同的种植密度试验，测量和比较不同密度下的植株生长、产量和资源利用效果，这将有助于优化玉米-大豆间作的种植密度，从而提高农田的产量和经济效益。

在植物病理学方面，与杀菌剂（fungicide）相关的研究热点主要聚焦在2个部分：通过观察核桃炭疽病真菌在抗性宿主和易感宿主上的生理反应，来鉴定和评估不同核桃品种对炭疽病的抗性，并试图培育出抗性更强的核桃品种，以提高核桃产量和质量。研究褪黑激素和丛枝菌根真菌通过增加菌根定植和养分吸收等途径，来协同提高猕猴桃幼苗的耐旱性，以此增加幼苗的生长和生产效益。

在林业方面，主要围绕高寒草甸生态系统展开相关研究，具体表现在3个方面：通过田间观察、地下洞穴调查等方法，研究高原鼠兔挖洞活动对高寒莎草草甸草和莎草比例的影响,进而探索鼠兔活动与植物群落相互关系的影响机制。研究青藏高原高寒草原牲畜密度对牧草种类、养分含量和产量等指标的影响,为草原管理和牧业可持续发展提供科学依据。探讨基于生态系统耦合和生态系统多功能性对高寒草甸放牧引起的植物演替的影响,为理解植物演替与生态系统相互作用关系,以及保护和管理高寒草甸生态系统提供科学依据。

2. 畜牧及动物医学领域

在畜牧及动物医学领域,四川省科研方向主要集中在动物科学、非编码 RNA 以及动物肠道微生物群 3 个方面。

在动物科学研究中,焦点主要集中在肉质和动物福利 2 个主题上:在肉质研究方面,关注的热点包括肌肉品质、遗传改良和营养价值。通过计算机视觉技术评估肌肉质量、调整日粮添加物促进猪肌肉生长,以及分析肉制品的营养成分如蛋白质、维生素和矿物质,以提高肉制品的口感和营养价值。未来的发展方向包括基因编辑、合成肉和植物替代品的研究,旨在减少对传统畜牧业的依赖。此外,蛋白质工程技术也是一个重要的研究方向,通过基因重组改善肉类的质地和提高蛋白质含量。植物替代品是指那些以植物为主要成分制成的食品,目的是替代传统的动物产品,如肉、奶、蛋等。这一趋势旨在推动食品产业朝着更为可持续和环保的方向发展。这些创新将为生产更高质量和可持续性的肉制品打开新的可能性。在动物福利研究方面,关注的主题包括改进畜禽的养殖环境、有效的饲养管理策略和优化喂食方案。未来的研究方向包括发展智能监测技术,如传感器和图像识别,以实时监测动物福利状态。跨学科合作也将得到加强,结合动物行为学、兽医学、农业科学、社会科学和伦理学等领域的知识,综合性地研究和改善动物福利。

在非编码 RNA 研究方面,关注的研究热点包括应用基因组学和生物信息学技术进行鉴定和分析了解其在动物免疫系统中的功能,以及在动物表型特征鉴定、表达和生长发育中的研究。未来的研究方向涉及深入研究非编码 RNA 的功能和调控机制,探索其在表观遗传学中的作用以及与其他分子之间的相互作用网络。

在动物肠道微生物群研究方面,关注的研究热点包括:调整日粮配比、额外添加营养元素对动物肠道微生物群的影响、日粮对动物肠道微生物多样性和结构的影响,以及研究肠道微生物群对动物肠道健康和免疫系统功能的影响。未来的研究可能会在基因组学、代谢组学和肠道微生物组学方面展开交叉融合,以开发个性化的饮食建议。此外,还将进行更具针对性的微生物菌剂的研究和开发,并探索使用基因编辑技术改变动物肠道微生物群的可能性。这将有助于提高动物的生产性能和健康水平。

3. 渔业领域

渔业(fisheries)领域主要围绕鱼类的生物学、移养驯化、遗传育种、鱼病防治研究、营养与饲料研究、渔业环境、水生生态影响评价等重要内容展开研究。

在2018—2022年，渔业学科领域的研究热点主要包括：水生环境中鱼类受到的温度、缺氧胁迫的机制研究。通过收集集约化水产养殖或自然流域等水生环境中的鱼类样本，运用生理生化指标测定、基因表达分析等方法，研究鱼类对这些环境压力的适应机制和生理响应，以了解鱼类在不同环境条件下的适应策略，并为优化水产养殖和保护水生生态系统提供科学依据。膳食缺少（磷/赖氨酸等物质）或添加相应物质对鱼类生长性能、消化能力、健康状况及生长相关基因表达的影响。通过设定不同膳食组成的实验组和对照组，测量和比较鱼类的生长速度、饲料利用效率、生理生化指标和基因表达水平等指标，以此了解鱼类对特定营养物质的需求，从而对饲料配方和养殖管理提供科学依据。鱼类基因组测序及转录组分析。通过测序分析鱼类基因组并进行基因功能注释，可以识别其基因组的构成；同时，通过转录组分析可以了解在不同生物学过程和环境条件下，鱼类基因的表达水平和调控机制；这将为深入了解鱼类的遗传背景、基因功能和适应性提供重要的信息，有助于鱼类保护、育种和养殖的研究与应用。

4. 农业资源与环境领域

在四川省农业资源与环境研究领域，科研方向主要关注非生物胁迫和农业土壤两方面。

对于非生物胁迫，研究重点包括盐胁迫、热胁迫和干旱胁迫等，探索提高作物耐受性的方法（如利用外源诱导子、基因编辑技术）以及深入研究植物激素脱落酸在非生物胁迫中的调控作用。未来的研究可能着眼于作物对非生物胁迫的耐受机制、新品种的培育、精准农业技术的发展以及生物和化学策略的创新应用。

在农业土壤研究方面，聚焦于微生物量、土壤碳储量、氮素管理等。关注微生物量在土壤生态系统中的生态功能，包括对土壤健康和肥力的影响以及生态恢复后土壤碳储量的变化。此外，研究还涉及不同氮素管理策略对农业生产和环境的影响。未来的研究方向可能包括土壤健康和可持续性、气候变化适应、数字农业和决策支持系统，以及土壤与食品安全的关系。这一系列研究有助于提高农业生产的可持续性，并为农业决策提供更准确的支持。

5. 食品科学与技术领域

食品科学与技术是一门综合性的学科，涵盖了食品化学、食品生物学、营养学、食品加工、食品安全与卫生、食品质量与品控、食品市场与消费行为等多个领域的专业知识。

近5年（2018—2022年），全国食品科技领域的总发文量为55 580篇，四川地区共2 220篇，占比3.99%。四川地区食品科学与技术领域前3位的研究热点前沿主要集中在作物科学、乳制品与动物以及食品科技3个中观领域。其中，关于乳球蛋白（β-lactoglobulin）的研究文献量最多且平均 H 指数也最高，共 113 篇，H 指数为 25。

作物科学领域的研究涉及作物的功能特性研究、食品营养学、食品质量与安全、食品的运输与贮藏等多个方面。作物功能特性的相关研究揭示种子生长发育的分子机理，对提高作物产量、改良作物品质和对营养成分更有效的利用。另外利用声学特性、挥发性化合物特性、介电性质、光学性质的无损果实检测技术也是近5年来四川科研机构的研究热点，这些方法具有非破坏性、快速性、准确性高等优点，为果实的采摘、快速分拣分级提供科学依据，保障食品质量与安全。

蛋白质部分涉及蛋白质（鸡、鸭、大豆等）的鉴定、生物功能特性和结构性质的研究，使用定量分析、超声预处理、生物络合模型、计算机模拟、多光谱技术、生物信息学分析等技术，进一步研究细胞和生物体的功能调控，为制造富含营养的产品提供有效建议。另外对大豆分离蛋白的提取物、复合物的研究，也为食品包装可生物降解纳米载体提供了新的策略。植物蛋白制造的人造肉更是近年来的研究热点趋势，提取植物蛋白技术、酶法改性、风味控制技术的研究为仿真动物蛋白创制提供新的路径。

淀粉部分的研究热点主要体现在分析食品工业应用中的淀粉结构和理化性质的基础上，对水稻、马铃薯等淀粉主要来源的农作物进行品种选育、食味值研究、味觉评价、营养成分分析，有利于选育出更具经济价值、风味口感佳、营养品质高的优良作物品种。

6. 农业工程领域

四川省农业工程研究侧重于农业生物质资源化利用技术（主要关注厌氧消化、活性污泥和堆肥等方向）和农业机器人技术。

近年来，在厌氧消化领域，研究重点包括反应器改进、流程优化和生命周期评估，并在商业规模上应用预处理技术。未来研究热点将集中在废物多样性研究、资源回收效率提高、新能源生产以及评估厌氧消化对周围生态系统的影响。这将拓展厌氧消化的应用范围，提高资源回收效率，并在可再生能源领域取得更多突破。

2018—2022 年，四川省在活性污泥研究领域主要关注点包括优化污水处理工艺，特别是混合活性污泥与废水的处理以去除污染物，并致力于污泥的高效处理和有价值物质的回收。未来的研究方向将聚焦于改进活性污泥处理工艺，降低能源和化学物质使用，应对新型污染物，实现智能化的活性污泥处理过程以及与其他废水处理技术的整合，以满足日益增长的环境和可持续发展需求。

堆肥研究方面，四川省主要关注沸石等添加剂在有机固体废物堆肥中的应用，研究其对堆肥质量、土壤修复和植物生长的影响，同时关注细菌群落动态变化、复合添加剂和微生物添加剂在减少氮损失方面的活性研究。未来的研究可重点拓展堆肥应用领域，包括土壤改良、农业、园艺和环境修复，以实现有机废物的资源化，减少环境污染和堆肥对环境的影响，涵盖温室气体排放、土壤保护和减少垃圾填埋等环境效益。

结合 Web of Science 数据，四川省农业工程学科领域有关农业机器人关键技术发展与应用研究的 7 篇核心论文都集中在 2022 年，说明该研究很有可能成为四川智慧农业方向关注的热点问题。主要涉及基于深度学习的种子分类机器、基于 YOLO 系列算法的采摘机器人精度提高研究以及采用 Box-Behnken 设计的嫁接机器人剪切装置的设计与开发研究。

农业机器人研究会按照其应用场景分为：农田作物生产机器人研究、设施果蔬生产机器人研究以及畜禽养殖生产机器人。其中农田作物生产机器人包括农情信息获取、割除杂草、除虫打药等功能，要实现上述功能，未来研究将专注于定位、路径规划、运动控制和生产信息获取等技术。设施果蔬生产机器人热点研究方向可能为果蔬采摘机器人，该功能主要需要突破的技术是复杂环境下目标识别与定位技术，以及柔顺操作技术。畜禽养殖生产机器人多是运用在畜禽喂食、环境监测消毒等方面，未来的畜禽养殖生产机器人将通过智能控制技术及温度、声音、图像等多源信息进行生产管理与动物生理、生长及行为结合，精准匹配动物需求。

第四章
四川发展战略及重大项目任务布局

第一节 战略思路与战略目标

一、战略思路

围绕中国式现代化的战略需要，聚焦乡村振兴、打造新时代更高水平的"天府粮仓"等重大需求，全面提升现代种业创新能力，实现"种业科技自立自强、种源自主可控"。以"两融两适"为路径，推进农业装备发展体系构建和关键技术攻关，促进农业机械化全程、全面、高质、高效发展，确保谷物基本自给、口粮绝对安全。按照树立和践行大食物观要求，创新优化农产品产前、产中和产后绿色高效加工和多元化产品开发体系建设。研究区域经济区及新业态中的农业科技现代化，构建与四川省现代农业发展需求相适应的科技创新与技术推广体系，不断提升四川省农业科技现代化水平，引领和支撑全省现代农业产业发展，持续擦亮四川农业金字招牌。

二、战略目标

1. 到 2027 年主要目标

到 2027 年，力争突破一批四川丘区农业关键核心技术和短板技术，粮食等重要农产品供给保障更加有力，生物育种、农业 5G 应用水平显著提高。农业土地产出率、劳动生产率、资源利用率等进一步提高，现代农业种业、装备、流通体系等科技创新能力跃上新台阶，核心种源基本实现自主可控，农田建设质量显著提高，农业专业化、社会化服务体系更加完备，产业链条现代化水平明显提高，农业设施化、园区化、融合化、绿色化、数字化水平大幅提升。

2. 到 2035 年主要目标

到 2035 年，四川农业科技事业全面发展，创新能力和效率大幅提升，四川不同区域产业发展的关键核心技术及集成优化技术有效突破并广泛应用，在保障粮食安全、生态安全、资源安全等方面充分发挥科技引领支撑作用，农业科技创新引领农业产业结构升级和质量效益竞争力提升取得显著成效。四川基本实现农业科技现代化。

3. 到 2050 年主要目标

到 2050 年，在保证资源、环境及社会经济发展可持续的前提下，四川全面实现农业科技现代化。

第二节　战略任务与路径

一、种业

（一）重点任务

1. 提升种质资源保护利用能力

建设好四川省种质资源中心库和种质资源圃（场、区、库），构建"一库多圃"种质资源保护与利用体系。持续开展种质资源收集，种质资源得到有效收集和保护。开展农作物、畜禽和生猪等优异种质资源精准鉴定评价，发掘和创制一批有重要育种价值的新种质，建立完善的种质资源共享开发利用机制（王晓鸣等，2022）。

2. 提升育种创新能力

打造一批育种创新平台，创建国家区域农作物和畜禽种业创新中心。形成一批具有影响力的种业基础研究和关键核心技术成果，培育一批具有自主知识产权和核心竞争力的农作物新品种、畜禽新品种（配套系）、水产新品种、饲草新品种等，引领新一轮作物良种更新换代和新一轮畜禽遗传改良（马爱平，2022）。

3. 提升种业配套技术水平

加强种业配套技术研发，着力提升种子生产和粮食单产水平，推动粮食绿色提质增效,加快粮食生产智能化转型升级(李红娜,2021)。

4. 提升良种繁育能力

建成一批现代化良种生产基地,建设现代化粮油作物种子生产基地、特色作物良种繁育基地、畜禽蜂(草)良种扩繁场(基地)、水产苗种良种繁育基地。

5. 提升企业竞争能力

扶持四川省种业龙头企业发展,培育壮大一批种业领军企业、创新型企业,力争更多四川种业企业进入全国种业前50强。

(二)路径措施

1. 种质资源保护和挖掘能力提升工程

(1)加快资源普查收集保护

深入开展农业种质资源(主要包括作物、畜禽、水产等)全面普查、系统调查与抢救性收集,全面完成第三次全国农作物种质资源普查与收集。摸清全省农作物、畜禽、水产、中药材及林草种质资源家底,建立种质资源信息平台(库),更新发布全省种质资源目录(名录)和保护名录,对珍稀、濒危、特有资源开展抢救性收集和保护,实现应保尽保,为打好种业翻身仗奠定种质基础。

(2)健全完善资源保护体系

建成四川省种质资源中心库,确立一批农业种质资源保护单位,提升完善四川省畜禽遗传资源基因库,科学布局一批农作物、畜禽蜂、水产、蚕桑、林、草种质资源圃(场、区、点、库),构建"一库多圃"的种质资源保护体系。压实各级政府保护种质资源的属地责任和保护单位主体责任,鼓励支持企业、科研院所、高等院校、社会组织和个人等登记其保存的农业种质资源,构建以政府为主导、多方积极参与的种质资源保护体系。

(3)开展资源鉴定评价和共享利用

围绕种业科技前沿,加强基础研究,以优势科研院所和高校为依托,搭建专业化、智能化资源鉴定评价与基因发掘平台,建立种质资源鉴定评价、创新利用的技术和标准体系,开展种质资源表型与基因型精准鉴定评价,发掘具有重要应用价值和自主知识产权的关键功能基因,建立完善种质资源信息公开和共享交流机制,推动资源创新共享利用(武晶等,2022)。

2. 育种创新能力提升工程

(1)打造种业科技创新平台

支持科研院校、推广单位和企业共建种业重点实验室、工程技术研究中心、技术创新中心等高能级种业创新转化平台,争创国家级种业创新平台。建设一批粮食产业科技成果核心示范基地,构建"点-片-面"科技成果示范转化推广服务体系,加速推进"四新五良"科技成果的推广应用。建设高质量国际合作平台,鼓励种业研发单位与国外科研机构开展科技合作与交流。吸引全球高层次种业科技创新人才来川开展种业合作交流,提升全省种业科技创新能力。

(2) 推动种业关键技术创新应用

实施种业创新基础研究、生物育种专项、重点研发等项目,开展种质资源鉴定评价与创新利用。加强生物育种基础理论研究,加快组学、全基因组选择、基因编辑等生物技术以及人工智能等信息技术在育种中的应用,建立现代精准育种技术体系,突破生物育种"卡脖子"关键技术(陈永红等,2018)。健全以核心种群性能测定、遗传评估以及疫病净化为重点的畜禽育种技术体系。

(3) 深入推进育种联合攻关

构建以优势种业企业为主体,市场需求为导向,"育繁推"一体化,产学研用深度融合的育种创新体系。由优势科研院所、龙头企业"揭榜挂帅",深入实施育种联合攻关,创制一批、选育一批当家品种。推进科企合作,推动要素聚合、技术集成、机制创新,促进种质资源、数据信息、人才技术交流共享。加快专用型品种的选育,力争在良种关键核心技术研发和重大品种选育方面实现新突破。

3. 种业配套技术提升工程

(1) 加强丰产栽培技术研发

深入研究大面积单产提升的机制和关键技术,强化作物良种良法配套技术集成创新与推广应用。突破丘区水稻轻简高效栽培、旱坡地小麦、玉米抗旱耐逆高产栽培、低洼渍水田小麦抗湿播种、丘陵冷烂田水稻抗逆丰产栽培、春秋马铃薯早熟优质高产栽培等技术瓶颈。

(2) 加强绿色生产技术攻关

创新化肥减量增效、农药减量控害等关键技术;加强水稻稻曲病、小麦赤霉病、玉米草地贪夜蛾等作物重大病虫害绿色防控,推动粮食绿色提质增效。创新畜禽重要、新发动物疫病新型快速诊断技术。加强畜禽重要疫病、新发疫病新型疫苗、多联多价疫苗等免疫防控新产品开发,提升畜禽疫病防控能力。

4. 良种繁育能力提升工程

(1) 大力推进现代种业园区、种业科技园区和种业集群建设

实施种业园区培育行动,以邛崃天府现代种业园区和三台国家现代生猪种业园区为引领,创建国家区域农作物和畜禽种业创新中心以及中国南方蔬菜种业创新中心。围绕全省优势特色产业,规划建设一批省级现代种业园区,在更高水平上集聚种业创新要素,打造一批种业集群,加快培育种业发展新动能。

(2) 加快建设优势种业良繁基地

实施农作物优势种子基地提升行动,抓好国家级和省级育制种基地建设,鼓励

和支持企业建设制种产业园,提升基地现代化水平和优质种子种苗繁育生产能力。实施畜禽核心种源基地提升行动,支持承担保、育、繁、推等任务的部省级核心育种场和扩繁场加快现代化改造升级。实施生猪种业提升行动,培育"川系"种猪品牌,打造全国优质生猪核心种源基地。实施水产种苗供给能力提升行动,建成一批名优特色水产种质资源保护场和水产苗种良种繁育基地。

(3) 加强南繁、夏繁科研育种基地建设

加大投入,加强四川省南繁科研育种基地功能建设,建设好四川省海南南繁育种工程中心,大力改善南繁育种科技人员科研条件。建设好四川省南繁工作服务站,加强南繁管理与服务,全面提升南繁育种服务能力。建设对标海南"南繁硅谷"的夏繁基地,加快小春作物加代繁育、缩短新品种培育周期。

5. 企业竞争能力提升工程

(1) 培育种业行业领军企业

坚持扶优扶强扶特色,培育并认定一批具有产业主导能力和核心竞争力的种业龙头企业,扶持发展一批高新技术企业、科技型成长型中小企业等专而精的特色优势种业创新企业,在政策、项目、服务和品牌打造上予以重点支持。做强四川省现代种业发展集团有限公司,积极引导撬动金融和社会资本投入种业,培育壮大龙头种业企业。

(2) 加快培育优势种业品牌

推进质量兴种、品牌强种,引导并支持种业企业利用新技术、新材料、新设备、新工艺,提升种子生产加工水平和质量,大力培育"川"字号种业品牌。鼓励企业积极开展品牌创建,加大对优势种企和优势种业产品的示范推广和宣传推介力度,提高"川种"品牌知名度。

(3) 深化对外开放交流合作

吸引重要国内外种业企业和科研院所来川交流合作,打造种业领域对外开放交流合作的重要平台。积极支持省内种业企业"走出去",主动参与"一带一路"沿线国家、地区种业市场合作,支持企业在省(境)外建立研发中心和品种筛选试验点,提升四川在国际种业领域的影响力。

二、农机与智慧农业装备

(一) 重点任务

开展农业生产机械化薄弱环节装备研发,强化农机装备与农艺技术有机融合,强化丘陵山区主要粮经作物和畜牧水产薄弱环节关键技术攻关,强化数字化、信息化、智能化等先进技术与农机装备的深度融合;加快适宜化、智能化、绿色化农机装备的研发。

（1）丘陵山区智能农机底盘技术

重点突破新能源在农机高效传递与行走驱动中的应用，针对丘陵山区地形地貌复杂、土壤条件多样等特点，开发高效传动装置、行走系统及自动导航等关键核心零部件，大坡度高通过性行走机构、机身姿态自适应调控、作业远程操控等关键技术，研发自适应悬挂装置、自调平转向驱动桥和坡地转运装备装置。

（2）主要粮油作物农机装备智能化关键核心技术

研发水稻自动化智能育秧装备、深泥脚田中大苗轻型高质量栽插装备、再生水稻头季专用收割机具；研发玉米高效轻量化高通过性底盘、低损摘穗机、适合垄作的高效收获机、机播机收作业质量监测调控装备；攻克稻茬麦一播全苗的抗逆精量播种机和旱地小麦高质量播种一体化精量播种机及智能化监测与调节系统；研发油菜中小型直播机、割晒机，突破智能化机械直播、高效低损机械化收获农机农艺融合技术；研发马铃薯开沟施肥播种起垄覆膜一体化精量播种机、甘薯秧苗垄上移栽机和薯类单垄收获机；突破绿色高效提水及灌溉智能化决策技术，研发新能源智慧灌溉装备。

（3）优势经济作物农机装备补短板关键核心技术

研发和优化果园时空谱特征的深度语义分割网络模型，集成精准监测技术和基于深度学习的经济作物全生育期数字化监测体系；研发菜园蔬菜无损营养监测、宜机化作业的地下排水与循环利用系统和水肥精准增效供给模型；研发适宜山地作业的茶园开沟机、多功能除草旋耕施肥机；研发适用于丘陵山区桑园专用耕整除草、开沟施肥、喷雾打药的多功能桑园管理装备及桑叶桑果快速收获、运输机械设备。

（4）主要畜禽（水产）工厂化养殖装备研发

研发生猪液态饲料饲喂系统，牛、羊、兔机械化撒料机械设备（搭载信息化饲喂系统）；研发牛、羊无接触式体尺体重采集设备和软件系统；研发种猪精液自动收集、质量检测和包装生产等装备；研发畜禽养殖环境智能检测管理系统和配套设备；研发群体健康状况早期预警系统、自动免疫、场内生物安全分级控制系统和疫病远程自助诊断系统，研发畜禽高通量智能巡检机器人、畜禽智能穿戴设备等智慧养殖装备；研发场内外智能消毒车和无害化收集装置；研发养殖场区机械设备万物互联及智慧控制系统；研发水产养殖工厂化循环水设备、池塘"零排放"圈养绿色高效养殖系统、陆基循环水养殖系统和渔业智能化控制系统。

（二）路径措施

1. 农机装备薄弱环节"补短板"

（1）农机科技创新能力提升行动

加快建立"科研院所（大专院校）+企业+合作社+基地"协同创新、联合攻关新机制。加大农业科技创新资源整合和成果转化力度，精准对接市场需求，引导和鼓励企业加大研发投入，协同开展基础前沿、共性关键技术、缺门断档机具研究。

（2）农机装备龙头企业培育行动

梯度培育一批"小巨人成长型"企业、"专精特新"中小农机制造企业，扶持骨干型企业跨阶成长。通过首台套等政策引导企业开展科技创新，开展农机装备制造企业与农机专业合作社供需对接，为企业创新研究、试验验证和示范推广提供支撑。

（3）丘陵地区农田宜机化改造行动

大力推进"五良"融合宜机化改造，采取"先建后补"办法，推动耕地地块小变大、短变长、陡变平、弯变直和互联互通。在"宜机化"改造项目区外，规划布局建设农机作业生产道路，打通农机下田"最后一公里"。推进标准化提灌站建设，切实解决四川"机械性缺水""工程性缺水"问题。

（4）全程机械化示范推广行动

实施好新一轮农机购置补贴政策，引进推广"一大一小"、智能化农机装备，为粮食节本增效、保供增收提供支撑。培育"全程机械化+综合农事"服务中心，形成"销售、维修、培训、服务、调度"一条龙农机社会化服务体系。

2．智能农机装备研发攻关

（1）智能农机装备创新研发工程

从新型农机动力装备、智能大田作业装备、智能设施农业装备、智能绿色养殖装备、智能农产品初加工装备、农业专用传感器和农业机器人方面开展智能农业装备创新研发。

（2）智能农机装备物联体系建设工程

一是基于四川省农机购置补贴"三合一"系统加快建设智能农业装备大数据云平台。二是基于农业生产环境感知、工况监测、任务调度以及深度学习和云计算的云端远程控制系统。三是基于智能农机/农业机器人集群控制技术，实现农机装备智能农机/农业机器人协同作业。

（3）智能农机装备生产制造能力提升工程

一是引进、培育智能农业装备制造领军企业、龙头企业、优势企业。通过企业强强联合、产学研结对等方式培育发展"专精特新"领军企业支持本地企业做大做强，或通过引进龙头企业，打造"四川造"农机品牌。二是推动农机装备全产业链融合发展。建设智能农业装备产业集群，推动科研、制造、销售、应用、维修、培训全产业链融合发展，加强智能农业装备服务体系建设，大力发展多元化、多层次、多类型的农机社会化服务组织。

(4) 智能农机装备应用场景打造工程

一是加强通信基站等基础设施，推进耕地宜机化改造。二是因地制宜打造应用场景，成都平原"天府粮仓"核心区和安宁河谷"第二粮仓"，都市农业供应链、粮油生产区，主导建设智慧农场，科技创新引领；盆地丘陵以粮为主集中发展区，粮经复合种植区，宜机化改造需求大，应用场景多样，是智能农业装备示范推广主战场；盆周山区粮经饲统筹发展区，种养循环、特色农业，开展智能农业装备试点示范；川西北高原农牧循环生态农业发展区，主要为生态畜牧业，推广智能化饲草种植装备和畜牧养殖装备；攀西特色高效农业优势区，立体农业、特色农业，光热资源丰富，种植作物种类较多，根据多元化种植结构建设智能农业装备示范点，尤其是新能源智能农业装备的应用。

3. 高效机械化生产模式集成

(1) 成都平原"天府粮仓"核心区三化融合新模式

通过水稻、小麦、油菜、蔬菜等主要粮经作物耕、种、管、收、储全环节智能化装备的集成，实现全程智能化作业、高度集约化经营；通过耕、种、管关键环节社会化服务作业质量监控装备的集成，构建粮经作物信息化管控运营新模式，推动农机社会化服务实现提档升级。

(2) 盆地丘陵以粮为主集中发展区机械化新模式

集成稻油、麦（油）玉两熟净作周年全程机械化和玉米大豆带状复合种植机械化生产模式，重点解决坡耕地粮油生产机播机收作业效率低、质量差等问题。结合农田宜机化改造，引进智能农机装备，探索丘区智能化农机生产模式，集成果园、桑园采摘、田管、运输等装备，提升生产效率。

(3) 盆周山区粮经饲统筹发展区绿色高效种养循环新模式

通过"楼房养猪+旱地粮油作物+经济作物"和"适度规模畜禽养殖场+旱地粮油作物+经济作物"的种养循环机械化模式集成，重点解决粪污资源化利用问题；通过"高位智能养殖池+稻作机械化生产+水体处理系统"种养循环模式集成，提高水分利用率和土地产出率。

(4) 攀西特色高效农业优势区"综合农事"服务新模式

集成智能装备、信息化管理系统以及农机农艺融合技术，建立果树、蔬菜、蚕桑及畜牧等特色高效农业智能装备及信息化管理技术应用示范基地，集成推广农机作业监测、维修诊断、远程调度等信息化服务平台，实现数据信息互联共享，提高农机作业质量与效率。

(5) 川西北高原农牧循环生态农业发展区全程机械化新模式

集成小麦、青稞、饲用豆"耕、种、管、收"全程机械化高效生产技术模式，提升秸秆饲料化利用程度，提高综合生产能力；发展高原绿色蔬菜，集成高原绿色蔬菜标准化生产技术模式；研发饲草（高丹草、披碱草、箭筈豌豆等饲草）精量播种、施肥、收获适宜机具，推动饲草全程机械化和标准化生产。

4. 天府良机创新联合体组建

以解决制约四川农机产业发展的"卡脖子"关键核心技术为目标，以重大项目需求为牵引，以共同利益为纽带，以市场机制为保障，联合产业链上下游企业、高校院所共同参与组建的体系化、任务型、开放式的创新合作组织和利益共同体。创新联合体的职责任务主要包括：

参与农业产业发展、农业科技、农业机械化重大课题调研，围绕四川农业强省规划和建设更高水平"天府粮仓"要求，提出农机装备产业技术攻关路线图、智能农业装备发展战略、农机农艺融合等政策建议，为主管部门政策制定提供参考。

承担农业农村部、科技部、省农业农村厅、省科技厅、省发改委等重大科技计划，研究提出农机装备科技创新研发方向，开展"卡脖子"技术和关键核心技术攻关。引进、消化和创新适宜丘陵山区作业的农业机械，聚焦田间生产农机装备，推动节能环保、性能稳定、操作简单、维护方便的复合型农机装备创新。

以四川农业产业发展需求为牵引，定期更新《四川省农业机械化生产技术装备需求清单》，引导农机装备企业攻克基础材料、工艺、电子信息等关键技术，推进农机零部件和整机企业、后端销售企业等建立产学研用相结合的合作机制，加快推动"缺门断档"农业装备研发制造和推广运用。

根据"五大生态区域"主导特色产业，以机械化、智能化、信息化、数字化等农机装备为核心，依托农业产业园、农业科技示范基地，分区域、分产业、分品种、分环节建设一批农业机械化示范基地，搭建边熟化边制造平台，对新产品进行试验、验证和示范。

协调联合体成员间的职能分工，与行业其他院所（校）、推广单位、制造企业开展协同创新、成果转化等工作，促进交叉融合，发挥天府良机智库功能。

5. 基地建设与人才培养

以县域为单位，以优势农产品为单元，推进机械化作业、标准化农艺和宜机化改造等大面积成规模示范应用。

农机化实用技能人才培训基地，重点培养农机化管理、技术推广和驾驶操作等三支队伍。

大力培育专业型人才，支持高等院校加强农机专业学科建设，培育行业急需研究型人才；优化高职院校培养方式，大力培养农机制造和农机应用技术型人才；通过"定向委培"等优惠政策，鼓励引导大中专毕业生，充实基层农机推广队伍。

重视农机领头人培训，通过"头雁"工程等，培训一批有经营才能的合作社理事长，通过招商引资引进先进地区农机合作社入驻山区。鼓励丘陵山区县开展"农机专业合作社示范社""模范农机大户"创建活动。

加强农机手技术培训，充分发挥农机化学校和阳光培训等阵地，开展农机操作、维修等技能培训演示。指导合作社根据山区实际合理发展农机户，做好布局，减少机具作业转场时间。

三、农产品质量与加工

（一）重点任务

1. 全面挖掘四川农产品资源

优化农产品资源收集与利用的手段，全面评价四川产农产品营养品质、质量风险控制点。

2. 提升农产品加工及质量管控技术水平

通过技术创新和引进吸收再创新，提高现有四川农产品加工设备的绿色化、连续化、自动化、智能化水平，提升农产品质量管控的装备水平和技术水平。

3. 全面拓展四川农产品资源的利用技术和安全管控技术

利用现代技术手段实现农产品的绿色高效加工和多元化产品开发，实现发酵食品有益代谢产物的定向增值，实现危害食品安全与风味保持的各类危害因子的快速检测与绿色高效控制。

4. 完善农产品全产业链监管体系

完善农产品产前、产中和产后质量标准体系和质量控制体系的建设，实现基于现代信息技术的农产品质量监管和追溯体系。

5. 提升四川省农产品创新能力

整合科研院所、高校、企业和协会的力量，建设具有市场敏锐度和技术创新性的农产品加工与质量安全创新联盟，培育壮大一批具有技术创新能力的四川农产品加工领军企业。

（二）路径措施

四川农业科技现代化的目的是提高四川全省农业生产力水平，走高质量发展的道路。因此，依托国际和国内现有的新技术、新设备，通过实施引进来工程，快速提升农产品质量与加工科技现代化水平；依托国际和国内现有的新技术、新设备，实施集成创新工程，通过属地化改造，快速提升四川特色农产品质量与加工科技现代化水平；依托四川是种质资源大省的优势，践行大食物观，实施原始创新工程，打造大食物供给链，向森林、向草原、向湖河要食物，持续夯实四川农产品质量与加工现代化科技原始创新能力。

1. 实施引进来工程，快速提升农产品质量与加工科技现代化水平

（1）引进推广高效、低能耗、宽适用范围的农产品初加工新设备及配套工艺

重点引进和推广低能耗粮油作物烘干设备，加工设施设备，并配套引进相关工艺技术，实现高效低能耗的加工；引进和推广高品质稻米加工设备，实现稻米的低损耗高效加工；引进和推广适配多种蔬菜的采后产地商品化处理设备，实现高效率的蔬菜产地商品化；重点引进畜禽水产屠宰节能减排与副产物综合利用技术，降低四川畜禽水产屠宰环节的污染与损耗；引进和推广安全高效的冷链物流配送等关键技术和配套装备，快速提升全省农产品采后利用率，降低流通环节的损耗。

（2）引进推广高质量、高效率的农产品精深加工新设备和配套工艺

重点引进精深加工设备，以营养保持、富集和风味留存为目的，开发多元化营养、健康的食用农产品和食品；引进和推广高效率、高质量、低残留的农产品品质变化控制技术、设备和材料，实现农产品采后初加工品和精深加工品的绿色贮藏；引进世界先进的农产品质量检测设备和技术，建立完善农产品中有机污染物高通量快速筛查方法体系，强化农产品中新型污染物及未知风险因子的发现及质量安全风险评估。

（3）引进农产品质量与加工科技领军型、创新型人才和管理人才

通过设立农产品质量与加工科技创新研究院，在"校、研、企"广泛建立联合攻关团队和产学研创新平台，吸引优秀的科研人才和技术团队，推动科技成果的转化和应用；吸引优秀的管理人才和团队，引进先进的生产技术和管理经验，提升整个产业的竞争力。

2. 实施集成创新工程，快速提升四川特色农产品质量与加工科技现代化水平

（1）以提高质量为目标，结合四川特色农产品的产品特点，集成创新设备和工艺，实现四川特色农产品质量和加工科技的现代化

以川粮油、川茶、川酒、川产调味品等"川字号"特色农产品和土特产品为对象，通过对现有国际与国内先进加工设备和技术的引进、吸收、再创新，实现四川特色农产品质量与加工科技现代化水平的跃升，从传统作坊式生产向机械化、自动化、智能化迈进；创新适于川产农产品的在线分级分选设备，实现适于四川物候条件产出的初级农产品按品质快速分级；开展典型农产品品质研究，挖掘典型农产品的特征品质，并研究其形成及变化机理，创建典型农产品的特色品质数据库及品质控制技术，构建与农业高质量发展相适应的农产品品质评价体系及品质调控技术体系。

（2）以提高效率为目标，结合四川农产品现有生产条件，集成创新设备、工艺和质量监测体系，实现四川特色农产品质量和加工科技的数据化（数字化）

紧紧围绕"优质、安全、可追溯"的目标，以实现农产品全链条质量控制为

核心，以信息化手段为支撑，集成创新农产品供应链条中生产环节、采后贮运环节的环境数字化监管控制技术和设施设备，构建供应链信息化平台，实现农产品高效的溯源管理；完善农产品质量安全风险评估技术方法及监测体系，扩展农产品质量安全风险监测范围，推动大宗农产品中高风险污染物的快速及在线检测方法研发（王自鹏等，2021）。

（3）以节本降耗为目标，依托现有装备和技术，集成创新节能减排的加工设备和技术，实现四川特色农产品质量和加工科技的低碳化

依托国内外现有的技术和装备，结合四川省特色农业产业的实际需求，集成创新高浓度发酵废水减排与食盐回收利用等大宗蔬菜加工副产物综合利用技术与设备，实现四川特色农业产业的高质量发展；优化农产品加工设备能源结构，以清洁能源替代高污染的传统能源，实现四川特色农产品加工环节的节能减排。

3. 实施原始创新工程，持续夯实四川农产品质量与加工现代化科技原始创新能力

（1）以挖掘新资源食物为主线，创新川产菌、竹、林等来源食物的种质资源和加工技术水平

践行大食物观，打造更高水平"天府粮仓"，确保粮食供给和安全，满足人们对食物需求的多样性，一方面着手挖掘优质新食物资源，向耕地草原森林海洋、向植物动物微生物要热量、要蛋白，全方位多途径开发食物资源，确保"米袋子"满、"菜篮子"稳、"果盘子"足。另一方面，关注丰富的食物资源如何实现高品质、有效供给，从资源变为食物，变为有营养的、具有创新性的保健与辅助医疗等功能性作用的多元产品走上餐桌，真正满足人民群众对美好生活的需求。

（2）以创制新产品为主线，挖掘功能成分，构建质量标准体系

整合涉农管理部门、行业研究机构和主要产区各类业主的技术力量，统筹规划，共同制定与完善适合四川地区优势特色大食物链条相关产业涉及的质量标准，建立各品种从种质资源培育环节、种养环节到初加工商品化环节、精深加工环节涉及的产品、生产、管理、检测等系列标准体系，构建具有四川特色的大食物供给链技术保障体系。

加强对大食物供应链所涉及业主的标准宣贯工作，加快行业内准入制度的建立，以标准为依托，全面提升四川省内特色大食物供应链的生产质量和管理水平，提高产品的核心竞争力，实现产业的"质、量、价"齐升。

4. 实施农产品安全供应链创新工程，创新农业产业布局和发展路径

（1）构建大食物供给链创新与评价机制

在现有评价体系的基础上，增加"新食物"人民满意度"新食物"推广企业满意度，在限定时间内直接营收规模、新食物综合营养评价指标和主要原材料产区产业经济发展度等可以量化的综合性社会与经济类评价指标，降低专利、论文在创

新链条评价中的比重，整体评价大食物供给链创新的优劣。

（2）以打造高质量大食物供应链的理念科学布局农业产业

破除行政区划对产业发展的束缚，以产业发展优势区域整体发展的眼光，规划"种养殖区""初加工区""深加工区"，区域中宜粮则粮、宜经则经、宜牧则牧、宜渔则渔、宜林则林、宜工则工，形成同市场需求相适应、同资源环境承载力相匹配的现代农业生产结构和区域布局，向大食物供应链中加工环节持续提供优质原材料（张雄等，2022）。

5. 实施蜀聚优才工程，组建以创新食物多学科交叉联合攻关团队和平台

以省内从事农产品加工与质量监测保障工作的科研院校和具有创新中心等载体的供应链企业为硬件基础，破除机构框架，跨机构组团，组建多个四川具有优势的农产品资源联合攻关团队和创新平台，每个团队主攻一个方向，囊括种质资源创新人员、栽培技术创新人员、加工技术创新人员、产业化技术创新人员、质量控制创新人员，以满足市场需要这一结果为唯一出发点，在各自现有的实验和产业化硬件条件基础上，组成"需求评价-产品和加工-专用原料培育和生产供给"的专业研发团队，建立从基础研究、应用开发到质量管控、产品推广的清晰、完整的产业链条，共同努力攻克食物精深加工中的技术难题，从技术人才与创新硬件上保障农产品及其加工品的质量管控，在供给链创新端有效开展工作。

四、农业新业态

（一）重点任务（图4-1）

1. 农业新业态提升战略体系构建

明晰农业新业态内涵及概念界定，研究形成农业新业态发展态势与路径选择。构建农业新业态促进乡村振兴、共同富裕机制和农业新业态发展支撑政策体系以及新业态发展与农民利益联结机制，推动传统小农户融入农业新业态发展。

2. 农业新业态区域协调发展机制构建

研究四川省五大经济区农业新业态发展差异特征、农业新业态发展的城市差异特征、农业新业态发展的区域空间层级结构特征，推动四川省五大经济区农业新业态协同发展，指导开展农业新业态规划与设计。

3. 科技支撑农业新业态发展机制构建

构建农业科技与新业态融合机制，以技术创新推动农业新业态发展。加快农业科技社会化服务体系建设、农业科技推广服务平台建设，紧抓前沿科技引领农业新业

态快速发展，探索形成科研院所、农业高校等服务新型农业经营主体的长效机制。

4. 农业新业态高质量发展机制构建

研究制定休闲农业、乡村休闲旅游行业标准。探索形成休闲农业高质量发展、农户升级转型、产业融合发展等机制、模式及路径。建立健全农业社会化服务标准体系、农业全产业链综合服务机制与平台，创新农业社会化服务供应链的商业模式。开展农产品价格监测预警、大数据背景下农村电商发展等策略研究。

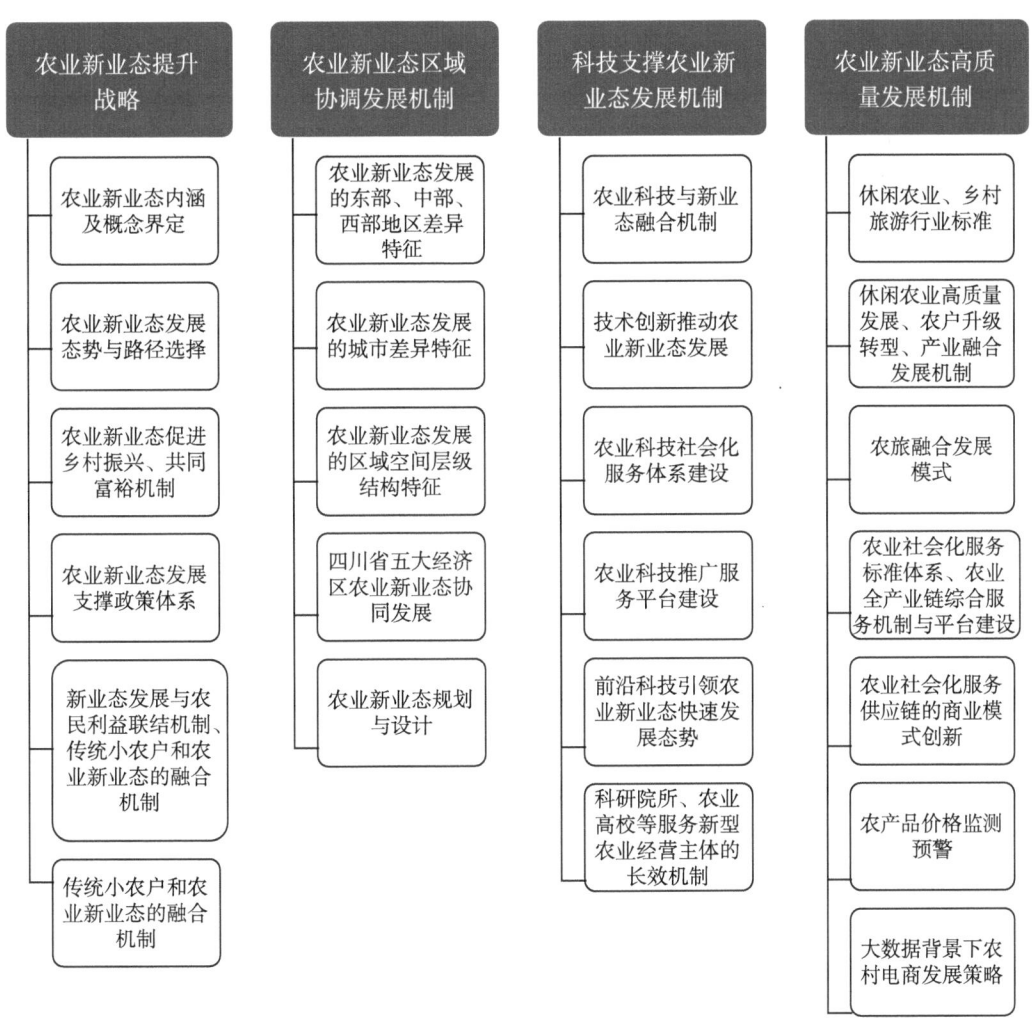

图 4-1　农业新业态重点任务

（二）路径措施

1. 培植升级新兴业态，形成新业态联动发展产业集群

大力培育农业新业态，推动形成新产业、新经济。一是提升乡村休闲旅游业。

持续开展乡村休闲旅游重点村镇和天府旅游名镇名村建设，培育一批"天府度假乡村"。支持全省各地持续实施乡村休闲旅游精品工程，建设一批全国休闲农业重点县，认定一批中国美丽休闲乡村，推介一批乡村休闲旅游精品景点线路。鼓励发展教育农园、研学基地、乡村露营游、乡土文化体验游等新模式。二是大力发展乡村新型服务业。扩大服务领域：开展农技推广、土地托管、代耕代种、烘干收储等农业生产性服务，以及市场信息、农资供应、农产品营销等服务。提高服务水平：开展托管服务、专项服务、连锁服务、个性化服务等综合配套服务。拓展生活性服务业：改造提升乡村民宿、餐饮住宿、商超零售等乡村生活服务业。三是大力发展农产品电商。支持农村商贸和流通基础设施建设补短板，推进电子商务进农村。培育电子商务主体。引导各类电子商务主体到乡村、产区布局，构建农村购物网络平台，发展农村电商末端网点。扩大农村电子商务应用。发展农产品直采、定制生产等模式。鼓励地方与大型电商平台对接，建设一批农村电商产业园、农副产品直播电商和人才实训基地（农业农村部，2023）。四是打造一批农业新业态引领发展载体。建设一批具有较强示范带动作用的现代农业园区、农村一、二、三产业融合示范园区、现代农业科技园区。聚焦镇域主导产业，加快建成一批国家级和省级农业产业强镇，全面推广"一村一品""一镇一业"。聚焦区域优势特色产业，加快建成一批全产业链发展的现代农业产业集群。

2. 深化科技创新渗透，基于现代技术注入强劲科技动能

一是坚持创新驱动凸显产业引领性。未来一段时期，是全球新一轮科技革命和产业变革从蓄势待发到群体迸发的关键时期。以信息技术、生物技术等前沿科技引领农业新产业、新业态快速发展的态势愈发明显。二是全面强化各领域科技支撑。促进农业科技创新链与产业链高效协同发展，不断强化农业科技创新竞争与合作，将新理念、新思想、新技术融入农业新业态发展进程，加大对科技创新的资金投入，注重科技成果在三产融合中的实际应用价值。深化农业新业态发展从生产领域到加工流通领域再到休闲旅游、社会化服务、电商营销领域各个环节的科技支持。聚焦现代生产技术的创新、新型物流技术的应用、现代营销技术的推广、信息技术的建设以及科技培训的实施等重点技术，构建全面系统的科技支撑体系。三是强化农业新业态发展战略和机制模式创新。深入研究农业新业态提升战略，农业新业态促进乡村振兴、共同富裕机制，农业新业态区域协调发展机制，科技支撑农业新业态发展机制，前沿科技引领农业新业态快速发展态势，农业新业态高质量发展机制等，形成一批"一地创新、全省推广"的机制性、制度性创新模式。

3. 突出区域协调发展，因地制宜实施差异化发展策略

一是注重新业态发育与所在地区经济技术水平协调发展。农业新业态的发展应立足四川省成都平原经济区、川南经济区、川东北经济区、攀西经济区、川西生态

经济区不同片区和片区内不同区（市）县经济发展水平、新业态发展基础，因地制宜、因地施策培育发展，超越地区发展水平盲目效仿高水平的业态形式将难以取得预期效果。二是注重农业新业态在空间上形成层级结构差别。近郊平原区自然山水资源品质相对较普通，新业态的发展以观赏游览、体验农作为主要方向，发展高科技农业观光园、农业主题公园以及市民租赁农园等新业态。远郊平原和丘陵地带农业资源丰富，民风古朴，以观光采摘园、休闲农庄、健身疗养、农村文化体验等类型的新业态为主。远郊山区则结合丰富的自然风光、民俗文化等山水旅游和文化资源，发展高端度假、康养等新业态（陈慈等，2018）。三是推进差异化发展。依托各具特色的农业产业、绿水青山、田园风光、农耕文化等农业农村资源，突出特色化，在"唯我独有"上下功夫，开发特色资源、特色文化、特色产品。突出差异化，在"唯我独优"上下功夫，把握定位差异，瞄准市场差异，彰显功能差异。突出多样化，在"唯我独多"上下功夫，推进主体多样、业态多样、模式多样。

4. 信息技术深度赋能，为农业新业态添加数字基因

一是促进数字技术与新业态加速融合。推动新一轮科技革命和产业变革加速新业态逆势增长，把握颠覆性技术创新催生新业态蓬勃发展，抢抓国家战略部署和政策举措引领新业态茁壮成长。鼓励以大数据、云计算、移动互联网等信息技术为支撑的新业态建设，促进商旅文体等跨界融合，形成更多新业态新模式。二是推动线上线下消费融合双向提速。支持互联网平台企业向线下延伸拓展，加快传统线下业态数字化改造和转型升级，发展个性化定制、柔性化生产，需求牵引供给，供给创造需求，供给与需求互促共进，推动线上线下消费高效融合。支持线下经营实体运用新理念、新技术、新设计向场景化、体验式、互动性、综合型消费场所转型升级。深化农村电子商务综合示范和"互联网+"农产品出村进城工程，建立健全适应农产品网络销售的供应链体系、运营服务体系和支撑保障体系，推动网络平台销售农产品、预制菜等新业态相关标准研究。

5. 优化政策机制保障，构筑高效高质发展软环境支撑

一是优化政策支持。在财政支持方面，对农业新业态的发展给予财政倾斜支持，鼓励各地创新财政资金使用方式，探索以奖代补、先建后补、财政贴息、财政资金入股等新业态资金扶持方式。以国家探索建立农村产业融合发展投资基金为契机，加强对重点农业新业态的支持，以股权投资等形式带动社会资本投向农业新业态发展领域。将农业新业态作为新型职业农民培训的重要内容，吸引大学生、返乡农民工、企业成功人士等进行新业态创业，给予相应的创业指导和技能培训支持。二是激发创业活力。鼓励地方设立农村创业创新专项基金，落实创业补贴政策，有序引导各类人才在乡创业。建设创业平台，加强农村创业创新园区和孵化实训基地建设，提升创业服务水平。引导社会资本参与农业新业态的创新、发展、壮大的全

过程。三是紧密利益联结。鼓励有条件地区开展农村土地和集体资产股份制改革，推动农村集体建设用地、集体资产确权分股到户。完善要素市场定价体系，尤其对于大城市郊区，完善郊区农宅及其周围生态环境、历史文化等配套资源的市场定价体系，为资产折价量化和赋予农民股份权能提供参考标准，保障新业态发展过程中农民的切身利益。

6. 培育专业创新人才，提升科技创新与管理服务水平

一是加强高层次人才培养。培养一批农业新业态科技领军人才和优秀青年科技创新人才。建好用好乡村振兴人才培养优质校，加大卓越农业新业态人才教育培养力度。培养产学研联合攻关团队，形成分工协作、优势互补的农业科技创新组织人才培养模式。二是培育高素质农民。深入实施高素质农民培育计划和学历提升行动计划，大力培育农业新业态新型经营主体带头人。实施乡村产业振兴带头人培育"头雁"项目，将回乡返乡创业人员纳入培育体系。优化实施农村实用人才带头人培训计划，开展"耕耘者"振兴计划新型农业经营主体带头人培训。三是推动人才下乡。健全长效化乡村引才机制，畅通人才向乡村流动渠道，有序引导大学毕业生到乡、能人回乡、农民工返乡、企业家入乡，共同参与到农业新业态发展中来。

五、区域农业

（一）重点任务

1. 农业科技政策体系构建

完善农业科技政策的框架建设，构建完备的农业科技政策支撑体系，打造"农业科技理论-农业科技创新-农业科技应用推广-农业科技成果转化"科技政策全过程服务链。出台具体的农业科技政策促进农业科技现代化实施主体的发展。完善农业科技现代化发展涉及的财税、金融等相关配套政策。

2. 区域农业科技创新体系建设

培育符合现代农业发展要求的创新主体，集中优势力量攻克区域性现代农业产业关键技术和共性技术，并逐步降低四川现代农业关键技术、装备等方面的对外依存程度。布局跨区域全链条协同的创新基地，构建加速科技成果转化应用的服务体系，完善适应农业科技创新规律的保障制度，营造农业科技良好的创新生态。

3. 区域现代农业技术体系构建

聚焦生物育种、耕地质量、智慧农业、丘陵山区农业机械设备、农业绿色投入品等关键领域，加快研发与创新一批关键核心技术及产品。构建区域主要农产品有效供给、农业绿色发展、智慧农业、现代林业与宜居村镇的现代农业科技支撑

体系。

4. 区域农业科技基础体系构筑

强化农业科技基础研究。优化布局区域农业科技创新平台基地。搭建农业科技成果入乡转移转化平台。建设科技成果区域示范展示基地。培育壮大农业科技成果入乡转化人才队伍。

（二）路径措施

1. 成都平原经济区农业科技现代化战略路径

（1）打造全国一流农业科技创新策源地

集聚省府专家优势资源，建成集技术研发、成果转化、人才培养、展示培训、交流交往于一体的农业科技创新平台，打造全国一流农业科技创新策源地。加快推进西南作物基因资源发掘与利用实验室等省部共建国家重点实验室、天府种业实验室、成都国家现代农业产业科技创新中心、国家成都农业科技中心、四川成都现代农业产业研究院、四川省蔬菜工程技术研究中心等农业产业科技一体化平台建设。加快提升省内涉农高校院所科研水平，力争作物学、畜牧学、生物学等学科冲刺"A+"学科。深化与中国农业科学院、中国农业大学等单位的战略合作，引导和支持高校院所围绕现代种业、智能农机装备、生物技术、营养健康、数字农业农村等重点领域，强化创新条件能力建设，开展原始创新、自主创新、技术孵化、转化应用、科技服务，突破一批产业关键核心技术和短板技术。

（2）推动现代农业全产业链贯通提升

聚焦"川字号"特色农业产业体系，加快发展休闲农业、绿色农业、数字农业，促进农村一、二、三产业深度融合。加快建设成德眉资都市现代高效特色农业示范区，打造重要农产品高质量保供基地。做强渝遂绵优质蔬菜生产带、雅乐名优茶产业带、眉乐晚熟柑橘产业带，共同推进川茶、川药、川酒等地理标志保护和高质量发展，加快培育千亿级"川味"产业集群、柑橘（柠檬）果业集群、川药大健康产业集群、茶业集群、酒业集群，联手打造"天府好米""天府菜油"，增强特色农产品全球竞争力。以大食物观为引领，围绕农业生产、加工、物流、营销、服务等全产业链价值提升，加快现代农业全产业链协同创新。加强对农产品加工、冷链物流、农业资源化利用等关键核心技术研发，大力发展体验农业、众筹农业、定制农业、共享农业等农业新业态新模式，进一步推动农业研发创新向产业链后端拓展，实现农业全产业链提质增效。

（3）加快现代农业应用场景示范

推动5G、互联网、大数据、人工智能等数字科技与农业深度融合，加快传统农业数字化赋能。加强农业生产过程中精准施肥用药投饲、动植物疫病精密智控、卫星遥控、无人机防控等数字化、智能化技术的应用和示范，大力发展垂直农业、立体农业等模式，不断提升农业作业规模化、机械化、智能化水平，打造一批可复制、可推广的数字植物工厂、数字牧场、数字渔场等工厂化农业应用示范场景，加速农业生产方式、管理方式的数字化变革。以"五良"融合为牵引，实施主要农作物全程机械化行动，集成全程机械化技术，实施机械化与信息化技术结合，打造一批主要农作物全程机械化示范区。做大做强成都服务全川农业科技创新服务平台和成都服务全川农业科技创新联盟，加快推动中国天府农业博览园、四川省种质资源中心库、四川成都国家育制种基地、省级落叶果树种业产业园、蒲江县和邛崃市国家现代农业产业园等科技创新与成果转化应用平台建设。加快推进邛崃市建设全国农业科技现代化共建先行县。

（4）完善现代农业科技成果服务体系

鼓励高校科研院所通过科技小院、院地共建等模式，不断强化农业科技服务功能。深入贯彻落实科技特派团、特派员制度，进一步健全农业科技服务体系，支持组建产学研用协同创新专家团队，加大对新品种、新技术、新材料、新装备的研发创新、技术集成和示范推广应用。建立完善农机社会化服务体系，普及农机化实用技术，使用安全、高效、复合型农机，培育一批"全程机械化+综合农事"区域服务中心。大力构建服务川渝的"数字农博+乡村振兴"综合平台，合作共建数字乡村联合实验室、数字农业转型升级示范基地和天府农博产品集散与实训基地。推进"数商兴农"，深入实施"互联网+农产品流通"行动，加快建设农村电商新基建，建成一批重点网货生产基地和产地直播基地。加快构建数字农业农村标准体系，推动基础通用、数据资源、应用支撑、信息安全等国家、地方行业标准的实施。持续丰富数字农业试点内容，大力实施数字粮油、特色作物、数字养殖等应用示范建设，建设重要农产品"从田间到舌尖"全程质量追溯平台。鼓励重点企业联合行业上下游、产学研力量组建产业技术创新联盟等创新联合体，积极培育瞪羚企业、"专精特新"企业，建立研发需求互通平台，共建高水平研发机构、中试基地、成果转化基地。协同建设成德绵国家科技成果转移转化示范区，大力引进和培育技术转移示范机构和示范企业，共建科技成果转移高地。共建"一带一路"科技创新合作区和国际科技转移中心，共同承办"一带一路"科技交流大会，促进国际科技成果转移转化。

2. 川南经济区农业科技现代化战略路径

（1）推进区域农业创新共同体建设

立足成渝经济区协同发展大局，联合区域内农业产学研等各类创新主体开展务实合作，从区域创新共同体构建、协同发展规划制订、创新合作领域确立、区域创新项目部署、重点创新任务推进等顶层设计入手，以实际项目为抓手，进一步明确不同创新主体的功能定位，统筹推进推动川南经济区与成都、重庆都市圈农业科技创新合作与区域农业创新技术产业发展。整合区域内农业科技创新力量，切实发挥好各自在农业创新领域的比较优势，结合已有合作基础，从载体共建、联合攻关、成果共享等方面搭建区域协同科技示范平台、区域农业产业化平台等区域专业领域创新平台，协作开展高新技术研发、产业技术创新和科技成果产业化，加快推进技术创新、集成和熟化。支持成立"川南粮油产业创新联盟""川南果树产业创新联盟"等区域农业专业联盟，根据不同农业创新主体的空间布局和产业定位，加强区域农业科技创新技术的集成配套。围绕白酒等重点产业人才需求，鼓励企业依托或联合高等学校、职业学校设立研究院、产业学院和企业工作室、实验室、创新基地、实践基地，共建产教融合创新平台，协同推进科技创新和学科专业建设，促进教育链、人才链与产业链、创新链有机衔接。

（2）强化区域特色优势农业产业技术攻关

实施优势特色产业瓶颈技术创新工程，聚焦川粮油、川茶、川猪等川字号特色优势农业产业，联合开展现代农业关键技术攻关，推广农业先进实用技术和生产模式，建设成渝地区重要的优质农产品基地和竹产业基地。高水平建设国家现代农业产业园、国家农业科技园区、国家农村产业融合发展示范园，培育一批省星级现代农业园区、农产品加工园区和省级现代林业（竹产业）园区。支持宜宾、内江创建国家农业高新技术产业示范区，内江、自贡等地毗邻区域共建农业合作示范园。共用农业区域公用品牌，提高区域农特产品在全国市场的占有率，打造农产品知名品牌。推进龙头企业与农业科研机构深度合作，开展现代种业、农业种养技术等领域研究。研发蓄水、保墒、集雨、滴灌、抗旱等关键技术，集成粮油、果蔬等作物高效用水技术和模式。全面推广"粮-猪-沼-果（菜、药）"和"粮-酒（糟）-猪-沼-粮"等循环经济型现代农业生产模式，组装和集成优良品种、轻简栽培、健康养殖、白酒发酵、饲料生产、节水农业和高效产沼气等现代工农业技术，持续推动现代循环农业发展，提升各环节科技水平，创新机制体制，促进区域农民增收与企业增效，实现农业生产与环境协调发展。

（3）加快推进丘陵山区农业机械化发展

依据不同丘陵山区作物栽培模式、地形地貌、地块形状、气象和水土环境等情况，结合不同地区种植结构和产业特点，制定提出丘陵山区平整地、缓坡和梯台等宜机化改造方案和技术标准。加快实施高标准农田建设，支持丘陵山区农田"宜机化"改造。攻关瘠薄坡耕地、低产水稻土、酸化土壤等障碍消减关键核心技术及产品研发，加强过腹还田地力培肥综合技术集成，推动耕地质量提升和高效利用。针对不同特色品种作物，注重农机农艺融合、良田良机融合，在适宜性农机产品的设计、生产和制造上下功夫，打造不同应用场景。围绕丘陵山区特经作物，开展物联网、大数据以及农田环境和农情信息协同感知技术研究，开发基于云技术的丘陵山区特经作物生产智慧管控平台。推进新一代信息技术与农业生产经营深度融合，建设数字乡村和智慧农业。建立智慧农场、果园、茶园建设标准和规范，探索智慧农业示范区建设方案，进行智慧农业试验示范区建设和推广。

（4）构建新型农业经营服务模式

以土地经营权的有序流转集中为基础，在不挤出小农户的前提条件下，培育以规模化生产、组织化经营、集约化投入为显著特征的新型经营主体。分产业遴选和培育若干个龙头企业，打造一批行业领军型龙头企业。推动农业产业化龙头企业组建战略联盟、收购兼并、战略重组等方式实现整合扩张，形成市场核心竞争力。强化实体农民合作社培育，推动农民合作社区域合作和同业联合发展，积极组建农民合作社联合社。积极引导返乡农民工、大学生、新乡贤、城市居民等"新农人"参与农业创新创业，创办家庭农场、农民合作社、农业企业等新型经营主体。完善农业社会化服务体系，打造区域农业生产性服务平台。探索组建小农组织联盟，引导新型经营主体与小农户构建"土地流转+优先雇用+社会保障""农民入股+保底收益+按股分红"等紧密型利益联结机制，构建新型经营主体与小农户共生共赢的发展格局。

3. 川东北经济区农业科技现代化战略路径

（1）打造高能级创新平台

围绕粮油、生猪、蔬菜等主导产业和水果、生态畜禽、蚕桑、茶叶、水产、花卉药材等特色优势农业产业，打造一批高质量现代农业园区（示范区），支持有条件的地区创建省星级现代农业园区和国家现代农业产业园、国家农村产业融合发展示范园、国家农业现代化示范区。以国家农业科技园区和省级农业科技园区为载体，加强与高校、研究机构合作，共建特色农业产业技术研发中心，推动新品种新装备和设施栽培、有机生产、水肥一体化、绿色防控等关键技术和新一代信息技术、数字技术、人工智能技术在现代农业园区应用示范。培育现代化种植养殖基地、现代农业示范基地、观光农业旅游基地，引进先进农业物联网技术、精准农业技术，促进农业提质增效，赋能农业转型升级。

（2）培育现代农业产业技术创新体系

提升国家农产品主产区农业综合生产能力，推进优质粮油等工程。打造粮油、畜禽、茶叶、水产、蚕桑、苎麻、果蔬、中药材等特色农产品产业集群，共同建设成渝地区双城经济圈绿色农产品生产供给基地。做优苍溪猕猴桃产业、通江银耳产业，做大南充晚熟柑橘产业，做强川东北富硒茶、青花椒、木耳、核桃、油橄榄等产业带和秦巴山区高山蔬菜产业带。加快地方特色种质资源的收集与开发利用、地方优良畜禽基因的保护与开发利用，地方优质果品的选育与开发利用。开展大田农作物、水果、蔬菜等高效丰产栽培新技术、畜禽水产健康养殖技术、农业大数据与"互联网+"等技术研究和成果转化。开展智能农机远程操控关键技术、蔬菜及水果智能温室控制技术等研究及运用。开展秸秆-基料-食用菌利用新技术、秸秆-青贮饲料-养殖业利用新技术、养殖废弃物就地好氧发酵技术等研究及成果应用。支持安全高效、可降解、无残留的新型绿色投入品创制技术、化肥农药减量高效施用技术等研究及运用。加快适宜山区作业轻量化农机装备研发和推广应用，提高主要农作物和大宗经济作物耕种收综合机械化水平。加强砂（黏）质土壤治理、酸化土壤治理、土壤生物改良、地力培肥等土壤改良技术研究。开展农产品质量安全关键共性技术研究，加大农兽药残留、水产品残药、食品添加剂等检测技术攻关。强化区域内有机、生态、富硒特色农产品优势，做强做优特色农业和农副产品加工业，推动粮油、果蔬食品等农产品精深加工关键技术应用。

（3）强化农业科技服务体系建设

加快构建以农技推广机构、高校和科研院所、企业等农业科技服务力量为依托，开放竞争、多元互补、协同高效的农业科技服务体系。借力星创天地、农业产业技术研究院、专家大院等创新平台建设，推广科技小院、专家大院、院（校）地共建等创新服务模式。鼓励企业牵头组织各类产学研联合体研发和承接转化先进、适用、绿色技术，探索建立农业科技服务后补助机制，激励企业开展农业科技服务。支持各类科技服务主体开展农业重大技术集成熟化和绿色增产、生态环保、质量安全等领域重大关键技术示范推广；实施"五大工程"创新示范，提升乡村振兴科技支撑力。深入推行科技特派员制度，充分发挥科技特派员在科技助力乡村振兴中的重要作用。实施"三区"科技人员专项计划，推进人才下沉、科技下乡、服务"三农"。加强农业技术转移服务体系和中试平台建设，推进农业技术成果创新创造、供需对接和转化试点示范，切实激活创新成果转化内生动力活力，推动农业科技成果、知识产权高效转化和产业化。

（4）大力打造区域农业品牌

坚持农业"质量""品牌"双轮驱动，聚焦粮油、畜禽、水产、茶果等主导产业，提高农业生产标准化水平和监管能力，协同推动品种培优、品质提升、品牌打造和标准化生产，加强绿色食品、有机农产品、地理标志农产品认证和管理，健全农产品质量安全追溯体系，增强农产品区域公用品牌影响力。依托区域内丰富的自然生态旅游资源，深度挖掘蜀道文化、红色文化、巴文化等区域特色文化旅游资源，打造具有区域影响力的生态文化旅游目的地。

4. 攀西经济区农业科技现代化战略路径

（1）加强现代农业关键技术研发集成

加强优质荞麦、特色水果、早春蔬菜、高效桑果、优质核桃、园林花卉、草食畜牧等育种新技术、新方法研究，选育和创制一批特色动植物新品种，构建特色动植物"育-繁-推"一体化现代种养业体系。加强以果、蔬等为重点的化肥减施增效和水肥一体化高效利用关键技术集成研究。加强以果园和林下复合种养为重点的种养生态循环模式研究，构建循环农业产业链。开展以稻菜轮作区、杜果主栽区耕地质量提升为重点的农田有害污染物动态监测、评价和修复等关键技术研究集成。加强以轻简省力化和转变生产力方式为目标的智能农机装备与高效设施、农业智能生产和农业智慧经营等技术和产品研发集成，构建信息化、智能化的农业生产经营体系。加强以乡土树木、中药材、食用菌、特色森林蔬菜等生物资源保护性开发利用新技术研究，开发特色保健功能产品和休闲食品。引进和研发特色水果、蔬菜、核桃等农产品深加工技术，肉制品、奶制品深加工技术引进和研发。加强干热河谷区特色作物水肥一体化综合灌溉技术研究，建设高标准特色作物节水技术及废弃物循环利用示范基地。

（2）科技支撑特色农业产业基地建设

实施优质粮食工程，加快粮食仓储设施和粮食应急物流体系建设，打造四川第二大粮仓。发挥立体气候优势，优化现代综合立体农业发展布局。实施安宁河谷综合开发，加快推进农业规模化经营和标准化生产，做强以特色水果、错季蔬菜、优质蚕桑、多彩花卉为代表的特色农业。低山河谷地区利用雅砻江、金沙江流域充足的光热条件，建设脐橙、杧果、石榴、牛油果等亚热带水果规范化基地、早市蔬菜规范化基地和现代花卉产业基地。高原半山地区突出生态优势，建设高山夏秋蔬菜、马铃薯、苦荞、烟叶、道地中药材和名优水果等特色经济作物规范化基地，打造核桃、花椒、油橄榄等林业特色优势区，发展特色养殖业，建设现代草食畜牧业基地。

（3）加大现代农业科技推广应用

以数字乡村建设为契机，大力推广线上线下相结合、公益性与营利性组织相互补充的农业科技推广模式，构建基于价值共创利益共享的"平台+政府+专家+农资销售企业（中间商）+新型经营主体"模式。充分利用好现有科技特派团、技术下乡等专家团队，组织成立以大专院校、科研院所、农技推广部门等专家为成员的"产业技术顾问团"，建立以专家团队为核心的"专家+企业"技术服务体系。强化现代农业科技培训，县内设立创业、经营培训班，为基层农技人员、企业从业人员提供市场信息、管理咨询、技术服务等培训服务。围绕农业产业链的关键环节，重点培养一批农村科技型复合型人才，带动金融、管理、信息等要素向农村流动，推进产学研深度结合。

（4）提升现代农业组织化标准化水平

培育壮大龙头企业、农民合作社、家庭农场等新型农业经营主体，完善利益联结机制，带动小农户对接大市场，推进现代农业产业化经营。完善职业农民教育培训体系，打造高素质新型职业农民队伍。健全农业社会化服务体系，培育覆盖种养、加工、销售、科技、金融等环节的多元化经营服务实体，支持供销、邮政服务网点向产业基地延伸。加快优质大宗农产品和错季特色产品生产标准制修订，构建覆盖农业生产、流通、经营各环节的标准体系。创建标准化示范园、示范场、示范基地，推广标准化生产方式，促进产地环境、生产过程、产品质量、包装标识等全流程标准化。打造区域特色农业品牌，发展"三品一标"农产品，提高"攀枝花杧果""大凉山""阳光米易"等区域公用品牌的影响力和知名度。

5. 川西北生态示范区农业科技现代化战略路径

（1）构建高原现代农牧业创新体系

为实现生态功能区既定目标，布局争取科技重大攻关项目，如智慧生态畜牧业技术体系及平台建设、绿色现代农业技术信息智能平台支撑生态功能区生态建设和绿色发展的重大科技项目。针对生态修复、环境保护、生物多样性、生态畜牧业等绿色发展问题，加强相应领域的科技创新平台和科研团队建设，完善稳定支持机制。加强生态畜牧业、农畜产品加工利用及电商平台、全域生态旅游业、生态信息化等生态功能区绿色产业基础技术和通用技术，在关键核心技术上取得新的重大突破，支撑绿色发展取得实效。建立川西北高原牧区响应气候变化的监测机制，与相关科研机构合作开发相关监测指标体系、技术体系和预报预警体系，加强对极端天气事件的预报、对气候变化影响的传播，全面提升川西北高原农牧区地方政府、企业和农牧民灾害综合防治和气候变化适应能力。

（2）提升高原现代农牧业发展条件

实施耕地保护与提升工程，加强高标准农田建设。重点建设适度规模标准化养殖基础设施，配套乡土牧草种子扩繁基础设施设备、牦牛优良种畜扩繁基础设施设备、优质饲草料生产及供给保障基础设施设备，补齐畜牧业发展基础条件短板，提升畜牧业牲畜良种化、装备机械化、生产集约化、管理数字化水平。以联户为重点，推广家庭生态牧场经营模式，培育专业化社会化服务组织，带动联户牧民和现代畜牧业有机衔接。完善农产品冷链仓储体系，着力夯实烘干冷链物流基础，以规模特色生态产业基地、产业重点集镇、物流主要节点为重点，建设县级冷链物流服务中心，支持在主产区和销地市场建设标准化农产品冷链物流。

（3）推进高原现代农牧业融合发展

重点围绕牦牛、中藏医药、食品饮料、高原果蔬、培育壮大一批优势特色产业，建设一批农业科技园区，打造一批特色产业集群。推动畜牧业转型发展，推广"夏秋天然放牧+冬春半舍饲补饲"和"牧繁农育"养殖方式，加强优质奶源基地和现代数字牧场建设，有序发展商品草产业。提档升级农牧业加工、农牧产品流通、农牧产品营销推广和品牌建设，补齐农牧旅新业态基础设施，集成数字技术和科学技术创新应用，着力解决农牧产品附加值较低、三产融合发展程度不高的问题。全面推进草原碳增汇功能区划开发试点，创新探索"两山理论"价值转化路径。

（4）培养壮大生态功能区科技支撑

实施高原现代农牧科技人才支撑计划，统筹各高校、科研院所及各行业科技人才，继续实施科技特派员、对口援助等制度安排，培养壮大生态功能区科技人才队伍。实施智慧乡村科技支撑行动，强化农村牧区信息化科技服务和大数据物联网技术应用，建立完善科技推广服务体系。建立健全以创新能力、贡献为导向的评价体系，鼓励和引导人才面向基层、面向实践、面向市场，不断优化科技服务。完善乡村基层农技服务体系建设，组建农牧专家服务团巡回开展技术指导服务，发展农技、农资、经营等社会化服务组织，开展社会购买服务，加大对生产主体的产前咨询指导和生产过程中技术培训示范推广力度，不断提高标准化生产和产后商品化处理、营销水平，持续开展新品种、新技术引进试验和示范与推广，增强产业发展后劲。

第三节　农业科技现代化十大创新工程项目

四川农业现代化关键在科技现代化。为加速提升科技创新能力，推动农业科技现代化建设，早日实现"三步走"的战略目标，提出高质量建设四川农业领域"十大科技创新工程"，以"十大科技创新工程"为抓手，在关键核心技术领域首先实现突破，示范引领农业科技现代化建设。

一、农业种质资源创新工程

依托建成的四川省科技资源中心库，建设高起点，涵盖农林牧渔草，收集保存、研究利用与科普展示"三位一体"的国际先进、国内一流的综合性种质资源库。开展重点种质资源的精准评价，挖掘具有自主知识产权的关键基因，创制特色优异可供育种利用的新种源。

二、生物育种工程

依托天府万安实验室、天府种业创新部省重点实验室等，打造一批高能级育种创新平台，加快组学、全基因组选择、基因编辑、细胞融合等生物育种技术研发和应用，培育具有自主知识产权和核心竞争力的农作物新品种、畜禽新品种（配套系）、水产新品种、饲草新品种等，引领新一轮作物良种更新换代和新一轮畜禽遗传改良，配套建设一批现代化的南繁、夏繁育种基地及现代种业园区。

三、绿色高效生产技术提升工程

围绕农业深度节水、精准施肥用药、重金属及面源污染治理、退化耕地修复等，攻克主要粮经作物和重要畜禽产品优质高产、农机农艺融合、防灾减灾等关键核心技术，引领生产技术提档升级和现代高效特色农业发展。

四、丘陵山地农机攻关破卡工程

以新能源、新材料、新组件、新路线为基础，研发适宜丘陵山地的高效传动装置、行走机构、机身姿态自适应调控等关键核心部件及技术，加快突破丘陵山地全程机械化生产装备瓶颈。

五、智慧农业科技支撑工程

以种子、耕地及农机数字化、智能化为重点，攻关智能设计育种、耕地全要素监测及信息化调控、"北斗+"精准农机监测、设施农业环境调控算法等关键核心技术，支撑无人农场、智能养殖场加快建设。

六、农产品营养高效创制、富集与利用技术创新工程

以农产品风味与营养的全面评价为基础，创新生物合成技术及农产品营养高效递送技术，配套开发相关工业化生产用设施设备，提升农产品营养的有效利用率。

七、农产品质量安全评价与管控技术创新工程

通过对农产品全产业链质量安全风险环节和风险因素进行梳理，有针对性地开展农产品质量安全评价技术体系建设，联合种植、保鲜、加工、储运行业，共同推进农产品质量安全管控技术研究与创新。

八、农业新业态科技创新工程

以"农业+"融合创意设计、过程调控、AI场景应用、信息化运营管理等创新为重点，加快推进农业新业态全面系统的支撑体系建设，支撑农业新业态现代化发展。

九、区域农业现代化科技创新示范工程

针对四川不同区域的主导农业产业，建设区域现代农业产业技术体系，提高区

域农业科技创新能力。在区域内建设一批具有地方特色的中试熟化平台，集中力量开展农业科技创新、成果转化和产业化示范，打造具有区域特色的现代农业科技园区。建立现代农业科技成果入乡转化中心，推动现代农业科技成果落地转化和应用，提高农业生产效益和质量安全水平。加强新型职业农民的培育，提高农民的科技素质和农业生产技能，推动现代农业的发展。

十、品牌农业提质增效创新工程

以"川字号"地理标志农产品生产环境解析为基础，配套研究发展战略路径，注入农业科技现代化创新成果，挖掘品牌农业价值链，全面重塑现代化的品牌农业建设体系。

第五章
四川实现农业科技现代化的保障机制

第一节 农业科技创新机制

农业科技自主创新,就是从增强农业自主创造能力出发,加强农业原始创新、集成创新、引进吸收消化再创新,推动"三农"和农业科技可持续发展。四川作为中国西部的科技大省,全方位构建农业科技创新机制是实现农业科技现代化的基本条件,也是建设农业强省、推动乡村振兴的动力引擎。

一、学科基础研究系统性设计机制

优化农学学科基础研究和应用基础研究可以提升农业科研水平和效益,有助于构筑全面平衡的高质量学科体系,也可以提升农业战略科技力量,为农业现代化和可持续发展提供有力支撑。当前存在学科基础研究结构不优、组织模式有待创新、学科群基础不牢等问题,从以下几个方面健全学科基础研究系统性设计。

1. 立足四川省发展实际,加强学科优化调整

(1) 调整学科设置

高校和科研机构应加强对农学学科的设置和调整,立足四川省农业发展需要、学科特点和市场需求,合理安排学科研究方向和课程设置;未来应聚焦于粮食安全、土壤保护、作物育种、畜禽养殖等领域,合理安排学科的研究方向和课程设置;支持四川农业大学"双一流"建设,支持建设特色高水平应用型农业大学,支持涉农高校相关学科专业差异化定位与特色发展。强化提升一批服务重大需求的

涉农优势特色学科专业，布局建设一批涉农基础支撑和新兴交叉学科专业，加快淘汰一批落后学科专业，做强农业主体学科专业。增加对农学学科的基础研究和应用基础研究的投入，提高相关课程的比例和质量，如生物学、植物学、生态学等，培养更多具有创新精神和实践能力的人才。

（2）推进学科交叉融合

农业是能够推动一、二、三产业深度融合的特殊领域，四川高校要"跳出农科看农科"，重点发展与四川省现代农业产业、支柱产业密切相关的农学、工学等传统优势特色学科，同时促进与其他学科交叉融合，如生物学、化学、计算机科学等，促进跨学科合作创新，拓宽农学学科的研究领域，丰富研究内容和手段，提升研究的综合性和创新性。与时俱进擦亮农业强省"金字招牌"，催生新的优势特色学科，为四川农业高质量发展塑造新的人才。

（3）优化课程设置

应根据农学学科的发展趋势和需求，更加注重培养学生的创新精神和实践能力，通过增加实验课程和实践环节，加强学生对基础理论知识和应用技能的培养，提高学生的动手能力和解决问题的能力。顺应时代潮流，加快四川省内智慧农业布局，加深人工智能、大数据等在农业领域中的应用。

2. 深化人才培养模式改革，创新学科组织模式

（1）构建研究共同体

推动农学学科的科研人员、教师和学生形成一个共同的研究目标和合作机制。通过构建研究共同体，促进知识共享、合作创新和人才培养，提高农学学科基础研究和应用基础研究的创新能力和水平。优化国家与地方农业科研院所、农业院校和涉农企业的定位和布局。

（2）推广科研联盟模式

建立农学学科的科研联盟，通过整合优势科研资源，形成战略合作关系。科研联盟可以加强农学学科的内部合作和外部联系，提高研究水平和国际影响力。2022年，由四川省农业农村厅牵头，四川省农业科学院联合中央在川农业科研机构、涉农高校、市（州）农业科研机构、农业企业等组建"四川省农业产业技术创新联盟"。联盟将围绕新时代打造更高水平的"天府粮仓"以及优势特色农业产业高质量发展，开展联合攻关，进一步提高科技服务"三农"的能力和水平，增强"川字号"农产品市场竞争能力，擦亮四川农业大省金字招牌。这与夯实四川省农学学科基础、助力四川省农业强省建设相辅相成。

（3）推行协同创新项目

实施农学学科与其他相关学科的协同创新项目，通过跨学科的合作，共同解决农业生产和环境保护中的复杂问题。协同创新项目可以促进不同学科之间的交流和合作，提高研究的综合性和创新性。以四川农业大学为例，作物学科结合生物学、植物保护学、计算机科学等协同开展了表型精准鉴定、生物育种、合成生物学、智慧农业等方面的工作。精准表型鉴定方面，种子的表型评价就不再是通过肉眼看，而是利用多光谱成像设备结合计算机视觉计算、图形图像处理技术、人工智能等技术对表型进行微观分析。绿色高效生产方面，作物种植的机械化程度也越来越高，面朝黄土背朝天的传统小农经济时代正渐行渐远，出现了不少种植大户、合作社、公司等规模经营主体，结合遥感技术、智能农机、农业大数据集成，研发了适应新需求的玉米大豆带状复合种植技术、弱光条件下杂交稻丰产优质与机械化栽培技术等。未来四川省农学学科方面可以打造多学科的协同创新项目，注重创新和学科交叉融合，按照四川省农业发展方向进行科研攻关。

（4）加强产学研一体化

建立完善的产学研一体化机制，推动农学学科的研究成果与产业应用的有效对接。通过与企业的合作，实现科研成果的产业化，促进农业产业的升级和转型。以四川农业大学为例，2022年，大北农集团出资1亿元与四川农业大学共建现代产业学院、中国电信四川分公司出资1亿元与四川农业大学共建智慧农业创新实验室等为四川省的产学研融合创新提供了新样本。现代产业学院重点围绕生物育种、智慧农业、动物营养与生物饲料、动物医学和保健、食品营养与人类健康等领域"卡脖子"技术屏障制定重点产业研发专项清单，以"揭榜挂帅"和"赛马"的形式由四川农业大学科研人员牵头组建双方共同参与的联合攻关团队进行申报，经双方评审后立项实施。双方开展联合研发攻关，加快突破关键核心技术制约，培育国际领先的重大应用型科技成果。智慧农业创新实验室通过整合种植、畜禽领域科研成果和数据，构建集成温室环境调控模型、长势遥感分析模型或动物营养供给模型、预测预警模型等，开发智慧农机、智慧养殖设施设备，搭建智慧农业远程诊疗平台，通过行业魔镜实现田间远程观测、四川农业大学专家后台诊疗。基于"区块链+农业应用"，进行动态跟踪、评估、分析，形成决策参考，促进政策制定更为精准。通过结合智能感知设备实时采集的空气质量粉尘噪声、禽畜体重体温等数据，制定远程自动化饲养管理策略，搭建智慧养殖远程诊疗平台，提升养殖效率。

3．致力于高水平学科建设

（1）制定学科建设规划

立足省情、院情、所情，强化学科建设顶层设计，紧紧围绕四川现代农业科技发展需求及农业农村高质量发展的关键问题，紧扣当前农业科研发展趋势和未来学科发展需要，在巩固提升优势学科领域如植物保护、土地资源管理、食品科学与工程等的基础上，坚持融合优化，加强向上向下延伸，打造新兴交叉学科，形成优势互补、资源共享、互惠互利的学科融合机制，促进课题组之间、学科之间、学科建设与产业发展之间的纵深融合和合作攻关。

（2）加强学科基础研究

在国家创新体系中，基础研究的地位越来越重要，顶层设计和系统布局更加合理，投入持续增加，问题导向、目标导向与自由探索相结合的基础研究格局正在形成。要重视农学学科基础研究，通过加大投入、培育优秀科研项目等方式，提高学科基础研究的水平和影响力，为应用基础研究提供坚实的理论基础。

（3）强化人才队伍建设

加强农学学科的人才队伍建设，通过引进高水平的科研人员和培养优秀的青年科学家，提高学科的科研水平和创新能力。突出四川农学优势特色，做强优势学科专业，做优特色学科专业，形成一大批特色优势学科专业集群和高水平人才自主培养体系。

4. 夯实学科群建设基础

（1）加强政策支持与资金保障

制定有针对性的政策措施，支持和鼓励农业学科发展和创新；加大对农业科研的资金投入，确保科研项目的顺利进行；改善科研人员的待遇和激励机制，吸引人才投身农业科学研究。

（2）建立优质学科平台

着重建立一批优质的农业科学研究平台和实验室，配备先进的设备和技术支持，这些平台可以为科研人员提供良好的研究条件和资源，完善农业学科的硬件条件。2022年2月，农业农村部公布的80个农业农村部重点实验室（部省共建）名单中，四川省共有农业农村部天府种业创新重点实验室和农业农村部农产品加工与营养健康重点实验室2个重点实验室上榜，作为国家农业科技创新体系的重要组成部分，有助于促进国家与四川省科技创新平台的有机衔接，推进不同层次创新平台的合理布局，提升四川区域科技创新能力。

（3）建设科研人员培训和发展体系

建立健全的科研人员培训和发展体系，提供多样化的培训和职业发展机会，培养科研人员的创新意识和创新能力，提供专业技能的培训，帮助科研人员不断提高自身工作能力，推进农业学科的发展。鼓励和激励科研人员进行创新思维和科研成果转化是加强队伍建设的关键，通过建立科技创新奖励机制、提供专利申请和科技成果转化的支持等形式，激发科研人员的创新热情，并促进科技成果转化。

二、自主创新与集成创新统筹机制

1. 壮大农业高新技术创新主体，促进创新主体协同发展

（1）加大对农业高新技术企业的支持力度

为企业提供政策支持、资金扶持、技术培训，鼓励企业开展农业科技创新，提

高企业的技术水平和创新能力。建立农业高新技术创新平台，建立农业科技创新园区、技术转移中心、创业孵化器等，为农业高新技术企业提供技术研发、人才培养、产业孵化等服务。加强产学研合作，建立产学研合作联盟、联合实验室，推动高校、科研机构和企业之间的合作，促进农业高新技术创新资源的共享和利用。推进农业高新技术人才培养，建立人才培养计划、提供培训课程、支持人才交流，为农业高新技术创新主体提供更多的人才支持。

（2）建立创新联盟、协同创新中心、产学研用创新平台，促进各类创新主体之间的协同合作、协同发展

加强科研机构合作，建立科研合作项目，推动跨学科、跨领域的科研合作，促进各类科研机构之间的协同发展。推进科技成果转化，建立科技成果转化平台、开展技术推广活动、加强产学研合作，促进各类创新主体之间的科技成果共享和转化应用，推动科技成果转化为实际生产力。

2. 处理好自主创新、集成创新和引进消化吸收再创新的关系

制定科技创新战略，明确自主创新、集成创新和引进消化吸收再创新的优先发展方向和重点领域，协调运用各类创新资源，实现科技创新的有序发展和高效转化。一是加强自主创新能力建设。自主创新是农业科技发展的核心驱动力。与模仿创新不同，自主创新更注重原始性和创造性，目的是开发出具有自主知识产权的核心技术。对于四川省而言，加强自主创新能够提升农业科技的国际竞争力，推动农业产业升级。建立自主创新机制，加强科研人员培养，提高科研设施水平，提高科研人员的素质和能力，推动自主创新在科研组织中深入开展。二是推进集成创新。集成创新在农业科技现代化中扮演着重要角色，它整合并优化现有技术，推动农业技术的系统提升和跨界融合。为了推进集成创新在四川省农业科技领域的发展，建立集成创新平台，加强跨学科合作，推动科技成果转化，促进各类创新资源在科研组织中的优化配置和协同作用。三是加强引进消化吸收再创新能力建设。建立引进消化吸收再创新机制，加强技术转移和扩散，支持企业进行技术创新。

3. 促进集成创新与应用对于农业科技现代化的重要推动作用

集成创新是农业科技现代化的关键环节。建议四川省农业部门加强跨部门、跨领域的协同创新，打破条块分割，促进技术集成。一是强化科技成果转化与应用。加大农业科技成果的转化力度，建立科技成果转化的有效机制。促进科研机构和企业之间的技术转移，鼓励科技企业将科技成果应用于农业生产实践中。同时，加强农业科技推广体系建设，提高农民科技素质，确保科技成果在广大农村地区的普及和应用。二是加强跨部门与跨领域合作。促进农业科技、农业企业和农户之间的紧密合作，打破部门壁垒，构建协同创新的平台。通过共享资源、交流技术和知识，推动不同领域之间的集成创新，形成全面覆盖农业产业链的科技创新体系。三是增

加农业科技研发投入。政府应加大对农业科技研发的投入力度，增加科研经费支持。同时，引导社会资本进入农业科技领域，吸引更多企业和机构参与农业科技创新。通过多元化投入，推动农业科技集成创新与应用的可持续发展。

4. 设立专项资金为农业科技现代化创新工程提供资金支持

农业科技是现代农业的核心驱动力，对于提高农业生产效率、改善农产品品质、保护生态环境具有重要意义。然而，农业科技创新往往需要大量的资金投入，而传统的资金来源渠道有限，难以满足重大农业科技项目的需求。因此，设立专项资金成为推动四川省农业科技创新发展的重要手段。一是资金规模与来源。四川省政府应设立一定规模的专项资金，用于支持农业科技现代化创新工程的研发与应用。资金来源可以通过财政预算安排、社会资本引入、科技成果转化收益等多种渠道筹集，确保资金的稳定和可持续。二是支持对象与范围。专项资金应重点支持具有创新性、前瞻性和产业引领性的农业科技现代化创新工程项目。优先支持涉及现代农业生物技术、智慧农业、农业生态环境保护等领域的项目，以及能够带动农民增收致富、助力乡村振兴的项目。三是项目管理与监督。建立科学、规范的项目管理机制，确保专项资金的合理使用和有效监管。设立专门的项目管理机构，负责项目的申报、评审、立项、执行和验收等环节。同时，加强项目监督，建立绩效评估体系，对项目进行定期评估和监督检查，确保项目按照预定目标推进。四是鼓励社会参与。积极引导社会资本参与农业科技创新，与专项资金形成合力。通过设立科技金融专项、产学研合作基金等方式，吸引更多社会资本投入农业科技领域，共同推动农业科技创新发展。

三、科技创新平台共建共享机制

《国家科技创新基地优化整合方案（2017）》中提出，国家科技创新基地按照科学与工程研究、技术创新与成果转化、基础支撑与条件保障三类布局建设。当前，四川省重大科技支撑平台所拥有的科技资源，实施开放共享的资源主要为图书文献、科学数据和生物种质与实验材料、科研设施和科研仪器三大类科技资源，其中图书文献等资源开放程度较高，后两类科技资源社会开放共享程度较低。主要存在科技资源平台化建设市场驱动力不足、科技资源单位及团队共享意识淡薄、平台共享合作的人才支撑体系缺乏、科技资源共享标准规范法规保障不全等问题，应从以下几个方面完善科技创新平台共建共享。

1. 逐步扩大农业科技资源的整合力度与开放水平

须分类、分阶段提升农业科技资源的整合力度和开放水平。科研仪器设施的开放和使用方面，首先，急需强化科研仪器信息的推广和发布力度，进一步提升仪器设备的社会知晓度。其次，积极探索多种市场供需匹配模式，着力提升市场供需对接和匹配程度，以市场需求为引领进一步提升科研仪器设施的开放水平。科学数据方面，首先，应系统研究科技数据资源的共享标准、规范和技术指南，明晰科学数据的共享范围和依据，进一步加强和规范科学数据管理。其次，在保障科学数据开放共享安全的前提下，进一步强化科学数据的开放力度，鼓励科研人员整理形成产权清晰、数据完整准确、共享价值高的科学数据，让科学数据开放共享成为常态。

2. 着力强化农业科技资源共享服务平台体系建设

首先，须立足"平台化"思维，继续重大科技创新平台单位推进大型科学仪器设备、科技文献、科学数据等科技基础条件平台的完善，建立健全统一的管理数据库和统一的科技报告制度，并依法向社会开放。其次，科技平台的全面开放共享须分阶段、分层次进行，当前全省农业科技资源正处于整合与开放共享的初期阶段，公益性服务居多。因此，在平台的建设和开放方面，急需加强顶层设计，以国家平台为依托，制定省级平台建设运行实施方案，进一步明确省级平台功能定位和目标任务，梳理农业领域科技资源的体系架构，推进科技资源向省级平台汇聚与整合。再次，须进一步探索建立基于平台的信息互动机制，通过利用网络技术手段，打破"信息壁垒"，规避"信息孤岛"，以实现"互联互通、互相分享、整合利用"为基础，进而为社会提供科技资源共享和服务。最后，中远期依托平台的搭建和完善，逐步探索优化基于平台的科技资源与成果交易、融资、评估评价机制，激发平台单位提供共享服务的积极性。

3. 以多元模式创新为引领推动多方创新主体参与

首先，鼓励多元主体基于科技资源共享创新组织运行模式。推动科技资源的运营管理多样化发展，重点在参与主体的介入程度、知识产权的分享方式、科技资源的管理架构等方面；进行管理和运营模式的探索，优先鼓励探索公司化独立或合资运营等多元组织运行机制。其次，合作涉及资源拥有者对于创新资源的重新分配和由此带来利益格局的变化，需要妥善处理好合作与利益分配的关系。以市场供需匹配为基础，鼓励多元主体积极探索利益共创共享机制的创新，以坚持开放共享、促进协同创新为导向，整合农业领域重大科技支撑平台资源，探索建立科技协同创新机制，探索全过程农业科技创新链的建构。再次，企业是农业科技创新的主体，需要全力提升当前我省农业科技企业的创新能力和水平，强化企业科技创新主体地位，进一步发挥企业在农业科技创新中的作用，鼓励和探索企业积极参与到共享平台网络的建设和协作化发展当中来。最后，中远期须在科技设施设备、科技数据及人才等多个方面进行协同，进一步探索科研人才与技术等"软件设施"的共享交流机制和模式，推动农业重大科技平台的共享从科研基础设施设备共享向技术转移、技术研发、资源共享、孵化企业推进。

4. 健全重大科技平台共享机制的制度体系

首先，须进一步建立健全农业领域的科技资源开放共享的法律保障基础，以法律、规章、指引、规划、办法等一系列的管理体系完善为统领，推动农业科技资源的全环节管理。其次，尤其需要关注在共享共创过程中成果的知识产权权利归属，有效保护知识产权主体的合法权益，寻找科技平台合作和保护的平衡点，建立健全利益共享的法规和制度保障。最后，对于涉及国家政权、社会制度、国家机关安全的科技平台开放共享必须遵循相关的保密制度和法规。根据涉密程度和安全等级，确定科技平台合作共享的国际、国家内部、机构内部等不同范围，妥善处理好国家安全与合作共享间的关系。

第二节 农业科技成果转化机制

一、科技成果跨周期转化风险共担机制

1. 建立农业科技成果共创共享模式

建立农业科技成果的共创共享机制，促进科研机构、农民、农业企业和政府部门等多方合作，是推动农业科技创新和转化的有效途径。政府、科研单位、农业企业、村集体经济组织、合作社/家庭农场/农户等农业科技成果转化主体共同参与形成了公益性、经营性和扶贫性的农业科技成果转化模式，不同模式下各合作主体之间资源共享、优势互补、协同发展，有利于降低交易成本、提高专业分工效率、实现规模经济和范围经济，创造出更高的整体收益，各参与主体也获得更多的个体收益。加强不同地区之间的农业科技合作和交流，促进科技成果的跨地区应用和推广，进一步加强科研机构、农业企业和农民的合作，将公益性科技成果与实际农业生产相结合，提高其实际应用价值，从而吸引更多的投入和合作。在四川省的实践中，已经涌现出一些成功的案例。例如，在四川省推行的"科技特派员"项目中，科研机构派遣科技人员深入农村一线，与当地农民和农业企业开展合作研究。通过科技特派员与农民的密切合作，共同解决农业生产中的问题，并推广应用科技成果，取得了良好的效果。这种模式促进了科研机构与农民之间的互动交流，将科技成果直接应用于实际生产中，提高了科技创新的针对性和实效性。

此外，在四川省还应继续开展农业科技示范基地建设项目，推动科研机构与当地政府和农民合作，在特定地区建设农业科技示范基地，将科技成果转化为实际生产技术，并向农民提供相关培训和技术指导，帮助农民掌握先进的农业技术和管理

方法。通过共同参与示范基地的建设和管理，各方共享科技成果，提高农民的生产水平和经济效益。四川省相关科研部门还积极推动农业科技成果的产学研用结合，如继续加强四川农业大学与当地农业企业合作，共同研发推广高效农业技术和新品种，更好地转化为实际生产力，带动当地农业的发展。

2. 推进农业科技成果自主创新模式

鼓励农业科技创新主体自主开展科技研发和转化是推动农业科技进步的重要举措。在科技成果开发阶段，建立多个技术示范基地，通过实地验证和示范，将科技成果在实际农田中的应用效果展示给农民和农业企业，增加其对新技术的信心。加强科研机构、高校、农民创新团队等的自主创新能力培养，促进农业科技成果的自主研发和转化，注重发挥科研人员和农民的主体作用，激发创新活力，推动农业科技成果的应用和推广。进一步出台激励政策，鼓励科研机构和企业投入农业科技创新，提供资金、税收等方面的支持。加强科研机构和高校的自主创新能力培养是重要的一环，通过加强科研人员的培训和资助，为其提供更好的研究环境和科研条件，激励科研人员积极从事农业科技创新研究。此外，农业企业在技术和市场衔接中居于关键地位，构建以农业企业为主导的农业科技成果转化模式，可以取得更高的科技资源市场配置效率，有利于推进农业科技成果转化。

农民创新团队的培育也是重要的一步。鼓励农民组建创新团队，提供创新平台和资源支持，激发其在农业生产中的创新意识和实践能力。农民创新团队可以通过自主试验、示范推广和经验交流等方式，将科技成果转化为实际应用，并将创新的经验分享给其他农民，促进科技成果的广泛推广和应用。制定相关政策和措施，提供财政资金和税收优惠等支持，鼓励农业科技创新主体自主开展研发和转化工作。建立科技成果评价和奖励机制，激励科研人员和农民创新团队在农业科技创新和转化方面取得优秀成果。

3. 建立农业科技成果转化增值模式

在农业科技成果转化过程中，市场对资源配置发挥着主要作用，但由于农业领域的创新风险较大，农业科技成果转化带来的不仅有经济效益也有社会效益，因此政府应为农业科技成果转化提供必要的政策支持。例如，对育种和选育单位开展后补助，对通过国审和省审且经省级主管部门认定新转化推广面积达到10万亩以上的突破性品种分别奖励20万元/个和10万元/个，通过国审的畜禽新品种（配套系）和新品系进入中试的猪牛羊支持100万元/个，禽兔50万元/个。针对具有重要公益性的农业科技成果，政府可以考虑制定补贴政策，鼓励企业和农民采用这些成果，降低其应用成本。鼓励社会化资本参与公益性农业科技项目，通过社会投资、社会捐赠等方式，为这些项目提供资金支持。探索一些创新的盈利模式，如通过科技服务、技术咨询等方式，提供增值服务，以获取收益。同时，在农业科技创新复杂性和不确定性不断增大的情况下,减少风险损失、提高创新成功率和成果转化率的有效途径是推动农业创新链、产业链和价值链融合发展,通过链条上的上中下游成员之间的合作创新,降低创新成本和市场风险,提升创新能力,可推动农业科技成果有效转化。农业科技成果转化中的各参与主体对转化效益的贡献不同,需要科学界定各参与主体在转化中的实际分配份额,对贡献突出的参与主体在利益分配时给予更多的倾斜,形成贡献程度与利益分配相协调的分配机制。

在农业科技成果转化过程中,加强附加值的提升和产业链的延伸至关重要。通过加工、包装、品牌打造等方式,可以将农业科技成果转化为高附加值的产品或服务,从而提高农产品的市场竞争力和附加值。将科技成果与市场需求相结合,促进农业产业的经济效益和市场地位的提升。加工是提升农产品附加值的重要环节。通过农产品加工,可以改变产品的形态、质量和附加功能,增加产品的利润空间。例如,将农产品加工成加工食品、保健品或精细化产品,通过加工和包装的手段提高产品的附加值。此外,通过加工还可以延长产品的保鲜期,拓展产品的销售范围,满足消费者多样化的需求。同时,品牌打造也是农业科技成果转化的关键策略。建立有品牌影响力的农产品品牌,可以为产品赋予更高的市场价值和竞争力。品牌化可以增强消费者对产品的认知和信任度,提高产品的销售价格和市场份额。通过打造农产品品牌,可以塑造产品形象、加强营销推广,使农产品更好地适应市场需求,实现科技成果的商业化价值。此外,产业链的延伸也是农业科技成果转化的重要方向。通过整合上下游产业链环节,形成完整的农业产业链,可以实现资源优化配置、提高协同效应和降低交易成本。例如,农产品种植与加工、流通和销售环节的紧密衔接,可以实现农产品从产地到消费者的一体化运营,提供更完整的产品和服务。同时,延伸产业链还可以促进农业科技成果的广泛应用,形成更大规模的市场需求,推动农业产业的可持续发展。

二、科技成果转化容错纠错机制

1. 探索农业科技成果的容错免责制度

农业科技成果的地域性特征,决定了农业科技成果很容易出现"实验室中成功但室外失败"的现象。因此,农业科技成果转化尤其需要建立鼓励创新、宽容失败的容错机制、免责机制。首先,优先探索和健全专利转化的尽职免责和容错机制,对专利等科技成果作价入股所形成国有股权的保值增值实施按年度、分类型、分阶段整体考核,不再单独进行个案考核。其次,尽快建立科技成果转化尽职免责机制,细化免责制度和政策,积极探索科创失败免责认定后的政府补偿机制、行政决策人员和科创人员责任免除机制,鼓励和支持科创人员对失败免责或未达预期的"探索性强、风险高"项目,不怨不馁接力创新。

2. 建立健全农业科技成果信用评价制度

健全和完善科研诚信体系，既可以减少科研活动信息不对称和科研失信行为，降低科技创新风险，保障科技创新容错机制有效运行，同时又有利于科技成果全部知识的转移，从而提高科技成果转移转化效率。一方面，须营造健康的农业科技创新生态，坚持质量、价值、贡献为核心的评价导向，完善农业科技成果转化中的信用评价制度，扎实推进信用理念、信用制度、信用手段与农业科技成果转化体系各方面各环节深度融合，助力农业科技成果在产业链上的转化和应用效率。另一方面，严格农业科技项目及成果转化诚信管理，全面构建以信用为基础的农业科技创新监管机制，推进信用评价结果在农业科技成果信贷、保险等金融领域的运用。

三、科技成果转化政产学研协作机制

1. 推动科技成果转移转化供需融合发展

第一，鼓励有条件的高等学校、科研院所、企业等创新主体建设专业化技术转移服务机构，以产业需求引领前沿技术和关键共性技术的成果转化和产业化应用。第二，坚持企业主体、市场导向，聚焦农业重点产业及关键技术协同创新，推动政产学研用合作创新网络建设，联合政、产、学、研、用五大创新主体密切合作、协同作战。第三，做实做强农业科技创新联盟建设，优化整合高等院校、科研院所、科技企业孵化器、众创空间等各类专业技术创新要素，着力打造从基础研究、技术研发、工程化研究到产业化的全链条、贯通式创新平台，促进多学科技术成果"一体化"综合集成，推动农业科技成果创新网络体系螺旋前进。第四，创新国际农业科技合作新模式。着力推进省级农业对外开放合作试验区及省级境外农业合作示范区的建设和认定，紧密围绕国家"一带一路"建设、长江经济带建设和成渝地区双城经济圈建设等重大战略部署，充分利用两个市场、两种资源，着力推动国际合作转型升级。

2. 健全农业科技成果省级评价标准体系

第一，应充分发挥科技成果评价的"指挥棒"作用，坚持科技创新质量、绩效、贡献为核心的评价导向，全面准确反映成果创新水平、转化应用绩效和对经济社会发展的实际贡献。第二，针对农业科技成果具地域性强及公益性和社会效益导向的特点，积极探索四川省农业科技成果评价标准体系，开展多层次、差别化评价，提高省域内农业成果评价的标准化、规范化水平。第三，树立应用和价值导向，完善科技成果评价与金融机构、投资公司的联动机制，引导相关金融机构、投资公司对科技成果潜在经济价值、市场估值、发展前景等进行商业化评价，建立以技术产品竞争力和市场占有率为主要衡量指标的成果转移转化评价体系，加快技术市场建设，加快构建政府、社会组织、企业、投融资机构等共同参与的多元评价体系，充分调动各类评价主体的积极性，营造成果评价的良好创新生态。

3. 进一步优化科技成果转化奖励制度

第一，须弱化政府类农业科技成果奖励。以遵循"服务国家发展、激励自主创新、突出价值导向"的原则，逐步弱化奖励数量，减少政府主导的科技奖励数量，进一步发挥政府在科技奖评工作的监督和管理职能。第二，鼓励社会力量设立的科学技术奖健康发展。须健全以专业学术机构和社会学术团体为主体的社会评奖机制，逐步提升社会科技奖的科技奖励地位，扩大评奖范围，规范评奖程序，大力提升农业科技奖项评审的公正性和权威性。第三，探索建立奖励后评估制度。逐步探索建立第三方机构为导向的科技奖励跟踪评估为导向的后评估常态化机制，推动获奖成果深度转化和产业化。

4. 着力完善农业科技金融服务体系

第一，立足农业科技成果转化"长期限、高风险、高收益"的融资特点，建立健全农业科技信贷配套机制，缓解农业科技成果转化的信贷约束。鼓励商业银行等金融机构对涉农科技企业成长发展进行深入研究，探索设立科创金融相关机构，创新符合农业科技特色的金融产品，完善农业产业供应链金融服务体系，进一步拓展农业科技成果转化中的信贷、债券、股权等多元融资渠道，提升金融服务效能。重点探索创新知识产权质押融资方面的金融产品及服务，进一步强化知识产权融资服务创新。第二，基于农业创新转化主体多以中小微企业主体为支撑的典型特征，着力拓展"轻资产"科技企业的担保融资渠道，加大金融产品和服务创新力度，支持农业科技领域主体培育。

第三节 农业科技工作保障机制

一、科技创新转化工作推进机制

1. 农业科技现代化发展推进工作机制

建议成立以省级领导任组长，省农业农村厅、省发展改革委、省经济和信息化厅、省科技厅、省财政厅和省级涉农科研机构等单位为成员的领导小组，统筹推进四川省农业科技现代化发展。有关市县要建立相应的组织领导机制，层层落实主体责任。领导小组的主要职责是制定农业科技现代化的整体战略和规划，协调和指导各部门、单位和市县的工作，确保全省的农业科技现代化工作有条不紊地推进。同时，领导小组还要负责监督项目的进展和资金的使用情况，确保资源的合理分配和有效利用。在市县层面，有关市县也应建立相应的组织领导机制，与省级领导小组形成上下联动的工作格局。市县领导层层落实主体责任，根据本地农业发展的实际情况，制定具体的实施计划和措施，确保农业科技现代化工作在基层得到贯彻落实。此外，领导小组还要注重与农业企业、农民合作社、科研机构等社会各界的沟通与协作，共同推动农业科技创新和成果转化。通过建立健全的产学研合作机制，促进科技与经济的紧密结合，为四川省农业科技现代化提供强大的动力和支撑。通过这样的工作机制，能够确保农业科技现代化工作在四川省得到全面、系统、深入的推进，为提升全省农业竞争力、实现乡村振兴和农业农村现代化作出更大贡献。

2. 民主化的科技创新组织管理机制

农业科技现代化需要依靠新技术、新品种、新装备方面的科技创新，以提高农业生产效率和产品质量，实现农业可持续发展。通过建立专家库、同行评议制度、科研项目评估机制等方式构建科学的决策机制，充分听取专家学者的意见和建议，避免盲目决策和低水平重复研究。一是建立包含农业领域的各类人才的专家库，为科技创新提供宝贵的建议和意见。四川省内外的大学教授、研究机构的研究员、农业企业的技术骨干等，都可以成为专家库的成员。二是实行同行评议制度。当有一项新的科技项目或成果出现时，应邀请专家库中的同行进行评议，从专业角度，对项目或成果的创新性、实用性、前景等进行评估，确保科技创新的质量和效果。三是建立科研项目评估机制。对于申请科研经费的项目，应设立专门的评估机制，确保其研究目标明确、预期成果有价值。这种评估不仅要看项目的学术价值，更要看其在农业生产中的实际应用价值。为了避免盲目决策和低水平重复研究，上述3个机制应相互配合，确保每一个科技创新都是基于充分的专业讨论和科学的决策。同时，这种民主化的组织管理机制也有助于吸引更多的社会资源和力量投入到农业科技创新中，形成良性循环。

3. 科学的信息管理和共享机制

科学的信息管理和共享机制被视为推动农业科技现代化的重要一环。为了加速四川省农业科技的发展，信息的有效管理和利用显得尤为关键。通过依托四川农业科学院、四川农业大学等平台加强农业信息数据的管理，建立信息共享平台和信息管理规范，可以促进信息的共享和利用，提高科研活动的质量和效率，确保数据的完整性、准确性和安全性，为后续的研究和应用提供可靠支持。在信息管理的基础上，建立信息共享平台成为进一步推动农业科技现代化的关键举措。信息共享不仅可以避免重复研究，提高科研效率，还有助于跨学科、跨领域的合作与交流。通过建立信息共享平台，科研人员可以快速获取所需的数据和资料，从而更加专注于研究和创新，提高工作效率和成果质量。为了实现信息共享平台的高效运行，还需要建立信息管理规范。这一规范应明确信息的收集、存储、使用和共享等方面的标准和流程，确保信息的合规性和安全性。同时，规范还应包括知识产权保护和隐私保护等内容，确保科研人员的合法权益得到有效保障。

在推动信息管理和共享的过程中，组织省内四川农业大学、四川农业职业技术学院等科研院校的力量是不可或缺的。这些院校拥有丰富的科研资源和人才储备，可以通过联合建立实验室、合作研究中心、跨学科研究团队等方式，促进农业科学、生命科学、环境科学、信息技术等不同学科、领域之间的交流和合作。这种跨学科、跨领域的合作有助于产生更多的创新思路和研究成果，为四川省农业科技现代化提供强大的动力和支撑。

二、科技人才分类评价与激励机制

人才制度和人才培养环境是决定我国农业科技人才活力的关键因素。科技人才蕴藏着巨大创新潜能，关键是要通过优化完善分类评价与激励机制，将科技人才潜能释放出来，激发人才创造活力，激励勇闯"无人区"，勇当"探路者"。因此，完善我国农业科技现代化人才分类评价与激励机制，有利于释放我国农业科技人才活力，有利于激发农业科技人才的创新能力和创造能力，不仅能够促进我国农业科学技术的进步，助力实现高水平农业科技自立自强；还能够提高我国农业发展的整体水平，推动我国农业经济的发展。当前存在科技人才分类评价不足，激励手段趋同，社会化评价体系不健全等问题，应围绕以下几个方面完善科技人才分类评价与激励机制。

1. 完善农业科技人才分类评价与激励机制

农业科技人才发展不是"标准化"的，也不是定制式的，对处于农业行业不同领域、不同岗位的人才，评价标准应有所差异，应是分层、分类、多元化的，要真实反映所有科研人员的实际贡献，必须对各人才岗位进行深层次、多角度的类别划分。例如，江苏省农业科学院根据农业科技人员所处的不同职业领域，将现有科技人员的工作岗位系统划分成几个不同的职系，根据职系的不同确定不同评价体系，实行分类评价，具体划分为科技创新、科技管理、科技服务、科技支撑4个不同的职系，并对各类别进行了明确界定（表5-1）。各类人才的功能边界不同，因此在设置农业科技人员人才评价体系时，必须针对不同岗位的评价对象分别设计差异化的指标及权重，从而充分体现不同评价对象的岗位特点及绩效要求，对主要从事科学研究的岗位，学术类指标是主要的评价指标，而对于科技服务类和科技支撑类的岗位，则应重点考察对产业发展的贡献类指标，淡化论文要求，以实现人岗相适、人尽其才的目标。对于有科技成果转化意愿的科技人员，鼓励科技人员在完成岗位任务的前提下，经所在单位批准，在川兼职从事技术咨询、技术服务、技术承包、产品研发等成果转化活动,以及在川创办、领办、联办科技型企业,并取得相应合法股权或薪资。

表 5-1 农业科技人才分类

人才类型	岗位工作性质
科技创新类	从事基础研究、应用基础研究、技术研发、产品创制、农业经济与科技发展战略研究等工作
科技服务类	从事科技成果推广转化、科学技术普及等工作,或提供科技咨询与培训、专业检测评估认证等工作
科技管理类	从事农业科技管理、政策研究等管理工作
科研支撑类	专职为科技创新、科技服务工作提供支撑和辅助性等工作的人员

2. 创新农业科技人才分类评价与激励体系

首先,突出业绩水平和实际贡献。人才评价首先要体现公平性。人才评价的重要职能之一就是对人才作出的成绩和贡献进行评定,并根据评价结果确定其相应报酬,这是人才评价在人才工作中的激励职能。亚当斯的公平理论认为:"个人在组织中更注意的不是他得到报酬的绝对值,而是与别人比较的相对值。"公平的评价会发挥激励的正向作用,增加人才对组织的认同感、归属感和忠诚度,提升组织的凝聚力,使人才自觉为组织贡献更多的才智。对农业科技人才的评价亦是如此,农业科技人才评价与激励体系首先要体现公平性,要遵循科学评价规律,立足本职岗位评价科技人才,强化"业绩+贡献"的科技人才评价导向,突出农业科技人才的能力、业绩、贡献和潜能评价,打破"大锅饭",打破"论资排辈",将农业科技人才绩效与福利待遇、职称晋升密切挂钩。同时,为保障农业科技人才评价体系的先进性、实用性,要根据不同职业属性的需求变化,对人才评价标准进行动态更新。如可将学历、职称、论文等评价指标调整为专利、获得融资以及成果转化等体现市场成效的指标予以认定。其次,重视人才精神激励机制建设。农业科技人才不仅需要物质激励,更需要精神激励。根据马斯洛需要层次理论,物质激励在人才初始工作时效果较明显,但科技人才作为学历高、专业知识扎实、思维活跃、富有创新精神等高知群体,个人晋升空间、获得社会荣誉、实现自我价值等高层次需求会更加强烈。农业科研机构、高校、企业要通过强化荣誉激励、情感激励、氛围激励和事业激励,提振农业科技人才创业精气神,激发科技创新的内生动力。通过大力弘扬科学家精神,树立"农兴我荣"和"人才强国"理念,引导农业科技人才树立正确的科学价值观,增强从事科学研究的荣誉感和社会责任感。同时采取针对农业科技人才的情感激励措施,主动关心科技人才各方面的发展,重视解决科技人才面临的实际困难,让其安身、安心、安业。再次,注重强化农业科技人才荣誉表彰，对于在农业科技创新、应用推广、服务"三农"等工作中作出突出贡献的先进集体和先进个人，优先推荐为国家、省部级或社会各类专家人选、个人荣誉称号人选，提高人才社会荣誉感。最后，重视农业科技人才未来发展。人才评价是为人才使用和发展服务的，要特别重视人才的未来，而不是过去。在农业科技人才评价中，过多关注过去的人才评价模式，已经不适合当前农业科技现代化人才队伍。人才评价要适应发展现代农业的要求，以发展的眼光和办法评价农业科技现代化人才，鼓励科技人才开展高产创建研究，大力推进农业先进适用技术推广应用，真正把评价人才的过程变成为人才的未来发展加油鼓劲的过程。

3. 推进评价主体多元化和提升评议主客体匹配度

以往在农业科技人才评价机制上，是以"行政评价"为主，造成人才评价不够全面、客观、准确；在农业科技人才评价机制改革中，要以市场经济规律和科技人才成长规律为遵循，创新方式。勇于开展市场化、社会化的多元人才评价机制。习近平同志指出，要着力破除体制机制障碍，"向用人主体放权，为人才松绑"，其实质就是要改变人才评价的行政化倾向，解决人才评价中唯学历、唯职称、唯论文问题，解决科技成果转化难、收益难问题。因此，推动人才评价市场化是贯彻人才发展体制机制改革的核心要义。在当前产学研进一步融合的背景下，应改变以往政府主导的运作模式，由政府、农业科研机构（院校）、涉农企业等协同开展，各个主体充分发挥各自的职责和优势来推动农业科技人才评价工作的进一步优化。研究政府部门、用人单位、第三方评价机构等多元主体在农业科技人才评价中的地位和作用，逐步形成以政府部门、用人单位和社会大众为评价主体的多元化农业科技人才评价机制。具体来说，对擅长从事农业科技创新和基础性研究的人才评价，可以引入同行评价机制；对于长期奋战在一线，从事农业科技成果转化和应用推广的人才而言，应以成果转化绩效、落地项目以及对产业发展的实际贡献评价为主；对从事农业科技服务的人才而言，应以科技服务工作者提供支撑和辅助性工作人员评价为主。

同时，为避免从农业科技评价主体中遴选评议专家开展工作时出现评议主客体匹配"错位"以及评价专家与被评对象研究领域不匹配的情况，建议由相关主管部门牵头对目前农业科技领域的专家库进行优化升级。一是由农业科研院所、涉农企业、学术团体等组织科研人员讨论并推荐在农业科技不同领域学术成就优异和学术影响力大的专家，按照推荐力度制定农业科技人才评价专家库名单。二是为避免出现农业科技人才评审专家出现利益联结现象，除对评议专家进行从事领域、岗位划分外，还应将专家进行"符号化"，即各个领域、岗位的专家要以特定的符号标示出来。在选取专家的时候，面对的不是具体的专家，而是分门别类的符号，其工作仅仅在于将按照从事领域、岗位划分的人中随机选取的符号之间找到一种对应。

4. 强化用人单位人才评价主体地位

深化人才评价的"放管服"改革，政府要进一步简政放权，落实用人单位自主评价权，使用人单位建立符合科技发展需求农业科技人才评聘选用机制。突破农业科技人才行政管理色彩过重、政府评价占比过高的体制机制障碍，充分向用人主体放权。由农业行业组织、农业科研院所、高等院校和农业龙头企业牵头，发挥专业组织用人单位等用人主体评价作用，对认定的农业科技人才，享受相应的政策待遇，以市场化思维为人才"松绑"。如上海提出高校、科研院所在编制限额内自主引进人才，只须在引进人才到岗后向人社部门备案相关事项，编制、人力社保等主管部门不再进行前置备案和审批；北京实施高层次人才评审的"绿色通道"，对于海外高层次人才可以直接参评正高职称；深圳在全国率先实现政府部门承担的社会化职称评定职能全部向行业组织转移，共有30家行业组织承担了45家评委会组织工作。

5. 科学设置农业科技人才评价考核周期

人才评价是为人才使用和发展服务的，必须遵循科学创新的规律。科学发现、发明创造是有周期的，所以人才评价要遵循人才成长规律、科学创新规律，不能急功近利。农业科技研究周期一般较长，育成一种农作物新品种，少则五六年，多则10年以上。据统计，获得国家农业科技进步奖一等奖的项目，平均要花费13年时间，二等奖要花费9.5年时间，三等奖要花费6年时间，四等奖要花费3年时间。目前，许多地方和单位评价、选拔和考核农业科技人才，短的1年一个考核周期，较长的3年一个考核周期，5年一个周期考核基本算是最长的。考核过于频繁、评价指标过于烦琐，不仅占用了农业科技人才大量的工作时间，也使农业科技人员难以静下心来深入思考、分析问题，难以做到真正的创新、创造。所以，应以服务于农业科技人才全面发展为中心，科学设置农业科技人才评价考核周期，形成良好的选人用人机制，做到科学评价和使用人才，才能充分释放人才活力，实现人才辈出、人尽其才和才尽其用的人才工作目标。

6. 强化人才聘用动态管理与考核，做到"能上能下"

建立岗位聘期目标管理及考核评价机制，根据农业不同类型的岗位性质和不同层级岗位的工作要求，以农业发展需要和单位发展目标为导向，制定农业科技人才受聘岗位的基本职责和聘期目标任务，作为岗位聘期考核的主要依据。同时，严格组织实施年度考核和聘期考核相结合的聘后考核。年度考核以岗位年度任务完成情况和聘期工作进展情况的考核评价为主，考核结果作为聘期考核的重要依据；聘期考核以聘期工作任务书约定的聘期岗位职责和目标任务完成情况的考核评价为主，考核结果作为岗位续聘、晋升竞聘、低聘、解聘、岗位调整等的重要依据。通过强化农业科技人才岗位聘后管理与考核，科学运用考核结果，打破岗位聘任"终身制"，为有能力、敢担当、想干事、能干事的农业科技人才创造条件和机会，使不思进取、不想干事、不能干事的人退位让贤，形成能者上、庸者下的良性格局，从而更好地激发农业科技人才的创新创造活力。

三、科技重大专项长周期投入机制

构建农业科技重大专项长周期投入支持机制可以提供长期稳定的资金支持，使科技人员能够专注于科技自主创新而不受短期经济效益的制约，提高科技创新的质量和水平，避免急功近利的行为，可以集中力量解决关键技术难题，可以协调和整合科研资源，形成合作共享的科研氛围，进一步推动农业科技的发展。应聚焦种业自主创新和农业生物育种科技项目、农业基础性长期性科技平台设施建设、农业领域的国家实验室等重大科研平台、农业科研基地和野外台站稳定运行等开展长周期投入支持。

1. 重点支持种业自主创新和农业生物育种

明确农业科技创新的优先领域和重点项目，将一定比例的竞争性投入用于支持这些领域和项目，形成科研合作和集中攻关的优势。针对农业种业的发展，重点支持种业自主创新和农业生物育种科技项目。实施优质专用品种培育引进工程，推进四川农业新品种源头创新。支持商业化育种、公益性育种和高技术育种平台项目，包括对新品种的培育和推广、优质种子的研发和生产等方面的支持。应积极支持种业自主创新，为农业科技人员提供研发经费和项目支持。如根据四川省农业科技创新计划，每年投入数亿元用于种业科技创新项目的资助。这些资金用于培育新品种、改良传统品种、提高抗病虫害能力以及优化农作物的产量和品质等方面。通过资金投入和政策支持，激励科技人员在种业领域进行自主创新，推动农业种植业的发展。此外，四川省还应支持农业生物育种科技项目的开展，通过研发和推广新的生物育种技术，提高农作物的抗病虫害能力、适应性和产量。如在四川省的玉米生物育种项目中，农业科技人员利用基因编辑等前沿技术，培育出具有高产、抗病害和适应性强的新品种。这些新品种具有较强的抗逆能力，在当地得到广泛种植，增加了农民的收益。在科技项目资金分配时，政府应考虑将一定比例的资金投入到基础研究项目中，以保障基础研究的开展。并进一步制定明确的科技发展规划，包括基础研究和应用研究的目标和投资计划，以确保合理的投入比例。设立专门的基础研究资金，用于支持探索性、前沿性的科研项目，鼓励科研机构和科研人员在不确定性较大的领域开展探索。

2. 重点支持农业基础性长期性科技平台建设

注重投入支持农业基础性长期性科技平台的设施建设。实施农业科技创新体系建设工程。组织成都、宜宾等市（州）创建国家农业高新技术产业示范区。在四川省农业科技创新计划中，应将大量资金用于实验室设备的更新和技术装备的升级，引进先进的科研设备和技术，提供高效、准确的实验平台，为农业科技研究人员提供良好的科研环境和条件。此外，加强数据资源共享平台的建设，将农业科技研究的数据进行整合和共享，鼓励科研机构和科研人员将研究成果进行分享和交流，避免重复研究，为科研人员提供更丰富的研究资源和数据支持，提高资源的利用效率。

通过投入支持农业基础性长期性科技平台的设施建设，提供先进的科研设备和实验条件，为农业科技研究和创新提供了强有力的支持。提高了科研人员的科研效率和水平，促进了科研成果的转化和推广。同时，数据资源共享平台的建设也是加强科研合作和知识共享的重要一环，为农业科技研究提供了更广阔的视野和更多的合作机会。

3. 重点支持农业领域的国家实验室等重大科研平台

农业领域的国家实验室和重大科研平台在农业科技创新中起着重要作用。针对这些平台，需要加大长周期投入的支持力度。应加大对农业领域国家实验室和重大科研平台的资金投入，通过设立专项经费和项目资助，确保科研平台能够获得持续的财务支持，进而对科研设备的购置和维护、科研项目的开展以及科研人员的培训等方面提供保障，推动农业科技的突破和创新。科研设备的更新升级是提升科研平台能力的重要措施，相关部门应注重对农业领域国家实验室和重大科研平台的科研设备进行更新和升级，通过引进先进设备和技术，提高科研平台的研究条件和实验能力。同时，加强设备的维护和管理，确保科研平台能够长期稳定地运行。

4. 重点支持农业科研基地和野外台站稳定运行

农业科研基地和野外台站是农业科技研究和试验的重要场所。为了保证长周期投入的持续性，需要重点支持农业科研基地和野外台站的稳定运行。首先，稳定的资金投入是保障科研基地和野外台站运行的关键。在农业科技发展中应加大对这些机构的资金投入，通过设立专项经费，确保科研基地和台站能够获得持续的财务支持，具体包括设施改善、仪器设备更新、科研项目开展等方面，支持科研人员进行农业科技创新和试验研究。其次，设施的改善和维护同样是保障科研基地和野外台站正常运行的重要环节。通过加大对设施建设的投入，提升科研基地和台站的研究实验条件，如对土地利用、灌溉设施、温室大棚、实验室设备等方面进行改善。同时，应加强设施的维护和管理，确保其长期稳定运行，为农业科技创新提供良好的实验环境。最后，人员的培训和支持也是农业科研基地和野外台站稳定运行的重要保障，应注重培养和引进具有科研能力和实践经验的科研人员，并提供必要的培训和支持，提高科研人员的专业水平和创新能力，推动农业科技成果的转化和应用。

第六章
四川农业科技现代化模式案例研究

县域农业科技现代化是农业科技现代化的重要内容，开展农业科技现代化先行县共建是推进农业科技现代化的重要探索。为贯彻落实习近平总书记重要讲话精神，2021年5月，农业农村部全面部署启动全国农业科技现代化先行县共建工作，在全国遴选了72个县（市、区），探索构建科技支撑引领乡村全面振兴和农业农村现代化的新机制新模式，全面推进农业与科技深度融合发展，全面推动县域农业现代化水平整体提升。按照四川省委省政府关于建设新时代更高水平"天府粮仓"决策部署，要求以农业高质量发展为引领，构建政府主导、院所支撑、社会参与、市场推动的农业现代化科技支撑体系。2023年5月，四川启动省级农业科技现代化先行县共建工作，共有18个县（区）入选全省首批农业科技现代化先行县共建名单。

先行县建设是探索县域农业科技现代化的新路径，也是加快中国式农业科技现代化的关键环节。案例调研确定了"1+5"的样本选取数量，即先选择1个全国农业科技现代化先行县（邛崃市），再根据基础条件、地形地貌、产业类型、技术支撑等指标，从四川省五大经济区18个省级农业科技现代化先行县中筛选出5个样本（井研、威远、恩阳、会东和巴塘），共同作为研究对象。在案例调研中采取座谈与实地考察相结合的方式，重点围绕农业科技现代化先行县产业园区、基地等基础条件，优势特色产业在新品种、新技术、新机具、新模式、新材料等方面取得的成效，结合共建模式创新、农业科技攻关、体制机制创建等方面的做法及经验与各调研对象进行了座谈交流；并对产业园区、现代种业研发平台、农业科技企业、冷链物流、仓储加工、农产品电商基地、综合农事服务中心等重点点位进行实地参观。通过"座谈+实地考察+问卷"的方式对四川农业科技现代化路径及机制开展案例研究，剖析农业科研教学系统与地方政府在先行县合作共建过程中的主要经验和存在的问题,提出相关对策建议,探索出一套可复制、可推广的科技支撑新机制和新模式,为乡村振兴和农业农村现代化提供强力科技支撑。

第一节 四川推进农业科技现代化的典型模式

立足县域产业特色和不同科技合作支撑模式,走出一条符合县域自身特点的农业科技现代化之路,是探索农业科技助力乡村全面振兴的有效途径。通过对案例县的分析,总结了四川省推进农业科技现代化的3种典型模式(表6-1)。

表6-1 四川省推进农业科技现代化典型模式

序号	国家级/省级	经济区	先行县（市、区）	地形类型	产业类型	典型模式
1	国家级农业科技现代化先行县	成都平原经济区	邛崃市	平坝、丘陵、山地	现代种业、粮食、生猪、蔬果	政府主导+科研机构引领
2		成都平原经济区	井研县	丘陵	柑橘、生猪、粮油、水产	政府主导+科研机构引领 政府引导+市场主体带动
3		川南经济区	威远县	丘陵、山地	无花果、中药材、粮油、茶果蔬	政府主导+科研机构引领
4	省级农业科技现代化先行县	川东北经济区	恩阳区	丘陵、山地	粮油、果蔬、生猪、畜禽	政府引导+市场主体带动
5		攀西经济区	会东县	山地	粮、畜、烟、果蔬、林、桑、药	政府引导+市场主体带动
6		川西北生态经济区	巴塘县	高原	"甲着"小麦、生态畜禽、高原蔬菜、中藏药	外部资源+内部资源融合互动

一、"政府主导+科研机构引领"农业科技现代化模式

"政府主导+科研机构引领"模式,主要是指在充分发挥政府调控作用的基础上,重点发挥科研院所、涉农高校等科技创新主体的科技支撑和引领作用,推进和实现农业科技现代化。一是科研院所的区域集成创新引领农业科技现代化发展。邛崃市创建"全国农业科技现代化先行县"过程中,四川省农业科学院作为主要对口技术支撑单位,搭建了四川省种质资源中心库、四川现代种业研究院、国家品种

测试西南分中心、天府种业创新重点实验室邛崃分中心等"一库一院五中心"战略科技平台，引入科研团队10个、与20家头部企业展开合作、引进博士100人，投入资金超过10亿元；探索构建了一套"科研院所+产业化企业+村集体经济+社会化服务组织+种粮大户+小农户"为一体的种业产业化共赢共利新机制。该模式中，邛崃市政府在政策倾斜及项目资金配套等方面给予了重大支持，为四川省种质资源中心库建设无偿划拨10余亩建设用地，以前5年免租模式为四川省农业科学院提供科研试验用地1 312亩、实验室用房650米^{2}及科研设备358台（套）。二是县域政府成立优势特色产业研究机构，引领农业科技现代化发展。威远县政府成立无花果研究所，与中国农业大学、北京大学、中国农业科学院等多家科研院所合作，在无花果种质资源库和基因库建设、新品种选育、生产标准制定、加工工艺升级、市场营销拓展等领域深入开展科技合作，成功举办2023年国际园艺学会世界无花果大会，引进成果11项，成功转化运用9项，转化率达81.8%。三是县域政府搭建科技创新创业服务平台，与科研机构合作引领农业科技现代化发展。井研县政府通过搭建科技特派员工作站、科技创新专家大院、柑橘产业技术服务中心、柑橘工程技术研究中心和柑橘产业技术研究院5个创新创业服务平台，与四川农业科学院、中国农业科学院、浙江大学、四川农业大学等单位在柑橘新品种培育、种苗繁育和生产技术等领域开展产学研紧密合作，布局建设智慧农业综合指挥中心、现代种业共享研发中心、柑橘商品化处理中心等，持续提升柑橘产业科技含量，引领柑橘产业发展。

二、"政府引导+市场主体带动"农业科技现代化模式

"政府引导+市场主体带动"模式，主要是指在充分发挥政府引导和服务职能的基础上，重点发挥龙头企业等市场主体带动作用，推进和实现农业科技现代化。恩阳区芦笋产业采取"国企+龙头企业+集体经济+专合社+农户"的农业产业联合体模式。由国有投资平台建设完善的芦笋产业园区基础设施，引进培育省级龙头企业1家，发展市级龙头企业3家，新型经营主体400余家。与北京、山东、四川等地科研院所和涉农高校合作，开展芦笋种质资源收集、品种选育、组培试验、栽培技术等领域科研合作。截至2023年8月，建成恩阳芦笋研发中心1处、果蔬集配中心及加工厂1处，组建芦笋科技赋能中心1个，有效提升了芦笋产业发展的现代化水平。会东县烟草产业实施龙头企业带动战略。会东县人民政府与凉山州烟草专卖局（公司）签订了战略合作框架协议，发展"订单农业"。烟草公司在产前、产中、产后提供完善的系列化服务。依托四川省烟草公司烟科所、四川农业大学、河南农业大学、中国农业科学院烟草研究所、安徽省农业科学院烟草研究所等院所机构达成多项科技合作，组建了专家团队，建立专家工作站，落实各项科研示范，为

该县烟草产业发展提供强有力的技术支持。井研县政府打造的柑橘产业带"大园区+小业主"运营模式。采取"建园招商、建管分离、统一服务、联合营销、利益共享"的园区发展模式。"大园区"由政府部门完善基础设施建设并提供标准化生产管理技术,"小业主"通过分包经营参与园区发展。该模式下,"小业主"组建了2个农业产业化联合体、86个农民专业合作社、156个家庭农场等组织,并由"小业主"带动"农户"实施标准化生产,促进小农户与现代农业的有机衔接。

三、"外部资源+内部资源融合互动"农业科技现代化模式

"外部资源+内部资源融合互动"发展模式,主要是指充分挖掘当地资源禀赋,以优异、特异农业资源吸引外部资本和技术,注重资本与科技的有机结合,积极推动农业科技现代化。巴塘县拥有优异农业资源"甲着"小麦。巴塘县"甲着"小麦是四川省近几十年来收集到的唯一一种四倍体小麦地方资源,对于四川小麦产业发展和特色种质资源创新具有重要的推动作用,入选了2022年全国十大优异种质资源。"甲着"小麦的独特地位吸引成都等地资本入驻,专门成立了四川甲着农业科技有限公司,并与四川省农业科学院作物研究所及甘孜州当地有关部门签订合作协议,借助科研力量在巴塘原生境建立"甲着"小麦繁殖保护和加工基地,对"甲着"小麦进行遗传改良和开发利用。另外,巴塘县属半干旱河谷亚热带气候,具有热量充足、生态环境良好、无工业污染源等环境资源优势,适合栽培各种蔬菜。巴塘县国资公司与山东寿光高科温室工程有限公司共同组建了巴塘县高原鲜生态农业发展有限公司,通过现代高效设施农业技术,结合川藏高原优质的水土环境,种植发展生态蔬菜产业。

第二节 四川省推进农业科技现代化建设的主要经验

政府、科研机构、市场主体三方协同发力,共同推进县域农业科技现代化建设。政府引导是基础,明确主导产业、深化科技合作、提供政策支持,有效促进资源配置优化、科技成果转化和科技要素集聚。科研引领是重点,搭建科研创新平台,联合攻关关键共性技术难题。市场主体带动是关键,构建市场化农业生产经营体系,促进小农户与农业科技现代化的有效衔接。具体主要经验和做法如下。

一、聚焦主导产业,提升全链条科技水平

明确县域主导产业,全链条提升主导产业科技水平,是衡量县域产业发展现代

化的最直观最主要的指标。县域根据自身的资源禀赋、区域特色、市场需求等因素，因地制宜选择 1~2 个主导产业，全县集中优势资源聚力发展特色主导产业，不断提高整个产业链的农业科技现代化水平。邛崃市强化种业核心引领，围绕农业种业"芯片"，探索现代种业引领平原、丘陵、山区农业科技现代化"邛崃模式"；以天府现代种业园为核心，聚焦种质资源保护、育种研发等关键环节，以四川省种质资源中心库等为重点，构建以粮油机械化制种为主导、种业全要素全链条全面突破的"大种业"产业格局，并于 2023 年 4 月获评首批"全国农业科技现代化先行县"。会东县聚焦"优质粮油、绿色养殖、特色经作"提质增效开展科技攻关，形成以"稳定粮油生产为基础、发展特色经果业为突破、种养循环呈互补"的县域现代农业产业发展方式；建有县级专家大院 1 个，专家工作站 4 个，采用技术成果转移应用、委托攻关、联合攻关等形式，针对会东县目前生产中存在的技术瓶颈，下沉开展科技攻关和技术服务，提升主导产业科技水平。井研县以柑橘为优势主导产业，形成苗木繁育-绿色种植-商品化处理-品质检测-冷链物流-电商平台为一体的全产业链发展格局，积极与国内科研院所开展合作，持续加强新品种引进、种苗繁育基地建设和生产技术创新，良种覆盖率达 100%。

二、深化科技合作，共聚各类型科技要素

健全县域与科技单位的长效协作关系，共聚各类农业科技创新要素，促进农业科技成果转化落地，是推进农业科技现代化的重要环节。一是健全科研单位与县域合作机制。四川省农业科学院与邛崃市签订的《关于共建农业科技现代化先行县的战略合作框架协议》，明确了双方在人才培养、科技创新、成果转化、社会服务等方面的合作内容和方式，并在共建工作推进中形成了"高层一月一对接"的高效沟通机制。二是全面激发科研单位与县域合作的积极性。威远县成立无花果科学研究所专家工作站，与中国农业大学专家团队开展科技合作。威远县政府在项目、政策、资金等方面给予重点支持和倾斜。井研县印发《井研县促进经济稳定增长和提质增效推进供给侧结构性改革政策措施实施方案》，支持现代农业示范园区与农业科研院所、涉农高校等开展科技协作，开展新技术、新品种示范，有效促进了当地农业科技合作。三是建立保障科研单位各项技术落实到位的推广模式。恩阳区建立由"镇党委书记+村党支部书记+村技术网格员+区（市）农技人员+企业技术人员+专家团队"组成的技术实施小组，完善跟踪监测体系，保障四川省农业科学院玉米高技术生物育种技术推广落实到位。

三、加强科技攻关，解决关键共性技术难题

明确科技攻关的主要目标和任务，突破关键共性技术难题，提升科技创新水

平，是在科技攻关方面取得一批具有自主知识产权的创新成果，推动实现农业科技现代化的关键。一是明确科技攻关的主要目标和任务。县域根据当地产业特点和发展需求，选择具有针对性、前瞻性和实用性的科技攻关项目。邛崃市以现代种业为主导产业，重点聚焦种子生产性能、地域适应性、产品多元化以及种子生物制造的规模化、标准化和智能化等科技攻关目标，通过与四川省农业科学院等科研单位的合作，育成镉低积累品种"德粳4号"等35个具有自主知识产权的新品种，实现全市粮食优质品种应用率90%以上、主要农作物耕种收综合机械化率87.4%、先进实用配套技术推广应用率达85%以上。二是突出科技攻关的主要成果和贡献。恩阳芦笋产业与北京市农林科学院、四川省农业科学院等科研机构开展产、学、研合作，与中国农业大学等筹建"芦笋科技小院"，引进和培育芦笋品种7种，重点推广丰岛二号、特利龙、格兰德、京绿芦3号、翡翠明珠（T4）等品种，年产笋1.5万吨，实现综合产值3.5亿元。威远县依托无花果科学研究所专家工作站，完成了无花果基因组的拼装与基因功能的新预测，无花果干和无花果加工品的电商市场与产品推广研究等8个研发项目；选育的5个新品种，已向农业农村部申请植物新品种保护；开展了太空育种工作，育成苗木3万余株，进行雌雄鉴定后栽植在太空育种选育区。

四、注重优化环境，培育带动性强示范主体

发挥政府的引导和服务作用，构建优良的营商环境，培育带动能力强的示范主体，是充分发挥农业新型经营主体在推进农业科技现代化过程中带动引领作用的保障。一是出台鼓励创新创业的政策措施。邛崃市制定了《邛崃市加快推进乡村人才若干措施》等政策，出台《关于加快推进现代种业发展的若干意见》，对入驻园区的企业给予场地租金水电补贴、税收返还等优惠，对在邛崃市注册并从事种子研发的博士以上人才给予一次性安家费、住房补贴、科研经费等。井研县制定《井研县农业科技体制改革试点激励农业科技人员创新创业实施方案》，鼓励以科技成果入股享受分红、离岗创业或兼职取酬，有效促进井研农业科技事业发展。二是构建优良的营商环境。巴塘县优化完善《新型农业经营主体奖励办法》、制定出台《产业发展突出贡献奖励办法》等政策性文件，优化营商环境，为引进带动能力强的龙头企业奠定政策基础。邛崃市在市场监管和法治保障方面也出台了《邛崃市市场监管局"个转企"财政激励资金使用方案》《法治邛崃建设规划（2021—2025年）》等政策举措。三是引育带动能力强的示范主体。充分发挥农业新型经营主体在科技创新和产业发展中的带动作用，带动更多的小农户参与到科技创新和产业发展中来。邛崃先后引进了先正达、荃银高科等种业领军型企业，累计培育市级以上农业产业化龙头企业42家、合作社998家、家庭农场2 740家、高素质农

民3 441人、农业职业经理人2 922人,辐射带动小农户9.6万余户。井研引进四川省井研县食品有限责任公司、四川蓝雁畜牧科技有限公司等农业产业化龙头企业23个,其中国家级、省级以上龙头企业6家,市级以上龙头企业17家。有效推动现代农业经营规模扩大、资源要素整合、产业增值增效、农民获利增收。

五、坚持以点带面,不断提高农业科技水平

以现代农业园区、现代农业科技示范园区、示范展示基地等为载体,开展覆盖主导产业全产业链的新品种、新技术、新机具、新模式、新材料的集中应用与示范,是促进先行县提升全域农业科技现代化水平的关键。井研县以柑橘为主导产业的省级现代农业科技示范园区,该园区覆盖井研县6个镇(街道)49个村,300多千米^2,辐射带动井研县集中连片发展优质晚熟杂交柑橘9.6万亩。园区采用"专家+企业+基地+农户"模式运行,深入推进"一环、两链、六平台、七大技术"农业科技创新体系建设,进一步提高产业科技水平,促进井研柑橘产业高质量发展。威远县以无花果为主导产业的国家级现代农业园区,位居全国无花果三大主产区之首,辐射带动该县无花果种植面积达5.2万亩,占全国15.7%,年产量达5.5万吨。制定了《威远无花果硬枝扦插育苗技术规程》和《威远无花果建园及栽培管理技术规程》等相关标准,申请和授权无花果生产及加工相关专利26项,威远无花果先进实用配套技术推广应用率达到100%。邛崃市以天府现代种业园为核心,全域推广"就近循环+异地循环+多形式综合利用"畜禽粪污治理模式,利用GPS定位设备和无线监控,实现粪污运输全过程监督监管。

第三节 当前亟待解决的主要问题

县域是实现农业农村现代化的主战场。四川县域农业科技现代化面临多重共性问题:农业科技资源流向县域的机制存在障碍,农业科技基础支撑薄弱,关键农业技术的突破缺乏足够的科技支持,农业科技推广机制存在资金短缺、人员积极性不足等,制约了县域农业科技现代化的推进。

一、农业科技资源向县域流动集聚机制不畅

目前,面向乡村发展的科技供给、技术服务和人才支撑不足。通过实地调研发现,四川县域城镇面临的主要问题是农业科技人才"引不进去"和"留不下来"。一是农业科技人才引进难。由于综合环境条件相对大城市差距较大,在县域小城

镇、农村发展得不到应有的重视,高科技人才首选大城市工作和生活。根据2023年人力资源和社会保障部的一份报告,我国大学生毕业后选择在大城市就业的比例高达近70%,而选择在县级地区就业的比例仅为近10%。井研县一位通过人才引进到县农业农村局工作的硕士研究生提到,井研县交通条件、环境条件和物资条件都相对较薄弱,大部分大学生毕业后首选都是成都。二是农业科技人才流失问题严峻。影响县域城镇农业科技人才流失的主要原因是单位待遇不高,激励机制不完善,没有发展前途,农业科技人才的自我价值不能实现。2022年井研县辞职、考调的人员10余人,人员流失较快。威远县农业农村局一位青年干部提到,当年与她同年考到农业农村局的4名高校毕业生,目前仅剩她一人还在原单位工作,农技推广人员流失率高。

二、县域农业科技基础支撑保障能力不强

现有的部分农业园区在建设中存在基础设施、后期运营等供给不足的问题,对科技支撑保障能力不强。一是部分农业园区承载能力较差、基础设施运营保障能力不够。现有的部分农业园区在建设中存在基础设施和公共服务供给不足的问题,致使农业园区建设承载能力较差。威远县一位返乡创业者提到,无花果现代农业园区现有水利设施配套不足,2022年夏季干旱,其承包的无花果园减产40%以上,经济损失严重。冷链物流装备也是县域基础设施建设的短板,冻库容量不足直接影响了鲜果保存和运输。邛崃市天府现代种业园区由于市政排水设施建设滞后,园区基地遇降雨经常被淹,造成农业科技人员的实验材料被损毁,严重影响正常的科研进度。此外,县域还普遍存在缺乏大面积的科研展示基地,用地困难制约了科研成果在实际生产中的展示和推广。二是农业科技创新平台建后运营困难、持续发挥作用能力不强。县域对农业科技创新平台后期管理和维护工作重视程度不够,对科研平台支持政策还不完善且缺乏连续性,本级财政没有相配套的专项资金,平台运行有一定困难。有的科研实验室虽已经建成,但因缺乏后期运营经费,一直未正常运营,造成资源的闲置浪费。此外,各地平台建设的数量、类别、规模、水平参差不齐,个别县还是空白,科技支撑县域农业产业发展的能力明显不足。

三、农业关键共性技术难题亟须突破

在四川农业科技现代化建设推进过程中,种业、农机及智慧农业装备、农产品质量与加工、农业新业态等都是迫切需要突破的关键共性技术难题。一是在种业方面缺乏现代化育种技术。四川自"六五"以来开始启动全省农作物育种攻关,历经30余年发展,从最初六大作物育种攻关发展到目前33个农畜育种攻关项目,育

成了大批农作物新品种、新材料。但育种方法仍以常规育种为主，依赖于表型的选择，耗时费力。生物技术在育种方面应用滞后，制约了突破性品种选育。二是在农机装备方面，缺乏适宜丘陵山区的智能农机。四川耕地以典型的丘陵山区为主，实施农机化作业难度较大。县域引进的农业装备设施适用性较弱，适用于丘陵山区的农机普遍缺乏。恩阳区一位村支书介绍，该村严重缺乏适宜山地丘陵耕作的农机具，农业机械化普及率较低，其中水产机械化率不足10%，且该村农作物收获主要依赖河南等地外来专职农机人员。未来应加强丘陵山区智能农机研发和农田宜机化改造，进一步提升农机化水平。三是在农产品质量与加工方面，缺乏精深加工技术。县域大部分农产品，如粮油、蔬果均以未加工或初加工形式销售，产品附加值低，缺乏精深加工全产业链支撑，亟须冷链物流技术装备及先进的农产品加工技术支撑，确保"米袋子"满、"菜篮子"稳、"果盘子"足。四是在农业新业态方面，缺乏信息技术拓展。恩阳芦笋、威远无花果等县域农业产业新业态均有一定发展，但大数据、云计算、移动互联网等信息技术仍较为缺乏，制约了商旅文体等跨界融合及更多新业态新模式的拓展。

四、农业科技推广机制有待完善

现阶段四川农业技术推广工作存在资金短缺、农技推广人员工作积极性受挫等问题。威远县农业农村局一位干部提到，基层农技推广工作任务重、考核严，但是工作补贴却常常不到位。如在单位用车紧张情况下，农技推广人员"下乡"很多时候需要"私车公用"，甚至要自己贴补油费；2019—2020年，威远县开展过"驻村农技员"项目，基层群众都很积极，反馈也良好，但项目只持续开展了2年，就因经费不足问题不得不停办。此外，农业科研院校与基层推广单位两者之间缺乏有效沟通，科研成果供需衔接问题较为突出。会东县农业农村局一位科技推广负责人提到，当地种植粮食、水果等传统作物不缺专家，但是想发展一些地方特色产业，如牛油果产业就很缺乏专业的农业技术支持和专家指导。

第四节　对策建议

四川省不同地区的禀赋条件、农业功能特点和发展水平差异较大，为进一步夯实县域农业科技现代化根基，为农业强省建设贡献底盘支撑，提出以下4点对策建议。

一、完善县域农业科技支撑保障长效机制

一是加强省级对县域农业科技项目的财政投入和政策激励。设立科技奖励基金，对在县域取得显著科技成果的项目予以奖励，激发科研人员和农业从业者的创新热情。制定省级农业科技政策，明确支持方向、重点领域和政策措施，为县域农业科技项目提供明确的政策引导。建立包含各县域农业科技项目信息的数据库，对项目进行分类、评估和监测。二是深化科研单位与县域的科技合作和资源共享。试行"岗编分离"或派遣科研单位的人员到县域挂职或担任专家顾问，参与科研合作项目实施等工作，提供技术指导和服务。同时，加强科研单位与县域的信息沟通和交流，建立信息共享平台和数据库，及时发布科技合作项目的进展情况、成果转化情况、存在问题和改进措施等，促进经验交流和互学互鉴。三是建立完善的县域农业科技人才激励机制。提供良好的工作环境、人才住房、子女教育等优惠政策，吸引高层次农业科技人才加盟。设立县级科研项目支持基金，用于支持和鼓励农业科技人员开展创新性、实用性强的科研项目，取得更多突出成绩。将职称评定的标准与基层农业科技工作的需要相结合，突出实际应用价值。适当增加基层农业科技人员中高级专业技术人员职称编制的名额，建立更加完善、公正、透明的晋升机制、评审标准和监督机制。

二、提高县域农业科技基础配套保障能力

一是加强基地建设和基础设施配套。县级农业农村部门要统筹规划农业科技项目基地选址、规模、布局等，充分利用现有的农业园区、示范区、试验站等资源，加强高标准农田建设和水利、电力等科研活动所需基础设施建设，提高基地的生产条件和服务水平。二是加强政策保障和资金保障。县级财政部门要设立农业科技专项资金，对农业科技项目、创新平台等给予资金补助和奖励，探索多元化的融资渠道和机制。县级农业农村部门要完善相关政策措施，如税收优惠、土地承包、科技成果转化等，激发农业科技创新主体活力。三是加强用地保障和环境保障。县级自然资源部门要优化农业科研用地审批流程，简化用地手续，提高用地效率。县级生态环境部门要加强对农业科研用地的环境监测和评估，防止出现土壤污染、水资源浪费等问题，保障农业科研工作的顺利开展。

三、开展联合攻关破解关键共性技术难题

一是健全"科研院所、高等院校+种业企业"紧密合作、利益共享的产学研联

合攻关模式。加快育种攻关重点实验室、工程技术研究中心、技术创新中心、种质资源、分子育种、信息服务等种业科技平台建设,提高协作共享水平。二是提升丘区农业装备设施水平。加强对适应丘陵山区地形的智能农机研发;加快高标准农田建设和"宜机化"改造,补齐丘陵山区机械化作业短板;建立健全农机农艺科技协作攻关机制,促进农机农艺融合。三是做强农产品精深加工。引进先进的农产品加工技术和设备,提高产品附加值;加强冷链物流设施建设,提高农产品的市场竞争力;推动农业科技与食品工程学科的协同发展,培养农产品精深加工复合型专业人才。四是应用信息技术拓展农业新业态。加强信息技术在农业新业态中的应用,推动大数据、云计算、移动互联网等技术在农业领域的深度融合;开展跨界合作,促进商旅文体等行业与农业的深度融合,创造更多新业态、新模式。

四、构建农业科技多方协同推广的新机制

一是完善公益性与经营性农技推广融合机制。发挥政府主导作用,建立农技推广基金、制定相关政策、提供资金支持,引导和促进公益性与经营性农技推广机构的融合。引入市场机制,通过购买服务、委托管理等方式,激发合作社、企业等市场主体活力,提高服务的效率和质量。二是加强农技推广队伍建设。按照农技人员专业化、专家化的要求,提高人员工资待遇,畅通其职务职称晋升通道。为农技推广人员减负,解决"在编不在岗"问题,使其从纷繁复杂的行政事务性工作中解脱出来,专门从事专业技术服务工作。加强培训和学习,不断提高农技推广人员的专业素质和服务能力。参照"乡村医生"和"农村教师"培育计划,探索建立"基层农技人员特岗计划"。三是搭建社会化服务平台。探索搭建省级"公益性农技推广机构+经营性服务组织"的农技推广服务平台,促进农技推广机构与大学、科研单位、新型经营主体等经营性服务组织建立紧密联系,实现资源互补。通过各种媒体宣传,普及社会化服务平台的存在和功能,吸引更多农户参与,形成良性循环。

参考文献

安南，2022. 四川丘陵地区县域经济发展研析 [J]. 四川省情（12）：43-44.
安晓宁，辛岭，2020. 中国农业现代化发展的时空特征与区域非均衡性 [J]. 资源科学，42（9）：1801-1815.
敖晨，郑达燕，2023. 乡村振兴背景下成渝地区双城经济圈美丽休闲乡村时空分异及开发模式研究 [J]. 农业与技术，43（11）：164-168.
白宇轩，张雅俊，2023. 我国发展未来产业的优势条件、重点领域与对策建议 [J]. 企业经济（7）：90-101.
曹承忠，孙素芬，罗长寿，2008. 我国现代农业发展研究 [J]. 安徽农业科学（2）：788-790.
曹俊杰，2019. 新中国成立 70 年农业现代化理论政策和实践的演变 [J]. 中州学刊（7）：38-45.
陈兵，钟凯，2022. 加速农业三产融合 匡助资阳乡村振兴 [J]. 农业科技通讯（5）：40-42.
陈慈，陈俊红，龚晶，等，2018. 当前农业新业态发展的阶段特征与对策建议 [J]. 农业现代化研究，39（1）：48-56.
陈德敏，王文献，2002. 循环农业——中国未来农业的发展模式 [J]. 经济师（11）：8-9.
陈地，2023. 2022 年四川省农产品质量安全监测合格率达 99.5% [EB/OL]. （2023-1-19）[2023-11-30]. https://m.gmw.cn/2023-01/19/content_1303259205.htm.
陈会英，郑强国，2001. 中国农户科技水平影响因素与对策研究 [J]. 农业技术经济（1）：21-26.
陈建伟，2010. 我国农业科技创新效率研究 [D]. 保定：河北农业大学.
陈剑平，2021. 农业科技类图书校对质量提升策略 [J]. 广西农学报，36（6）：85-88.
陈进，褚红春，王利，等，2023. 四川水稻机插秧现状分析及问题研究 [J]. 四川农业与农机（1）：11-12, 22.
陈锡文，2012. 中国特色农业现代化的几个主要问题 [J]. 改革（10）：5-8.
陈锡文，2018. 实施乡村振兴战略　推进农业农村现代化 [J]. 中国农业大学学报（社会科学版），35（1）：5-12.
陈新忠，李芳芳，2014. 我国农业技术推广的研究回溯与展望 [J]. 华中农业大学学报（社会科学版）（5）：24-33.

陈学云，史贤华，2011. 促进我国农业科技成果转化的产业化路径——基于农业科技的供求分析 [J]. 科技进步与对策，28（14）：73-77.

陈永红，周云龙，吕长文，2018. 我国种业技术创新能力现状与问题分析 [J]. 种子，37（10）：71-74.

陈泳，2023. 建设新时代更高水平"天府粮仓" [N]. 成都日报，2023-09-23（2）.

成福伟，2017. 发达国家现代农业园区的发展模式及借鉴 [J]. 世界农业（1）：13-17.

程长林，任爱胜，柳萌等，2017. "一带一路"背景下中国农业科技国际合作现状与模式研究 [J]. 农业展望，13（8）：107-111.

程长明，陈学云，郑峰，2018. 中国农业现代化的科技创新支持效率研究 [J]. 农业经济（6）：3-5.

程启月，2010. 评测指标权重确定的结构熵权法 [J]. 系统工程理论与实践，30（7）：1225-1228.

储霞玲，马力，黄修杰，等，2016. 农业技术扩散主体的动力机制研究 [J]. 广东农业科学，43（2）：166-170.

党国英，2018. 振兴乡村 推进农业农村现代化 [J]. 理论探讨（1）：86-91.

邓小明，孙传范，陈成，等，2021. 论新农业科技革命 [M]. 北京：中国农业出版社.

邓自圆，2021. 四川省甘阿凉少数民族地区农业科技推广问题探讨 [J]. 农业科技通讯（1）：25-28.

董明涛，2014. 我国农业科技创新资源的配置效率及影响因素研究 [J]. 华东经济管理，28（2）：53-58.

杜志雄，2021. 农业农村现代化：内涵辨析、问题挑战与实现路径 [J]. 南京农业大学学报（社会科学版），21（5）：1-10.

段莉，2010. 典型国家建设农业科技创新体系的经验借鉴 [J]. 科技管理研究，30（4）：23-28.

段莉，董昱宏，2022. 2021—2022年攀西经济区经济形势分析与预测 [M] //段莉，2022年四川经济形势分析与预测. 北京：社会科学文献出版社：108-124.

凡昌茹，2018. 浅析精准农业及其在我国的应用发展 [J]. 现代化农业（2）：10-11.

冯晓龙，霍学喜，2016. 社会网络对农户采用环境友好型技术的激励研究 [J]. 重庆大学学报（社会科学版），22（3）：72-81.

符刚，马强，2021. 自贡市农业机械化发展现状与对策建议 [J]. 四川农业与农机（5）：28-29.

傅家骥，1998. 技术创新学 [M]. 北京：清华大学出版社.

高布权，2008. 论农业科技创新的内涵及其在农业现代化中的功效 [J]. 农业现代化研究（5）：522-526.

高亮，2015. 开放共享的科技基础条件平台合作创新机制研究 [D]. 合肥：中国科学技术大学.

高强，曾恒源，2020. "十四五"时期农业农村现代化的战略重点与政策取向 [J]. 中州学刊（12）：1-8.

高旺盛，2010. 坚持走中国特色的循环农业科技创新之路［J］. 农业现代化研究，31（2）：129-133.

高旺盛，2021. 我国农业科技自立自强战略路径与政策取向研究［J］. 农业现代化研究，42（6）：975-981.

高翔，胡俊鹏，张俊杰，2002. 农业科技推广的现状、发展思路与对策［J］. 中国农业科技导报（6）：68-72.

龚斌磊，2022. 中国农业技术扩散与生产率区域差距［J］. 经济研究，57（11）：102-120.

顾焕章，张景顺，1997. 完善农业科技成果转化的供求机制［J］. 农业技术经济（2）：22-23，37.

顾新，2001. 区域创新系统的运行［J］. 中国软科学（11）：105-108.

郭晓鸣，2020. 成都都市现代农业转型升级应当如何突破？［J］. 乡村振兴（8）：90-92.

郭正模，2006. 攀西特色农业深入发展的战略思路［J］. 决策咨询通信，17（3）：33-36.

国务院发展研究中心农村经济研究部课题组，2021. 新发展阶段农业农村现代化的内涵特征和评价体系［J］. 改革（9）：1-15.

韩长赋，2011. 加快推进农业现代化 努力实现"三化"同步发展［J］. 农业经济问题，32（11）：4-7，110.

韩勇，武艳青，崔丽慧，等，2020. 空间关联视域下河南省农民工返乡创业外部环境评价研究［J］. 中国农业资源与区划（7）：207-215.

何利辉，经庭如，2003. 农业科技投入的国际比较及中国的对策（上）［J］. 世界农业（1）：9-11.

贺雪峰，印子，2015. "小农经济"与农业现代化的路径选择——兼评农业现代化激进主义［J］. 政治经济学评论，6（2）：45-65.

胡光亚，杨勇，胡发凯，2023. 凉山州农业机械化现状及对策［J］. 四川农业与农机（3）：62-63.

胡俊雅，张宇，彭浩，2019. 基于GPI指标的四川省农业可持续发展水平研究［J］. 湖北农业科学，58（13）：163-168.

胡瑞法，黄季，2001. 中国农业技术推广投资的现状及影响［J］. 战略与管理（3）：25-31.

胡瑞法，李立秋，张真和，等，2006. 农户需求型技术推广机制示范研究［J］. 农业经济问题（11）：50-56，80.

胡旭，许钰莎，王森培，等，2023. 关于加快推动四川种业创新发展 实现种业科技自立自强的思考［J］. 四川农业科技（5）：18-20.

胡雪梅，王滨，2004. 国外农业产业化对中国的启示［J］. 商业研究（4）：142-145.

户俊峰，2017. 我国农业现代化进程中农业科技创新存在的问题及对策［J］. 现代农业科技（3）：262-263，265.

黄广艺，彭碧琳，胡泽浩，等，2022. 新时期农业科研机构青年科技人才激励机制研究——以广东省农业科学院为例［J］. 农业科技管理，41（4）：75-78.

黄季焜，2013. 新时期的中国农业发展：机遇、挑战和战略选择［J］. 中国科学院院刊，28

（3）：295-300.

黄民杰，2021. 村庄转型视角下农业技术扩散研究［D］. 咸阳：西北农林科技大学.

纪绍勤，2005. 我国农业科技创新体系研究［D］. 北京：中国农业科学院.

江小国，洪功翔，2016. 农业供给侧改革：背景、路径与国际经验［J］. 现代经济探讨（10）：35-39.

姜长云，2023. 农业强国［M］. 北京：东方出版社.

姜长云，李俊茹，2021. 关于农业农村现代化内涵、外延的思考［J］. 学术界（5）：14-23.

蒋和平，2018. 改革开放四十年来我国农业农村现代化发展与未来发展思路［J］. 农业经济问题（8）：51-59.

蒋睿，张莹，2022. 农业科技人才岗位聘用分类评价机制研究［J］. 农村经济与科技，33（23）：264-267.

蒋小松，张红，何志平，2021. 关于加快推进四川现代种业创新发展的建议［J］. 决策咨询（5）：3-5，16.

蒋永穆，2020. 从"农业现代化"到"农业农村现代化"［J］. 红旗文稿（5）：30-32.

蒋永穆，卢洋，张晓磊，2019. 新中国成立70年来中国特色农业现代化内涵演进特征探析［J］. 当代经济研究（8）：9-18，113.

矫健，聂雁蓉，张仙梅，等，2020. 加快推进都市农业高质量发展对策研究——基于成都市对标评价［J］. 中国农业资源与区划，41（7）：201-206.

金丽馥，吴震东，2022. 以农业科技现代化促进农业现代化的实践路径［J］. 排灌机械工程学报，40（10）：1056-1064.

金强，2022. 数字化+农业全产业链 开启未来农业产业新模式［J］. 蔬菜（12）：1-11.

阚莹莹，2023. 提升农业机械化四川的破与立［N］. 四川日报，2023-07-05（8）.

康永征，薛珂凝，2018. 从乡村振兴战略看农村现代化与新型城镇化的关系［J］. 山东农业大学学报（社会科学版），20（1）：9-12，28.

寇建平，2018. 新时期推动我国农业高质量发展的对策建议［J］. 农业科技管理，37（3）：1-4.

雷鹏，周立，2020. 农村新产业、新业态、新模式发展研究——基于福建安溪茶庄园产业融合调查［J］. 福建论坛（人文社会科学版）（4）：172-181.

李道亮，2018. 农业4.0——即将到来的智能农业时代［J］. 农学学报，8（1）：207-214.

李道亮，2020. 系统布局无人农场推进我国现代农业发展［J］. 人民论坛·学术前沿（24）：56-61.

李红娜，2021. 推广绿色农业种植技术的必要性［J］. 农业灾害研究，11（1）：167-168.

李菊丹，付伟，2023. 论我国转基因生物产品标识管理制度的完善［J］. 质量安全与检验检测，33（3）：48-53.

李振仲，常洁，闫丽新，2021. 如何看待和支持农业科技创新［J］. 农业发展与金融（4）：39-44.

李周，温铁军，魏后凯，等，2021. 加快推进农业农村现代化："三农"专家深度解读中共中央一号文件精神［J］. 中国农村经济（4）：2-20.

郦藏，丁淑丽，李剑春，2009. 高效农业科技创新体系的建设举措［J］. 河北农业科学，13（1）：113-115.

梁启章，齐清文，姜莉莉，等，2019. "粮经饲"种植结构优化方法与对弈式操作策略［J］. 中国农业信息，31（2）：84-97.

梁瑞华，2019. 培育壮大农业新业态发展路径及对策研究［J］. 河南社会科学，27（3）：115-119.

廖功磊，蒋辉霞，何清燕，等，2018. 四川省攀西地区太阳能节水灌溉现状与思考［J］. 四川农业与农机（6）：15-16.

廖敏，杨建国，胡红，等，2020. 新形势下四川省农业机械化发展对策研究［J］. 中国农机化学报，41（12）：183-188.

林楠，2021. 自贡市农业产业发展现状及对策研究［D］. 雅安：四川农业大学.

刘春艳，张继飞，赵宇鸾，等，2018. 基于生态位理论的国土空间功能重要性评估——以攀西地区为例［J］. 城市规划，42（4）：84-93.

刘国祥，2022. 信息技术在农业中的应用及发展现状［J］. 黑龙江粮食（8）：72-74.

刘铠哲，刘厚诚，2022. 植物工厂快速育种技术研究进展［J］. 农业工程技术，42（22）：46-49.

刘涛，李浩，魏延迪，等，2022. 我国和世界农业先进国家农业科技创新体系的比较与启示［J］. 农业科技管理，41（2）：4-7.

刘亚，2012. 远红外成像技术在植物干旱响应机制研究中的应用［J］. 中国农学通报，28（3）：17-22.

刘志澄，2000. 中国农业技术的研究［M］. 北京：中国农业出版社.

刘志民，王树进，倪浩，2006. 我国农村科技服务体系建设：发展思路与对策建议［J］. 农村经济（1）：84-86.

卢良恕，2001. 面向21世纪的中国农业科技与现代农业建设［J］. 农业经济问题（9）：2-8.

卢良恕，孙君茂，2004. 新时期中国农业发展与现代农业建设［J］. 中国工程科学（1）：22-29.

陆益龙，2018. 乡村振兴中的农业农村现代化问题［J］. 中国农业大学学报（社会科学版），35（3）：48-56.

吕火明，李晓，刘宗敏，2011. 农业科技创新能力建设研究［M］. 北京：中国农业出版社.

吕建秋，2005. 我国财政对农业科技投入的机制分析与对策探讨［J］. 华中农业大学学报（社会科学版），（1）：4-7.

罗浩轩，2023. 新时代打造更高水平天府粮仓的现状、困境及对策［J］. 四川农业科技（8）：5-9.

罗璐，2020. 眉山市东坡区循环农业发展现状研究［J］. 四川农业科技（5）：79-80.

罗荣渠，1989. 论一元多线历史发展观［J］. 历史研究（1）：3-20.

罗锡文，2021. 无人农场是数字农业的实现途径之一［J］. 大数据时代（10）：13-19.

马爱平，2022. 育种"4.0时代"推进生物育种产业化迫在眉睫［N］. 科技日报（1）.

马发展, 2003. 关于当前我国农业科技投入若干问题的思考 [J]. 农业经济问题 (6): 44-49, 80.

马亚贤, 1999. 国外农业科技推广的模式 [J]. 农业图书情报学刊, (1): 94.

毛飞, 孔祥智, 2012. 中国农业现代化总体态势和未来取向 [J]. 改革 (10): 9-21.

苗红萍, 田聪华, 2022. 农业科技现代化内涵与评价体系研究 [J]. 农业展望, 18 (9): 75-80.

牟锦毅, 2014. 加强科技创新与集成示范, 支撑四川现代农业发展上新台阶 [J]. 四川农业与农机 (3): 10-11.

欧铭鑫, 刘佳杰, 李成绕, 2023. 成都市平原耕地破碎化影响研究 [J]. 农村经济与科技, 34 (8): 63-67.

欧阳煌, 李思, 2016. 创新扩散、制度网络与专业合作社发展——基于小世界网络视角 [J]. 中国农村经济, (8): 82-95.

庞洪伟, 2010. 农业技术扩散机制研究 [D]. 呼和浩特: 内蒙古农业大学.

彭超, 刘合光, 2020. "十四五" 时期的农业农村现代化: 形势、问题与对策 [J]. 改革 (2): 20-29.

齐敦品, 2005. 加快构建农业技术扩散新机制 [J]. 江苏农业科学 (2): 6-8.

齐瑞丽, 2021. 践行绿色发展理念的现状与路径——以眉山农村生态文明建设为例 [D]. 重庆: 西南政法大学.

钱佰慧, 陈思霖, 徐洋, 等, 2021. 农村现代化水平评价指标体系构建与测度分析 [J]. 农业经济与管理 (6): 39-49.

钱加荣, 2023. 强化农业科技创新在国家创新体系中的战略地位 [J]. 中国农村科技 (7): 23-25.

谯江兰, 张立志, 孙强, 等, 2021. 四川省现代种业高质量发展存在的问题与对策研究 [J]. 中国种业 (12): 41-44.

屈波, 柴瑞杰, 况福虹, 2020. 四川盆周山区生态保护与农业可持续发展综述 [J]. 河北民族师范学院学报, 40 (4): 101-106.

全晓艳, 2023. 四川农产品加工产业发展现状分析及对策建议 [J]. 农业与农机 (4): 11-13.

单玉丽, 2004. 农业科技创新体系及运行机制的探索 [J]. 福建农业科技 (3): 45-48.

商五一, 梅方权, 2006. 增加农业科技投入是政府公共财政的必然选择 [J]. 中国科技论坛, (3): 83-86, 99.

尚嘉宁, 2023. 川西南干热河谷区生态脆弱性时空格局评价与预测 [D]. 成都: 成都理工大学.

舒尔茨, 1987. 改造传统农业 [M]. 梁小民译. 北京: 商务印书馆.

四川省农业农村厅, 2023. 关于拟发布四川省农业主导品种的公示 [EB/OL]. (2023-02-22) [2023-11-30]. http://nynct.sc.gov.cn//nynct/c100665/2023/2/22/d570210ca7b949459c483a155ba9fe53.shtml.

宋歌, 2020. 共被引分析方法迭代创新路径研究 [J]. 情报学报, 39 (1): 12-24.

宋桥生，娄光新，李宝喜，等，2011. 基于转变农业发展方式的农业科技创新模式［J］. 湖北农业科学，50（19）：4077-4079.

苏玉娟，2023. 新一轮科技革命推动中国式现代化建设的路径［J］. 中国井冈山干部学院学报（4）：55-62.

随顺涛，欧之福，杨建国，等，2019. 四川现代农机装备发展存在的问题与对策研究［J］. 安徽农业科学，47（15）：256-258.

遂宁市人民政府办公室，2022. 遂宁市"十四五"推进农业农村现代化规划［EB/OL］. https：//www.suining.gov.cn/gongkai/show/b4c18c6cb85b4dc79a20d17dd610ec07.html. 2022-06-07.

孙强，白建明，李再胜，等，2021. 攀枝花市马铃薯优质新品种引进筛选试验［J］. 中国马铃薯，35（1）：19-23.

孙涛，张胜，王文斌，等，2020. 大型科学仪器设备共享前景分析及思考［J］. 中国科技资源导刊，52（2）：22-28.

孙巍，吴蕾，丁倩，2021. 2020全球农业研究热点前沿分析解读［M］. 北京：中国农业科学技术出版社.

孙征权，孙文峰，刘春旭，2010. 构建黑龙江省农业科技创新体系的研究与分析［J］. 农机化研究，32（10）：237-240.

S.N. 艾森斯塔德，1988. 现代化：抗拒与变迁［M］. 张旅平 译. 北京：中国人民大学出版社.

谭国雄，2005. 借鉴发达国家农业现代化经验我国农业现代化应处理好六大关系［J］. 农业现代化研究（1）：62-65.

唐华俊，2020. 智慧农业赋能农业现代化高质量发展［J］. 农机科技推广（6）：4-5.

唐时嘉，1991. 四川西北高山高原土地资源评价［J］. 自然资源（5）：21-27.

唐永金，敬永周，侯大斌，等，2000. 农民自身因素对采用创新的影响［J］. 绵阳经济技术高等专科学校学报（2）：37-40.

陶颖，周莉，宋艳辉，2017. 知识域可视化中的共被引与耦合研究综述［J］. 图书情报工作，61（11）：140-148.

田媛，2021. 四川省农业绿色全要素生产率研究［D］. 成都：四川师范大学.

涂圣伟，2012. 以农业科技创新引领农业现代化建设［J］. 中国发展观察（2）：12-14.

王澄宇，2022. 四川盆地丘陵区耕地自然质量等别及其空间分布特征和地形梯度效应研究［D］. 雅安：四川农业大学.

王航，2017. 基于农业现代化要求的我国农业科技创新现状及思考［J］. 农业科技与装备（7）：82-85.

王浩，陈光建，黄中杰，等，2012. 成都平原都江堰灌区耕地保护研究［J］. 资源与人居环境（1）：35-37.

王赫，黄翊鹏，2020. 关于绿色农业发展若干关键问题的思考［J］. 中国产经（7）：106-107.

王华，2020. 高标准农田建设推进西昌市农业机械化发展［J］. 四川农业与农机（6）：48-49.

王建芳，冷伏海，2006. 共引分析理论与实践进展［J］. 中国图书馆学报，32（1）：85-88.

王晋，杨景涛，刘瑞，等，2019. 欧美等发达国家科研基础设施与大型仪器平台的建设与启示

［J］. 中国科技资源导刊, 51（1）：20-26.

王强, 陈田田, 李爱迪, 等, 2020. "三生"视角下的国土空间利用质量评价——以攀西地区为例［J］. 山地学报, 38（2）：290-302.

王武科, 李同升, 刘笑明, 等, 2008. 农业科技园技术扩散的实证研究——以杨凌示范区为例［J］. 经济地理（4）：661-666.

王晓鸣, 邱丽娟, 景蕊莲, 等, 2022. 作物种质资源表型性状鉴定评价：现状与趋势［J］. 植物遗传资源学报, 23（1）：12-20.

王旭, 2023. 构建乡村振兴发展新格局［J］. 中国畜牧业（6）：16-24.

王雅鹏, 吕明, 范俊楠, 等, 2015. 我国现代农业科技创新体系构建：特征、现实困境与优化路径［J］. 农业现代化研究, 36（2）：161-167.

王艳芳, 2020. 区域科技资源共享平台生态化运行机制研究［D］. 哈尔滨：哈尔滨理工大学.

王燕, 刘晗, 赵连明, 等, 2018. 乡村振兴战略下西部地区农业科技协同创新模式选择与实现路径［J］. 管理世界, 34（6）：12-23.

王祎霖, 胡华平, 2021. 大数据驱动下农业技术扩散的多重作用机制分析［J］. 农村经济与科技, 32（15）：29-32.

王颖, 2018. 秦皇岛现代农业园区旅游功能开发研究［J］. 河北科技师范学院学报（社会科学版）, 17（2）：26-29.

王兆华, 2019. 新时代我国农业农村现代化再认识［J］. 农业经济问题（8）：76-83.

王祝华, 2023. 全链条保障品种权 推动构建种业大保护格局［N］. 科技日报 2023-04-3（2）.

王自鹏, 曾晓丹, 张其圣, 等, 2021. 四川省食品饮料产业发展现状及对策建议［J］. 四川农业科技（11）：17-18, 21.

魏后凯, 2019. 深刻把握农业农村现代化的科学内涵［J］. 农村工作通讯（2）：1.

魏后凯, 崔凯, 2022. 建设农业强国的中国道路：基本逻辑、进程研判与战略支撑［J］. 中国农村经济（1）：2-23.

魏明珠, 郑荣, 高志豪, 等, 2022. 融合知识图谱和深度神经网络的产业新兴技术预测模型研究［J］. 情报学报, 41（11）：1134-1148.

温铁军, 张俊娜, 邱建生, 等, 2016. 农业1.0到农业4.0的演进过程［J］. 当代农村财经,（2）：2-6.

文艳林, 2010. 川西北高原特色农业的发展思路［J］. 农村经济（5）：74-76.

吴波, 2013. 论我国财政农业科技投入［J］. 社会科学家,（2）：60-64.

吴丽芳, 2021. 基于智慧时代的农业4.0模式及发展策略研究［J］. 农业经济,（5）：9-11.

吴林海, 2009. 我国农业科技创新供给的影响因素及对策探讨［J］. 上海经济研究（1）：30-35.

吴林海, 彭宇文, 2013. 农业科技投入与农业经济增长的动态关联性研究［J］. 农业技术经济（12）：87-93.

吴琳璐, 2021. 春雨年年有 良田不宜岁负无——四川落实耕地保护 守护天府农耕文化［J］. 资源与人居环境（7）：40-43.

伍旭中, 2008. 中国特色农业现代化之路——谈农业科技有效供给［J］. 中国经济问题（2）：37-42.

武晶，郭刚刚，张宗文，等，2022. 作物种质资源管理：现状与展望［J］. 植物遗传资源学报，23（3）：627-635.

西里尔·E. 布莱克，1996. 比较现代化［M］. 杨豫、陈祖洲 译. 上海：上海译文出版社.

夏清明，2005. 西部农业科技进步与农业现代化建设若干问题探讨［J］. 农村经济（3）：103-105.

夏显力，陈哲，张慧利，等，2019. 农业高质量发展：数字赋能与实现路径［J］. 中国农村经济（12）：2-15.

谢瑞武，2023. 关于都市农业现代化的实践与思考——以成都市为例［J］. 中国农业综合开发（1）：4-10.

辛岭，刘衡，胡志全，2021. 我国农业农村现代化的区域差异及影响因素分析［J］. 经济纵横（12）：101-114.

信乃诠，许世卫，2014. 中国农业科技发展：回顾和展望［M］. 北京：中国农业科学技术出版社.

熊回香，孟璇，叶佳鑫，2021. 基于关键词语义类型和文献老化的学术论文推荐［J］. 现代情报，41（1）：13-23.

熊涛，金紫徽，刘欢，等，2022. 我国农业科技现代化的内涵、标志与挑战及政策建议［J］. 江西农业学报，34（12）：217-222.

熊鹰，黄东南，刘宗敏，2022. 四川省农业科技现代化评价研究［J］. 科技和产业，22（9）：228-234.

熊鹰，黄东南，唐江云，等，2023. 农业科技成果转化模式及利益分配机制的实证研究——基于四川省的调研［J］. 西南农业学报，36（5）：1112-1120.

徐世艳，李仕宝，2009. 现阶段我国农民的农业技术需求影响因素分析［J］. 农业技术经济（4）：42-47.

徐唯燊，2023. 东部地区率先实现科技现代化的路径和举措研究［J］. 中国物价，3：41-44

许洁妤，郑紫璇，郑燕广，等，2022. 供给侧改革背景下农业科技创新模式与实践［J］. 台湾农业探索（6）：78-83.

许秀成，苗俊艳，2017. 未来农业展望：1. 智慧农业［J］. 磷肥与复肥，32（2）：1-4.

许越先，许世卫，2000. 建立农业科技创新体系 提高农业科技创新能力［J］. 中国农业科技导报（8）：68-71

闫丽新，谷云峰，2023. 农业科技影响农业现代化的路径分析［J］. 现代农业科技（5）：194-196.

颜学海，牟成君，龚芸，等，2020. 乐山市农作物种业发展现状与思考［J］. 中国种业（12）：35-37.

杨帆，2023. 川西北高原牧区生态振兴的问题、路径与对策［EB/OL］.（2023-02-23）［2023-11-31］. http：//www.scst.org.cn/portal/article/index/id/9140/cid/68.html.

杨茂君，2018. 遂宁市推进农业供给侧结构性改革的探索［J］. 四川农业与农机（1）：13-15.

尧珓，邵法焕，蒋和平，2020. 都市农业新产业和新业态的发展模式研究——以青岛市为例［J］. 农业现代化研究，41（1）：55-63.

姚金玲，胡梅，邹玉娜，等，2017. 农业科研院所青年人才发展需求分析与对策研究——以农业部环境保护科研监测所为例［J］. 农业科技管理，36（5）：82-84，88.

叶佳鑫，熊回香，杨滋荣，等，2021. 关键词词频及语义特征对科技文献聚类的影响研究［J］. 情报科学，39（8）：156-163.

叶良均，2008. 农业科技成果转化问题研究［D］. 合肥：中国科学技术大学.

银丽萍，张向前，2021. 面向2035年我国青年科技人才荣誉激励研究［J］. 经营与管理（3）：129-132.

尹成杰，2008. 关于建设中国特色现代农业的思考［J］. 农业经济问题（3）：4-9，110.

袁海，2016. 我国农业科技创新体系研究综述［J］. 农业科技与信息（29）：26-27.

翟金良，2015. 中国农业科技成果转化的特点、存在的问题与发展对策［J］. 中国科学院院刊，30（3）：378-385.

翟立国，2022. 农业种植中生物技术的推广及应用［J］. 农家参谋（11）：43-45.

张冬平，黄祖辉，2002. 农业现代化进程与农业科技关系透视［J］. 中国农村经济（11）：48-53.

张涵，李奇翱，郭珊珊，等，2019. 成都平原典型区地下水污染时空异质性及污染源分析［J］. 环境科学学报，39（10）：3516-3527.

张慧，2023. 城乡产业融合、要素市场化与共同富裕［J］. 管理现代化，43（2）：30-37.

张姣芳，2011. 农业科技成果转化的问题及对策分析［J］. 中国集体经济（10）：74-75.

张明奇，2016. "十二五"滑县农机新技术推广成效与发展［J］. 农民致富之友（4）：180，203.

张平，于珊珊，邬德林，2014. 政策视角下我国农业科技国际合作效果评价研究［J］. 科技进步与对策，31（7）：120-124.

张淑辉，2014. 山西省农业科技创新的动力机制研究［D］. 北京：北京工业大学.

张伟，朱玉春，2012. 农业技术扩散研究综述［J］. 科技与经济，25（5）：52-56.

张新仕，王桂荣，刘斐，等，2023. 农业科技现代化的内涵、外延、存在的问题与发展对策［J］. 农业科技管理，42（1）：27-31.

张雄，雷晓葵，龚一耘，等，2022. 建强大食物供给链 助力打造更高水平"天府粮仓". 农业科技动态（42）.

张友才，林俊，2022. 四川：农业机械化发展势头强劲［J］. 四川省情（5）：48-50.

张袁媛，胡蝶，2018. 我国财政农业科技投入存在的问题及对策研究［J］. 安徽农业科学，46（29）：80-81.

赵春江，2010. 对我国未来精准农业发展的思考［J］. 农业网络信息（4）：5-8.

赵春江，2021. 智慧农业的发展现状与未来展望［J］. 华南农业大学学报，42（6）：1-7.

赵立秋，2011. 中国农业现代化发展的技术支撑体系构建研究［D］. 哈尔滨：东北林业大学.

赵敏娟，2020. 智慧农业的经济学解释与突破路径［J］. 人民论坛·学术前沿（24）：70-78.

赵其国，尹雪斌，2017. 我们的未来农业——功能农业［J］. 山西农业大学学报（自然科学版），37（7）：457-468.

赵颖文，许钰莎，刘宗敏，2022. 关于保障四川粮食安全的几点思考与发展应对［J］. 粮食问题研究（4）：10-15.

郑紫璇，许洁好，杨文，2022. 发达国家农业科技创新模式及其启示［J］. 海峡科学（4）：

109-112.

中国科学院区域发展领域战略研究组，2021. 中国至2050年区域科技发展路线图［M］.北京：科学出版社：56-66.

中国农业科学院，2023. 学科体系［EB/OL］.（2023-10-31）［2023-11-30］. https：//caas. cn/zzjg/zjnky/index. htm.

中国农业信息网，2020. 甘孜州首次实现青稞生产全程机械化［EB/OL］（2020-09-11）［2023-11-30］. http：//www. agri. cn/V20/ZX/qgxxlb_1/sc/202009/t20200911_7525855. htm.

钟佳利，孙强，魏成轩，2022. 成都市都市农业发展现状问题及对策［J］.南方农业，16（1）：118-120，124.

种国双，赵衡，裴小兵，2019. 科技资源共享：需求、服务机制和服务模式［J］.科技管理研究，39（22）：28-34.

周宏虹，伍诗瑜，2019. 我国科技信息资源共享平台建设现状［J］.科技管理研究，39（5）：174-178.

周娜，2022. 乡村振兴视角下实现农业现代化的路径探析［J］.理论探讨（2）.

周小琴，查金祥，2005. 农业科技园区：功能定位、建园模式与运行机制［J］.江苏工业学院学报（社会科学版）（3）：36-39.

朱方长，2004. 建立高效农业科技推广模式的系统原则和思路［J］.农业科技管理（1）：1-6.

朱琳敏，2018. 绵阳市生态循环农业发展困境与对策研究［D］.绵阳：西南科技大学.

左海霞，李万明，2018. 农业供给侧改革背景下我国未来农业发展思考［J］.山西农业科学，46（1）：122-125.

ALI B，ZAKERI A，LLIEVA A，et al.，2023. Reshaping of the future farming：From industry 4.0 toward agriculture 4.0［J］. American Journal of Applied Scientific Research，9（2）：62-71.

ANDREA B，PARIDE C，LORENZO B，et al.，2022. A review of robots, perception, and tasks in precision agriculture［J］. Applied Mechanics，3（3）：830-854.

ANTLE M，MCGUCKIN T，CARLSON A，et al.，1993. Technological innovation, agricultural productivity, and environmental quality［J］. Agricultural and Environmental Resource Economics，1（22）：887-888.

ARTHUR M，2006. Environment and modernity in transitional China：Frontiers of ecological modernisation［J］. Development and Change，37（1）：29-56.

BELOEV I，DIYANA K，GEORGI G，et al.，2021. Artificial intelligence-driven autonomous robot for precision agriculture［J］. Acta Technologica Agriculturae，24（1）：48-54.

COCHRANE W，1958. Farm Prices：Myth and Reality［M］. Minnesota：University of Minnesota Press.

DESPOMMIER D，2011. The vertical farm：controlled environment agriculture carried out in tall buildings would create greater food safety and security for large urban populations［J］. Journal für Verbraucherschutz und Lebensmittelsicherheit，6（2）：233-236.

DIANNE R，VERONICA H，1999. Technology policy 2000：University to industry transfer［J］. International Journal of Public Administration，22（8）：1189-1211.

DINOPOULOS E, PAUL S, 1999. A Schumpeterican Model of Protection and Relative Wage [J]. American Economic Review, 89 (3): 450-473.

FADHLI M H, GOETZ H, ANSHU A, et al., 2023. Editorial: Genome editing and biotechnological advances for crop improvement and future agriculture [J]. Frontiers in Plant Science (14): 1-3.

FEDER G, JUST R, ZILBERMAN D, 1981. Farm size and the adoption of green revolution technologies [J]. Economic Development and Cultural Change (30): 59-76.

GHAG S B, ALOK A, RAJAM M V, et al., 2023. Designing climate-resilient crops for sustainable agriculture: a silent approach [J]. Journal of Plant Growth Regulation, 42: 6503-6522.

HUNECKE C, ENGLER A, JARA-ROJAS R, et al., 2017. Understanding the role of social capital in adoption decisions: an application to irrigation technology [J]. Agricultural Systems, 153: 221-231.

IVAN B, DIYANA K, GEORGI G, et al., 2021. Artificial intelligence-driven autonomous robot for precision agriculture [J]. Acta Technologica Agriculturae, 24 (1): 48-54.

JOHNSONK, BYRON S, 2016. Optimistic about the future? How uncertainty and expectations about future consumption prospects affect optimal consumer behavior [J]. The B. E. Journal of Macroeconomics, 16 (1): 171-192.

KHATRI A, PANT A, AGGARWAL P, et al., 2019. Stakeholders prioritization of climate-smart agriculture interventions: Evaluation of a framework [J]. Agricultural Systems, 174: 23-31.

LANTENG W, XIN Z, JIAHAI Z, 2022. Synthetic biology: a powerful booster for future agriculture [J]. Advanced Agrochem, 1 (1): 7-11.

LASSOUED R, PHILLIPS W SMYTH J, 2023. Exploratory analysis on drivers and barriers to Canadian prairie agricultural technology innovation and adoption [J]. Smart Agricultural Technology (5): 1-10.

LAU S E, TEO W F A, TEOH E Y, et al., 2022. Microbiome engineering and plant biostimulants for sustainable crop improvement and mitigation of biotic and abiotic stresses [J]. Discover Food, 2 (1): 1-23.

MANSFIELD E, 1961. Technology change and the rate of imitation [J]. Econometrics, 29 (4): 741-765.

NASEEM A, SPIELMAN J D, OMAMO W S, 2010. Private-sector investment in R&D: a review of policy options to promote its growth in developing-country agriculture [J]. Agribusiness, 26 (1): 143-173.

NASIEROWSKI W, ARCELUS F, 1999. Interrelationships among the elements of national innovation systems: A statistical evaluation [J]. European Journal of Operational Research, 119 (2): 235-253.

PADEL S, 2001. Conversion to organic farming: a typical example of the diffusion of an innovation? [J]. Sociologia Ruralis, 41 (1): 40-61.

PAUL K, BHUIMALI A, SINHA R, et al., 2020. Agricultural data science as a potential field and promoting agricultural activities & sustainable agriculture [J]. International Journal of Information Science and Computing, 7 (2): 49-62.

PEREIRA S, OWEIS T, ZAIRI A, 2002. Irrigation management under water scarcity [J]. Agricultural Water Management, 57 (3): 175-206.

PIERCE J F, NOWAK P, 1999. Aspects of Precision Agriculture [J]. Advances in Agronomy, 67: 1-85.

ROGERS E M, 1983. Diffusion of innovations [M]. New York: The Free Press.

ROGERS M, 1962. Diffusion of innovations [M]. New York: The Free Press of Glencoe.

ROSTOW W W, 1960. The stages of economic growth: A non-communist manifesto [M]. New York: Cambridge University Press.

RYAN B, GROSS C, 1943. Acceptance and diffusion of hybrid corn seed in two Iowa communities [J]. Journal of the Electrochemical Society, 116 (3): 323-328.

SCHMOOKLER J, 1965. Technological change and economic theory [J]. The American Economic Review, 1 (2): 333-341.

SHERWOOD S, UPHOFF N, 2000. Soil health: research, practice and policy for a more regenerative agriculture [J]. Applied Soil Ecology, 15 (1): 85-97.

SINGH B K, TRIVEDI P, et al., 2018. Emerging microbiome technologies for sustainable increase in farm productivity and environmental security [J]. Microbiology Australia, 39 (1): 17-23.

SMALL H, 1973. Co-citation in the scientific literature: a new measure of the relationship between two documents [J]. Journal of the American Society for Information Science, 24 (4): 265-269.

SOLOW M, 1956. A contribution to the theory of economic growth [J]. The Quarterly Journal of Economics, 70 (1): 65-94.

SULAIMAN V, HALL A, 2002. Beyond technology dissemination: reinventing agricultural extension [J]. Outlook on Agriculture, 31 (4): 225-233.

SUTHERLAND L, DARNHOFER I, 2012. Of organic farmers and 'good farmers': Changing habitus in rural England [J]. Journal of Rural Studies, 28 (3): 232-240.

TALCOTT P, 1937. The structure of social action [M]. New York: Free Press.

TEECE J D, PISANO G, SHUEN A, 1997. Dynamic capabilities and strategic management [J]. Strategic Management Journal, 18 (7): 509-533.

TONLE F B N, NIASSY S, NDADJI M M Z, et al., 2024. A road map for developing novel decision support system (DSS) for disseminating integrated pest management (IPM) technologies [J]. Computers and Electronics in Agriculture, 217: 1-19.

TORNATZKY G L, KLEIN J K, 1982. Innovation characteristics and innovation adoption-implementation: A meta-analysis of findings [J]. IEEE Transactions on Engineering Management, 29 (1): 28-43.

XU H Q, 2022. Molecular science for the future agriculture 4.0 [J]. Advanced Agrochem, 1 (1): 1-2.

YASER J, SANA F, MOATH J, et al., 2023. Smart and sustainable agriculture: Fundamentals, enabling technologies, and future directions [J]. Computers and Electrical Engineering (110): 1-11.

ZAINAB A, LIAQUAT R, MERAJ S, 2019. Major barriers to the diffusion of bio-digestion technology in Pakistan [J]. International Journal of Energy Sector Management, 14 (3): 569-582.

ZAMASIYA B, NYIKAHADZOI K, MUKAMURI B, 2017. Factors influencing small holder farmers' behavioural intention towards adaptation to climate change in transitional climatic zones: A case study of Hwedza District in Zimbabwe [J]. Journal of Environmental Management, 198 (1): 233-239.

附 录

附录1 四川农业领域研究热点初选结果

宏观领域(6)	中观领域(21)	微观领域(35)	研究热点(111)	施引文献	被引频次	文章数量	篇均被引频次	平均出版时间*
农业工程(agricultural engineering)	生物工程(bioengineering)	厌氧消化(anaerobic digestion)	1. 厌氧消化反应器改进、流程优化和严格的生命周期评估，并在商业规模上部署预处理技术 2. 厌氧消化原料预处理，与不同基质的共同消化以及接种效率，以提高厌氧过程的性能，尤其是这些技术对木质纤维素降解的影响	825	917	38	24.13	2020.37
		活性污泥(activated sludge)	提高消化废水中污染物去除效率，譬如利用外部碳源来增强氮和磷的去除	238	259	13	19.85	2019.53
		微生物燃料电池(microbial fuel cell)	微生物燃料电池技术	141	150	9	16.67	2020

（续表）

宏观领域（6）	中观领域（21）	微观领域（35）	研究热点（111）	施引文献	被引频次	文章数量	篇均被引频次	平均出版时间*
农业工程（agricultural engineering）	土壤科学（soil science）	堆肥（composting）	1. 有机固体废物堆肥过程应用沸石和其他添加剂产生的变化 2. 沸石应用于堆肥过程的最新进展及其对堆肥质量、土壤修复、营养管理和植物生长的影响 3. 堆肥过程中细菌群落的动态变化 4. 如何加速堆肥过程并提高效率 5. 进一步研究复合添加剂，可重复使用的多孔材料以及微生物添加剂在各种堆肥过程中的活性以减少堆肥中的氨损失	347	416	12	34.67	2021.08
	作物科学（crop science）		整合转录组学和代谢组学以研究某种环境胁迫下某种作物耐性相关的关键和候选基因研究	96	96	13	7.38	2020.85
	农业机械（agricultural machinery）		1. 播种机排种技术研究 2. 精准农业相关技术研究 3. 专门适用于液体厩肥或其他液体肥料，包括运输罐、喷洒车等	98	354	20	17.71	2020.13

（续表）

宏观领域(6)	中观领域(21)	微观领域(35)	研究热点(111)	施引文献	被引频次	文章数量	篇均被引频次	平均出版时间*
农业乳品和动物科学(agricultural, dairy, animal science)	乳品和动物科学(dairy & animal sciences)	乳猪(piglet)	1. 调整日粮配比，额外添加营养元素对断奶时仔猪肠道菌群的建立影响 2. 日粮对仔猪肠道微生物多样性、结构和演替的影响	1 330	1 255	168	9.52	2020.12
		肉质(meat quality)	1. 利用计算机视觉用于评估肌肉（肌纤维）的各种质量参数 2. 通过日粮添加能促进猪肌纤维生长 3. 利用获得性和功能丧失试验，及荧光素酶活性测定技术探索微RNA在肌纤维规范中的决定性作用	269	284	37	7.68	2019.86
		动物福利(animal welfare)	1. 改善母猪的繁殖性能 2. 母猪产后护理 3. 母猪的淘汰研究（特定时间段扑杀）	224	276	32	8.63	2020.34
	微RNA和长链非编码RNA(micro & long noncoding RNA)	微RNA(miRNA)	1. ACACA基因敲除的相关研究（用于研究代谢性疾病） 2. 微RNA转录组的比较	86	89	21	4.24	2020.33
		长链非编码RNA(LncRNA)	1. 全基因组鉴定与表征 2. 长链非编码RNA在动物表型特征方面（如山羊毛囊、鸡/兔的骨骼肌）鉴定、表达以及在生长发育过程中的功能和调控机制	77	81	13	6.23	2020.54
	炎症性肠病和感染(inflammatory bowel diseases & infections)	肠道微生物群(gut microbiota)	1. 某营养素在肠道微生物的作用 2. 某营养素对动物肠菌群多样性和结构的影响	399	420	56	7.5	2020.70

(续表)

宏观领域(6)	中观领域(21)	微观领域(35)	研究热点(111)	施引文献	被引频次	文章数量	篇均被引频次	平均出版时间*
	作物科学(crop science)	QTL	1. EST-SSR 分子标记技术检测种群基因功能的遗传多态性 2. QTL 图谱的开发和应用 3. 一种名为定量性状基因测序的新方法，用于加速 QTL 的精细定位 4. 抗性、产量等基因鉴定 5. 原位杂交（FISH）核型分析技术 6. 为作物重复序列生成的综合遗传图谱的位置，并有助于提定这些簇周围区域的基因组序列组装质量高这些簇重整理遗传图谱（构建整理遗传图谱）	59	60	17	3.53	2019.88
农业多学科(agriculture, multidisciplinary)		非生物胁迫(salt stress)	1. 利用不同外源诱发子提高作物的耐热胁迫性（背景：全球变暖增加了热应激的风险） 2. 集约化种植或者干旱/渍涝等复合胁迫对作物产量的影响 3. 鉴定和应用耐盐或耐旱基因等以增强作物对环境胁迫的耐受性	66	66	15	4.4	2019.6
	土壤科学(soil science)	微生物量	评估生态恢复后土壤有机碳（SOC）和无机碳（SIC）储量的变化碳预算和评估生态效应（用于估算区域）	648	655	16	40.94	2019.56
		氮素(Nitrogen)	1. 氮素利用效率 2. 碳氮流失	88	89	15	5.93	2021.06

（续表）

宏观领域(6)	中观领域(21)	微观领域(35)	研究热点(111)	施引文献	被引频次	文章数量	篇均被引频次	平均出版时间*
	植物化学物(phytochemicals)	抗氧化活性(antioxidant activity)	作物（植物）的生物活性化合物、保健功能和应用	45	45	6	7.5	2020.66
		绿茶(green tea)	茶树基因组研究及功能分析（中国热点）	39	39	5	7.8	2020.6
农业多学科(agriculture, multidisciplinary)	植物病理学(plant pathology)	植物根际促生菌(PGPR)	1. 寻找安全有效的生物防治方法代替化学防治 2. 使用促生菌作为果蔬采后病害的生物防治剂 3. 植物生长促进：如何利用PGPR来提高植物的生长、产量和质量。包括：探索不同类型的PGPR对不同植物品种的影响，以及它们对植物生长素产生、根系发育和营养元素吸收的影响 4. 生物防御和免疫系统：如何利用PGPR来增强植物的自然抗病能力，从而降低对农药的依赖 5. 促生菌对环境胁迫的响应：PGPR如何减轻环境胁迫对植物的不利影响，提高植物在恶劣环境下的存活能力 6. 分子作用机制：揭示PGPR与植物之间的相互作用机理。研究涉及分析PGPR对植物基因表达的影响、信号传导途径的激活等	54	55	6	9.17	2020.17

（续表）

宏观领域(6)	中观领域(21)	微观领域(35)	研究热点(111)	施引文献	被引频次	文章数量	篇均被引频次	平均出版时间*
	作物保护（crop protection）	收获机器人（harvesting robot）	计算机视觉/深度学习辅助采摘/分类/预测产量	105	105	6	17.5	2021.33
农业多学科（agriculture, multidisciplinary）	食品技术和科学（food technology & science）	β-乳球蛋白（Beta-lactoglobulin）	1. 蛋白质改性与功能性：研究关注蛋白质的物理化学性质和功能性在不同处理条件下的改变。研究包括不同的物理化学处理，如低温挤压、连续的pH调节、超声波处理等，以及这些处理对蛋白质功能性的影响 2. 食物稳定性和消化性：对食物中成分的稳定性和消化性质的研究。研究关注食物中不同成分（如蛋白质、脂肪、营养素等）的相互作用，以及在不同处理条件下这些相互作用的变化 3. 微生物学和消化健康：微生物和蛋白质之间的相互作用对消化健康的影响。包括益生菌的作用、肠道炎症和屏障功能等方面 4. 天然产物与保健功能：食品中天然化合物对健康的影响。比如天然产物（如多酚类化合物、维生素等）在食物中的相互作用和稳定性 5. 纳米技术在食品中的应用：纳米技术在食品中的应用，如纳米胶囊的制备和其在食物中的功能性应用	129	141	11	12.82	2020.63

（续表）

宏观领域(6)	中观领域(21)	微观领域(35)	研究热点(111)	施引文献	被引频次	文章数量	篇均被引频次	平均出版时间*
农业多学科 (agriculture, multidisciplinary)	食品技术和科学 (food technology & science)	淀粉 (starch)	1. 淀粉消化与血糖水平：多酚类化合物如何影响淀粉消化和血糖水平。例如，多酚类化合物对淀粉消化酶（如α-淀粉酶和α-葡萄糖苷酶）的抑制作用，以及如何减缓血糖的升高 2. 淀粉-脂质和淀粉-蛋白质复合物：涵盖淀粉与脂质、蛋白质之间的相互作用。譬如如何形成淀粉-脂质、蛋白质-脂质-蛋白质复合物，以及这些复合物对淀粉消化和食品性质的影响 3. 淀粉-蛋白质相互作用：淀粉-蛋白质相互作用对食品混合物的物理化学和消化性质的影响 4. 食品结构与消化：在不同加工条件下淀粉的多尺度结构变化，以及这些变化对淀粉消化的影响 5. 多酚类化合物的抑制机制，包括不同多酚类化合物如何干预淀粉消化酶的活性 6. 自组装复合物的形成、结构和功能，不同复合物的自组装过程以及自组装复合物对食品性质和消化的影响	34	34	9	3.78	2020.56

(续表)

宏观领域(6)	中观领域(21)	微观领域(35)	研究热点(111)	施引文献	被引频次	文章数量	篇均被引频次	平均出版时间*
渔业(fisheries)			1. 集约化水产养殖或自然流域等水生环境中，鱼类受到温度和缺氧胁迫的机制研究 2. 膳食缺少（磷、缬氨酸等物质）或添加对鱼类生长性能、消化能力、健康状况及生长基因表达的影响 3. 鱼类基因组测序及转录组分析	2 475	3 388	395	8.58	2020.27
植物科学(plant science)	作物科学(crop science)	QTL	基于全基因组关联图谱和基因组预测分析，挖掘小麦、玉米、水稻等作物基因有利用价值的数量遗传位点（QTL），并研究其与其他重要农艺性状之间的遗传关系，为精细定位和分子辅助选择育种奠定基础	2 378	3 731	328	11.38	2020.21
		非生物胁迫(salt stress)	研究影响植物生长的主要非生物胁迫因素，包括盐胁迫、热胁迫、干旱胁迫，植物激素脱落酸（ABA）等在植物发育过程和非生物胁迫反应中的作用	3 104	3 521	245	14.37	2020.22
		拟南芥(Arabidopsis)	1. 使用靶标模拟方法抑制微RNA，增强对稻瘟病的抵抗力，提高谷物产量并缩短生长期 2. 研究miR398b在水稻免疫中的功能，多个超氧化物歧化酶基因有助于miR398b调节水稻对稻瘟病的免疫力 3. 拟南芥免疫相关基因启动子对免疫信号分子的响应强度研究	2 261	2 636	190	28	2020.35

(续表)

宏观领域(6)	中观领域(21)	微观领域(35)	研究热点(111)	施引文献	被引频次	文章数量	篇均被引频次	平均出版时间*
	作物科学(crop science)	粮食产量(grain yield)	1. 温度和太阳辐射、播种方式影响水稻和小麦抗倒伏性、生产和谷物质量和耐热机制研究 2. 谷类作物耐热基因筛选和耐热品种选育研究 3. 秸秆覆盖免耕对小麦分蘖积极影响的机制研究 4. 基于 SNP 的高密度基因分型鉴定与验证普通小麦功能及其定量性状位点 5. 分析裂颖吸收及其在稻麦和大豆-小麦种植系统中对籽粒产量和蛋白质品质相关性状的贡献	134	134	25	5.36	2020.96
植物科学(plant science)	植物化学物(phytochemicals)	三萜类化合物(triterpenoids)	1. 柴胡皂苷、粗壮女贞叶、大蒜的药理作用研究 2. 地榆细胞毒性分析 3. 南蛇藤属（Celastrus L.）的植物、五叶草、香附（Cyperi Rhizoma, CR）、蓝根等中药的民族药理学相关研究 4. 高含氧三萜类化合物和稀有四萜类化合物及其抗菌活性	357	370	49	7.55	2020.10
	系统发育学和基因组学(phylogenetics & genomics)	线粒体基因组(mitochondrial genome)	基于线粒体基因组序列的葱属（葱科）、百合科系统发育、年龄的研究以及基于叶绿体基因组对物种的适应性进化研究	864	1 175	138	8.51	2020.27

（续表）

宏观领域(6)	中观领域(21)	微观领域(35)	研究热点(111)	施引文献	被引频次	文章数量	篇均被引频次	平均出版时间*
植物科学(plant science)	土壤科学(soil science)	间作(interplant)	1. 玉米-大豆间作系统的种间效应、土地生产力 2. 土壤有机质和土壤氨含量的影响 3. 遮阴处理、光合效率对大豆产量的影响 4. 玉米-大豆间作体系的最佳种植密度	428	543	30	18.1	2020.6
	植物病理学(plant pathology)	真菌(fungi)	1. 通过抗性宿主与易感宿主的生理反应进行核桃培育抗病真菌的鉴定和抗性评估，研究核桃炭疽病病核桃 2. 褪黑激素和丛枝菌根真菌通过增加菌根定植和养分吸收，协同提高猕猴桃幼苗的耐旱性	44	45	14	3.21	2020.85
	林草科学(forestry)	牧草(rangelands)	1. 高原鼠兔洞活动对中国高寒莎草甸草原性畜草比的影响 2. 青藏高原高寒草甸草原营养和产量的影响 3. 基于生态系统耦合与生态系统多功能性对高寒草甸放牧诱导植物演替进行分析研究	100	111	10	11.1	2020.9
食品科学与技术(food science & technology)	作物学(crop science)	稳固性(firmness)	1. 苦荞种子发育过程中黄酮化合物生物合成机制 2. 高速剪切法提取西番莲果皮并对其结构和流变学特性进行研究 3. 声学振动法在农产品质量无损评价中的应用 4. 乙烯反应因子在果实后熟中的作用 5. 猕猴桃货架期品质动力学及寿命预测模型 6. 猕猴桃不同发育时期营养成分的代谢组学和转录组学分析	349	366	32	11.44	2020.56

（续表）

宏观领域(6)	中观领域(21)	微观领域(35)	研究热点(111)	施引文献	被引频次	文章数量	篇均被引频次	平均出版时间*
		花青素生物合成 (anthocyanin biosynthesis)	基于转录组学和代谢组学的苦荞种子的黄酮化合物/黄酮醇生物合成机制研究	127	135	16	8.44	2021.37
		肉鸡 (broiler)	1. 鸡蛋壳基质蛋白质组学、磷酸化蛋白质组学和N-糖蛋白质组学的综合分析 2. 海藻寡糖对猪肠道的作用 3. 精氨酸对猪骨骼肌的作用及影响机制 4. 甲基供体对后代仔猪生长性能、胴体性状和肉质影响 5. 低蛋白日粮在仔猪、肉鸡中的应用及相关影响	178	184	19	9.68	2019.58
食品科学与技术 (food science & technology)	乳品和动物科学 (dairy & animal science)	肉质 (meat quality)	1. 应用高通量测序技术研究肉质微生物群落多样性、细菌群落及理化特性及微生物安全性评价 2. 西藏猪肉食用品质的形成机制 3. 牦牛肉氧化过程中挥发性肉风味的变化研究及提高牦牛肉嫩度的相关研究 4. 肉类肌原纤维蛋白的结构（超微结构、微观结构）、凝胶特性、水流动性、功能修饰、氧化机理的研究 5. 酚类化合物在肉糜制品中的应用 6. 育肥猪肉质、肌纤维特性和抗氧化能力的研究 7. 中国兔产业发展	909	1130	97	11.65	2020.97

(续表)

宏观领域(6)	中观领域(21)	微观领域(35)	研究热点(111)	施引文献	被引频次	文章数量	篇均被引频次	平均出版时间*
食品科学及技术(food science & technology)	食品科学(food science)	β-乳球蛋白(beta-lactoglobulin)	1. N-糖蛋白组的鉴定、生物学功能和结构性质研究 研究范围：鸡、鸭蛋白、大豆蛋白 技术方法：定量分析、超声预处理、生物络合模型、计算机模拟、多光谱技术、生物信息学分析等 2. 豆类蛋白质的理化和功能特性研究 技术方法：计算机模拟、多光谱技术等 3. 表没食子儿茶素没食子酸酯（EGCG）对大豆分离蛋白（SIP）功能和结构性质的影响 技术方法：荧光分析、紫外-可见光谱等 4. 魔芋葡甘低聚糖的结构分析和生理活性研究	1 439	1 848	112	16.5	2020.88
		淀粉(starch)	1. 籼稻品种食味值与化学成分研究 2. 水稻品种育种早期味觉评价 3. 水稻品种直链淀粉和蛋白质含量研究 4. 淀粉与不同酚类化合物的相互作用及作用机理 5. 淀粉结构和理化性质对其在食品工业应用中的影响	848	931	82	11.35	2020.69

*平均出版时间＝每篇文献出版年份之和÷文献总数。

附录 2 四川农业领域研究热点排序

微观主题	研究热点	核心论文（篇）	核心论文平均出版年	综合排名
QTL	基于全基因组关联图谱和基因组预测分析，挖掘小麦、玉米、水稻等作物具有利用价值的数量遗传位点（QTL），并研究其与其他重要农艺性状之间的遗传关系，为精细定位和分子辅助选择育种奠定基础	328	2020.21	1
非生物胁迫	研究影响植物生长的主要非生物胁迫因素，包括盐胁迫、热胁迫、干旱胁迫等；植物激素脱落酸（ABA）等在植物发育过程和非生物胁迫反应中的作用	245	2020.22	2
拟南芥	1. 使用靶标模拟方法抑制微 RNA，增强对稻瘟病的抵抗力，提高谷物产量并缩短生长期 2. 研究 miR398b 在水稻免疫中的功能，发现多个超氧化物歧化酶基因有助于 miR398b 调节水稻对稻瘟病的免疫力 3. 拟南芥免疫相关基因启动子对免疫信号分子的响应强度研究	190	2020.35	3
β-乳球蛋白	1. N-糖蛋白组的鉴定、生物学功能和结构性质研究 2. 豆类蛋白质的理化和功能特性研究 3. 表没食子儿茶素没食子酸酯（EGCG）对大豆分离蛋白（SIP）功能和结构性质的影响 4. 魔芋葡甘低聚糖（KGOS）的结构分析和生理活性研究	112	2020.88	4
乳猪	1. 调整日粮配比、额外添加营养元素对断奶时仔猪肠道菌群建立的影响，包括（日粮）对仔猪肠道微生物多样性、结构和演替的影响	168	2020.12	5
线粒体基因组	基于线粒体组序列的葱属（葱科）、百合科系统发育、年龄的研究以及基于叶绿体基因组序列对物种的适应性进化研究	138	2020.28	6

(续表)

微观主题	研究热点	核心论文（篇）	核心论文平均出版年	综合排名
肉质	1. 应用高通量测序技术研究肉质微生物群落多样性、细菌群落及理化特性及微生物安全性评价 2. 西藏猪肉食用品质的形成机制 3. 牦牛肉氧化过程中挥发性风味的变化研究及提高牦牛肉嫩度的相关研究 4. 肉类肌原纤维蛋白的结构（超微结构、微观结构）、凝胶特性、水流动性、功能修饰、氧化机理的研究 5. 酚类化合物在肉糜制品中的应用 6. 育肥猪肉质、肌纤维特性和抗氧化能力的研究 7. 中国兔产业发展	97	2020.97	7
淀粉	1. 籼稻品种食味值与化学成分研究 2. 水稻品种育种早期味觉评价 3. 水稻品种直链淀粉和蛋白质含量研究 4. 淀粉与不同酚类化合物的相互作用及作用机理 5. 淀粉结构和理化性质对其在食品工业中应用的影响	82	2020.70	8
厌氧消化	1. 厌氧消化反应器改进，流程优化和严格的生命周期评估，并在商业规模上部署预处理技术 2. 厌氧消化原料预处理，与不同基质的共同消化以及接种效率，以提高厌氧过程的性能，尤其是这些技术对木质纤维素降解的影响	38	2020.37	9
土壤微生物	评估生态恢复后土壤有机碳（SOC）和无机碳（SIC）储量的变化（用于估算区域碳预算和评估生态效应）	16	2019.56	10
堆肥	1. 对有机固体废物（OSW）堆肥过程应用沸石（zeolite）和其他添加剂产生的变化 2. 沸石应用于OSW堆肥过程的最新进展及其对堆肥质量、土壤修复、营养管理和植物生长的影响 3. 堆肥过程中细菌群落的动态变化 4. 如何加速堆肥过程并提高效率 5. 进一步研究复合添加剂、可重复使用的多孔材料以及微生物添加剂在各种堆肥过程中的活性，以减少堆肥中的氮损失	12	2021.08	11
间作	1. 玉米-大豆间作系统的种间效应、土地生产力 2. 间作对土壤有机质和土壤氮含量的影响 3. 遮阴处理、光合效率对大豆产量的影响 4. 玉米-大豆间作体系的最佳种植密度	30	2020.60	12

(续表)

微观主题	研究热点	核心论文（篇）	核心论文平均出版年	综合排名
肠道微生物	1. 某营养素在肠道微生物组的作用 2. 某营养素对动物肠菌群多样性和结构的影响	56	2020.70	13
稳固性	1. 苦荞种子发育过程中黄酮化合物生物合成机制 2. 高速剪切法提取西番莲果皮果胶并对其结构和流变学特性进行研究 3. 声学振动法在农产品质量无损评价中的应用 4. 乙烯反应因子在果实后熟中的作用 5. 猕猴桃货架期间品质动力学及寿命预测模型 6. 猕猴桃不同发育时期营养成分的代谢组学和转录组学分析	32	2020.56	14
三萜类化合物	1. 柴胡皂苷、粗壮女贞叶、大戟的药理作用研究 2. 地榆细胞毒性分析 3. 南蛇藤属（*Celastrus* L.）的植物、五叶草、香附（Cyperi Rhizoma, CR）、板蓝根等中药的民族药理学相关性研究 4. 高含氧三萜类化合物和稀有四萜类化合物及其抗菌活性	49	2020.10	15
收获机器人	计算机视觉/深度学习辅助采摘/分类/预测产量	6	2021.33	16
动物福利	1. 改善母猪的繁殖性能 2. 母猪产后护理 3. 母猪的淘汰研究（特定时间段扑杀）	32	2020.34	17
花青素生物合成	基于转录组学和代谢组学的苦荞及种子的黄酮化合物/黄酮醇生物合成机制研究	16	2021.38	18
活性污泥	提高消化废水中污染物去除效率，譬如利用外部碳源来增强氮和磷的去除	13	2019.54	19
牧草	1. 高原鼠兔挖洞活动对中国高寒莎草草甸草/莎草比的影响 2. 青藏高原高寒草原牲畜密度对牧草营养和产量的影响 3. 基于生态系统耦合与生态系统多功能性对高寒草甸放牧诱导植物演替进行分析研究	10	2032.90	20
肉质	1. 利用计算机视觉用于评估肌肉（肌纤维）的各种质量参数 2. 通过日粮添加物促进猪肌纤维生长 3. 利用获得性和功能丧失试验和荧光素酶活性测定技术探索微RNA在肌纤维规范中的决定性作用	37	2019.86	21

（续表）

微观主题	研究热点	核心论文（篇）	核心论文平均出版年	综合排名
β-乳蛋白	1. 蛋白质改性与功能性：蛋白质的物理化学性质和功能性在不同处理条件下的改变。研究包括不同的物理化学处理，如低温挤压、连续的pH值调节、超声波处理等，以及这些处理对蛋白质功能性的影响 2. 食物稳定性和消化性：对食物中成分的稳定性和消化性质的研究。研究食物中不同成分（如蛋白质、脂肪、营养素等）的相互作用，以及在不同处理条件下这些相互作用的变化 3. 微生物学和消化健康：微生物和蛋白质之间的相互作用对消化健康的影响，包括益生菌的作用、肠道炎症和屏障功能等方面 4. 天然产物与保健功能：食品中天然化合物对健康的影响。比如不同的天然产物（如多酚类化合物、维生素等）在食物中的相互作用和稳定性 5. 纳米技术在食品中的应用：纳米技术在食品中的应用，如纳米胶囊的制备和其在食物中的功能性应用	11	2020.64	22
粮食产量	1. 温度和太阳辐射、播种方式影响水稻和小麦抗倒伏性、生产和谷物质量的机制研究 2. 谷类作物耐热基因筛选和耐热品种选育研究 3. 秸秆覆盖免耕（SMNT）对小麦分蘖积极影响的机制研究 4. 基于SNP的高密度基因分型鉴定与验证普通小麦功能性状的定量性状位点 5. 分析氮（N）吸收及其在稻麦（RW）和大豆-小麦（SW）种植系统中对籽粒产量和蛋白质品质相关性状的贡献	25	2020.96	23
微生物燃料电池	微生物燃料电池技术	9	2020.00	24
氮素	1. 氮素利用效率研究 2. 土壤碳氮流失研究	15	2021.07	25
非生物胁迫	通过整合转录组学和代谢组学研究某种环境胁迫下某种作物耐性相关的关键代谢、途径和候选基因	13	2020.85	26

附　录

（续表）

微观主题	研究热点	核心论文（篇）	核心论文平均出版年	综合排名
肉鸡	1. 鸡蛋壳基质蛋白质组学、磷酸化蛋白质组学和 N-糖蛋白质组学的综合分析 2. 海藻寡糖对猪肠道的作用 3. 精氨酸对猪骨骼肌的作用及影响机制 4. 甲基供体对后代仔猪生长性能、胴体性状和肉质影响 5. 低蛋白日粮在仔猪、肉鸡中的应用及相关影响	19	2019.58	27
长链非编码 RNA	1. 全基因组鉴定与表达分析 2. 长链非编码 RNA 在动物表型特征方面（如山羊毛囊，鸡/兔的骨骼肌）鉴定、表达以及在生长发育过程中的功能和调控机制	13	2020.54	28
抗氧化活性	作物（植物）的生物活性化合物、保健功能和应用	6	2020.67	29
真菌	1. 通过抗性宿主与易感宿主的生理反应进行核桃炭疽病真菌的鉴定和抗性评估，研究培育抗炭疽病核桃 2. 褪黑激素和丛枝菌根真菌通过增加菌根定植和养分吸收，协同提高猕猴桃幼苗的耐旱性	14	2020.86	30
微 RNA	1. ACACA 基因敲除的相关研究（用于研究代谢性疾病） 2. 微 RNA 转录组的比较研究	21	2020.33	31
绿茶	茶树基因组研究及功能分析	5	2020.60	32
根际促生菌 PGPR	1. 寻找安全有效的生物防治方法代替化学防治 2. 使用促生菌作为果蔬采后病害的生物防治剂 3. 植物生长促进：如何利用 PGPR 来提高植物的生长、产量和质量。包括探索不同类型的 PGPR 对不同植物品种的影响，以及它们对植物的生长素产生、根系发育和营养元素吸收的影响 4. 生物防御和免疫系统：如何利用 PGPR 来增强植物的自然抗病能力，从而降低对农药的依赖 5. 促生菌对环境胁迫的响应：PGPR 如何减轻环境胁迫对植物的不利影响，提高植物在恶劣环境下的存活能力 6. 分子机制：揭示 PGPR 与植物之间的相互作用机制。研究分析 PGPR 对植物基因表达的影响、信号传导途径的激活等	6	2020.17	33

(续表)

微观主题	研究热点	核心论文（篇）	核心论文平均出版年	综合排名
淀粉	1. 淀粉消化与血糖水平：多酚类化合物如何影响淀粉消化和血糖水平。例如，多酚类化合物对淀粉消化酶（如 α-淀粉酶和 α-葡萄糖苷酶）的抑制作用，以及如何减缓血糖的升高 2. 淀粉-脂质和淀粉-脂质-蛋白质复合物：涵盖淀粉与脂质、蛋白质之间的相互作用。譬如如何形成淀粉-脂质和淀粉-脂质-蛋白质复合物，以及这些复合物对淀粉消化和食品性质的影响 3. 淀粉-蛋白质相互作用：淀粉-蛋白质相互作用对食品混合物的物理化学和消化性质的影响 4. 食品结构与消化：在不同加工条件下淀粉的多尺度结构变化，以及这些变化对淀粉消化的影响 5. 多酚类化合物的抑制机制，包括不同多酚类化合物如何干预淀粉消化酶的活性 6. 自组装复合物的形成、结构和功能，不同复合物的自组装过程以及这些自组装复合物对食品性质和消化的影响	9	2020.56	34
QTL	1. EST-SSR 分子标记技术，检测种群基因功能的遗传多态性 2. QTL 图谱的开发和应用 3. QTG-seq 的新方法，用于加速 QTL 的精细定位 4. 抗性/产量等基因鉴定 5. 原位杂交（FISH）核型分析技术 6. 为作物生成的综合遗传图谱有助于确定串联重复 DNA 簇的位置，并有助于提高这些块周围区域的基因组序列组装质量	17	2019.88	35
非生物胁迫	1. 利用不同外源诱发子提高作物的耐热胁迫性 2. 集约化种植或者气候条件变化下，遮阴/干旱/渍涝等复合胁迫对作物产量的影响 3. 鉴定和应用耐盐或耐旱基因等以增强作物对环境胁迫的耐受性	15	2019.60	36
渔业	1. 集约化水产养殖或自然流域等水生环境中，鱼类受到温度和缺氧胁迫的机制研究 2. 膳食缺少（磷/赖氨酸等物质）或添加对鱼类生长性能、消化能力、健康状况及生长相关基因表达的影响 3. 鱼类基因组测序及转录组分析	395	2020.27	*

附录3 推进四川县域农业科技现代化的对策建议
——以邛崃市成功创建全国农业科技现代化先行县为例

邛崃市位于成都平原西部，四川省辖县级市，由成都市代管，距成都市区65千米。全市1 377千米^2，境内平坝、浅丘、深丘和低中山兼有的多样地貌，自然条件丰富多样，在四川乃至西南地区具有典型代表性。先后荣获全国产粮大县、国家级制种大县等荣誉，属于成都市"天府粮仓"建设的重点区域之一。2023年4月，邛崃市获评首批"全国农业科技现代化先行县"。2023年省委"一号文件"也提出要强化农业科技支撑，培育建设一批农业科技现代化先行县。2023年以来，中国工程科技发展战略四川研究院咨询研究项目"四川农业科技现代化路径及机制研究"项目组多次赴邛崃，采用现场走访、交流座谈、问卷调查等方式，进行解剖麻雀式调研，旨在梳理邛崃如何破解先行县建设所面临的现实问题、总结其主要做法与成效、探索实现县域农业科技现代化的邛崃路径，供四川省省级农业科技现代化先行县及全省农业科技现代化建设参考借鉴。

（一）面临的现实问题

农业农村现代化，首先要农业科技现代化。农业科技现代化先行县创建旨在探索县域实现农业科技现代化的新机制新模式，在实践中回答好"藏粮于技""农业科技现代化"等问题，走出一条科技创新驱动乡村振兴的新路子。2021年邛崃作为四川唯一一个县（市、区），列入全国农业科技现代化先行县创建。邛崃作为全国现代种业园区虽然基础条件好于全省其他县（市、区），但要创建农业科技现代化先行县仍存在诸多堵点、痛点、难点，其面临的现实问题主要有。

1. 主导产业发展不突出

邛崃在农业产业方面具有优势，粮油、茶叶、林果等产业基础情况较好，但同时也存在着其农业产业大而不强、主导产业发展不突出的问题。以现代种业为例，仍存在商业化育种创新水平不高、新品种转化推广不足、种业企业市场竞争力不强等影响粮食安全的基础性问题。种业资源要素集聚不够，天府现代种业园总部区建设虽已初具成效，但是缺乏社会资本投入和国家级重点实验室等重要科研平台，种业总部还未形成，邛崃种业在全国发展位势不高。

2. 科技要素集聚能力弱

科技资源向县域集聚、科技人才向乡村流动的机制仍不畅。由于综合环境条件相对城镇环境条件差距较大,高科技人才首选大城市工作和生活。相较成都市中心,邛崃的交通条件、环境条件和物资条件都相对较薄弱,对农业科技人才吸引力较弱。2021年末邛崃全市农村劳动力具有高中及以上文化程度的劳动力占比不足20%,而大专及以上文化程度的劳动力仅占6%。

3. 科技支撑引领作用不明显

邛崃市拥有包括文君茶业、新兴粮油等农业科技企业,以及一批农业科技园区和农业科研机构。这些企业和机构在科技创新和成果转化方面发挥着重要作用。但与国内其他先进地区相比,还存在一定差距。科技创新和转化能力不高,高层次、复合型科技人才相对缺乏,科技支撑能力不足,对于高质量经济发展引领作用不明显。科技投入还相对不足,缺乏持续稳定的科技投入机制和资金支持,严重制约了邛崃农业科技创新发展。

(二)主要做法与成效

邛崃市全国农业科技现代化先行县共建工作开展以来,四川省农业农村厅、邛崃市和对口技术单位四川省农业科学院通过深入分析、问题导向、统筹谋划,确定聚力打造种业高地,引领全域农业科技现代化发展的总体思路,通过2年多的不懈努力,圆满完成了创建任务,形成了一些好做法、好经验,对全省推动先行县共建工作具有重要借鉴意义。

1. 夯实种业芯片,锻长板,提升主导产业竞争力和影响力

建设种质资源中心库,组建四川现代种业研究院、农业农村部天府种业创新重点实验室邛崃分中心,集聚科研单位、种业龙头企业力量,支撑"一核两园九片""天府粮仓"建设。设立现代种业园区管委会专职服务,先后引进种业首席专家3名、科研团队10个,引育镉低积累品种德粳4号、油菜川油81、茶树金凤1号、酿酒粮佳酿红19、天府黑猪等35个新品种,初步形成"育繁推"一体化、"产加销"一条龙产业体系,建成国家级杂交水稻制种基地8万亩,良种覆盖率达98%以上,荃银酿酒粮种子、新兴小榨香油、文君黑茶、邛崃黑猪肉等品牌竞争力和影响力全面提升。还成功举办中国鲜食玉米大会、天府国际种博会、长江中上游水稻新品种集中展示示范现场会等大型节会21次,展示推广品种达2 600余个。种业创新能力有效提高,全市农业科技进步贡献率达到72%,超过全省平均水平10个百分点。

2. 健全产业科技链,补短板,育强上中下游各类主体

邛崃市将农业科技和人才培育工作纳入全市重中之重的工作,建立主要领导亲自挂帅、重点工作成立专班推进的常态化机制,先后制定出台《邛崃市加快推进乡村人才若干措施》《关于加快推进现代种业发展的若干意见》《邛崃市知识产权

资金资助使用办法》《法治邛崃建设规划（2021—2025年）》，率先建立成都知识产权审判庭（邛崃）巡回法庭等。在科技上游供给方面，高质量建设3 000亩科研用地及配套建设用地，以前期无偿使用方式，引进四川省农业科学院DUS（特异性、一致性和稳定性）测试、天府种业创新实验室、种质资源中心库等落地邛崃，川农大天府黑猪、荣稻科技扎根邛崃，实现科技就地创新从无到有。在科技中游产业化集成化应用方面，引进种业领军型企业先正达、荃银高科、丰乐种业、四川川种等种业及关联企业23家，引进现代种业、食品粮油、农牧技术等领域创新创业领军人才6人，其中入选成都市产业建圈强链人才计划2人。培育邛酒邛茶、生态养殖、农产品加工等领域拔尖工匠40余人，累计培育成都市级以上农业产业化龙头企业42家，农业农村基本实现全覆盖。在科技下游进村入户到田方面，组建乡村科技特派服务团10个，重点开展水稻、油菜、小麦、果蔬栽种、茶叶种植等领域技术指导和实操培训，培育农业农村实用人才，积极争取两轮省级新型职业农民制度试点，累计培育合作社998家、家庭农场2 740家、高素质农民3 441人、农业职业经理人2 922人，实现每村都有合作社、每社都有高素质农民和职业经理人。

3. 分区分类建好科技示范基地，典型引路，全面提升农业农村现代化水平

按照"一核三区"产业功能布局，按平原、丘陵、山区及相应的产业规划建设科技示范基地。其中，在邛崃东部平原区建成西部一流的临邛现代种业创新创业基地、冉义优质稻油基地、牟礼稻渔和酿酒粮繁制基地；在中部丘陵区建成邛崃茶树种质资源圃（茶果蔬套种示范区）；在西部山区建成夹关茶树种质资源圃（夹关生态茶叶科技示范园）。常态化每年引进集中展示长江上游水稻优势品种和"稻香杯""鱼凫杯""天府菜油杯"获奖品种，扩大新品种成果应用推广面。引进示范小麦免耕带旋抗湿播种技术、水稻机插秧、油菜复耕机播、应用无人机水稻播种新技术、茶叶绿茶采摘新模式等新技术新装备，每年评选水稻、玉米、油菜等优秀种各10个，向邛崃乃至全省推广应用。全市粮食优质品种应用率90%以上，主要农作物耕种收综合机械化率达87.4%。聚焦农村人居环境改善和绿色生产生活方式构建，打造未来乡村示范区，探索出龙庵村香蒲农旅融合、向阳片区电商带动、川王村"乡贤+村集体+村民"研学旅游等新路径，成功创建省、成都市乡村振兴先进镇8个、示范村（社区）37个，引领带动邛崃乡村全面振兴。农业面源污染得到有效防治，秸秆综合利用率达到100%、畜禽粪肥综合利用率均达到98%。

（三）启示及对策建议

县域农业科技现代化是全省农业农村现代化的重要支撑和基石。四川省不同地区县域禀赋条件、农业功能特点和发展水平差异较大，借鉴邛崃市"锻长板、补短板、典型引路"，分类指导发展平原、丘陵、山区农业科技现代化模式具有现实意义。结合赴浙江、江苏、云南等省外发达省份和省内10多个省级农业科技现代化先行县调研情况，为夯实县域农业科技现代化根基，提出以下3点对策建议。

1. 做强科技农业是关键

习近平总书记指出，把发展农业科技放在更加突出的位置，统筹推进科技农业、绿色农业、质量农业、品牌农业。建议将科技农业纳入各县（市、区）首要的发展战略目标和一号工程。推动科技、人才、资本、数据等各类创新要素在县域集聚，打造各具特色的科技链，支撑当地主导产业链全面提升，引导政策链加快优化调整，让科技创新驱动成为县域农业农村现代化的核心力量和新的增长点。充分发挥国省农业科技现代化先行县的样板作用，探索形成的好经验、好做法、好路径及时普及应用到全省各地，助力我省科技农业走在全国前列。

2. 做实科技载体是重点

农业科技人员是创新成果的载体，依托科技特派员、"三区"人才、科技下乡万里行等项目引导科技人员向基层流动的同时，要研究激励农业科技人员价值体现的机制，确保科技人员名利双收。现代农业园区、科技园区等基地平台是科技落地的载体，在建立健全农田基础设施的同时，要规划建设发挥科技支撑作用的专家大院、科技小院及配套设施条件，保障科技驱动园区健康发展。职业经理人、科技示范户及基层农技员等科技转化为现实生产力的载体和"二传手"，要积极探索适合不同区域、不同产业、不同成果形态的特聘机制，确保"二传手"接得住、树得起、能传播。

3. 建立政产学研用紧密合作的长效机制是保障

良好的平台和机制是共建工作高效推进的基础。以县（市、区）地方政府为主导，农业科技现代化发展水平纳入党政同责、年度考核内容。推动县市区主动构建平台，整合科研机构、龙头企业及种养大户等力量和各类资金、资源，不断探索创新机制模式。建议全面启动县域农业科技现代化发展规划编制，有计划有目标地推进县域农业科技应用水平全面提升。要建立常态化会商机制，及时总结发现县域农业科技现代化发展过程中的成功经验、存在问题，动态优化科技支撑要素，既要让最新最好科技要素进得来，又要让不适宜的科技要素出得去。

附录4　农业科技现代化先行县的主要做法与成效

1. 井研县："北粮南柑"双引擎，丘区农业新样板

井研县地处四川盆地西南部，位于成都平原经济区，是典型的丘区农业大县。近年来，井研县坚持以争创农业科技现代化先行县为目标，大力实施"北柑南粮"战略，全面推进科技兴农，已先后获得全国产粮大县、全国生猪调出大县、全国柑橘产业30强县、"10+3"优质稻发展重点县、全省农村改革综合试验区、四川省现代农业示范县、国家级农业现代化示范区等国省荣誉奖项及试点示范称号100余项。2021年12月，井研县人民政府与四川省农业科学院签署《科技支撑现代农业高质量发展合作协议》，共同争创全国农业科技现代化先行县，聚力打造新时代四川丘区现代农业"井研样板"。

(1) 创新农业科技推广服务体系

井研县以满足农民科技需求为出发点，依托科技特派团，开展乡镇农技推广站管理"县乡一体化"的农技推广服务体系，打造"科技特派团+乡镇农技推广站+村技术员+科技示范户+农户"和"点、线、面"农业技术推广服务体系。"点"就是科技特派团成员包村包户，每名技术员联系1~2个村、3~5个科技示范主体，向每个科技示范主体发放标明技术指导信息技术联系卡，要求每名技术指导员和自己的科技示范主体建微信群，通过各种方式搞好技术服务和信息交流；"线"就是开通农业科技服务热线，设置中国农技推广App，及时上传工作动态和信息，确保24小时无盲区服务；"面"就是面对面服务，针对农民开会"不来、不听、不记"的坏习惯，采取集中培训、田间培训、送科技下乡、入户指导相结合的方式，对农民进行手把手教学指导。共出动科技特派员100余人次，指导科技示范户1 100余户，辐射带动全县2万余农户，推广应用水稻、柑橘、畜牧、蔬菜、玉米、水产等主导产业新品种49个。

(2) 创新"双百双创"推广模式

井研县以"标准化""数字化""绿色化""组织化""品牌化"的"五化互融"模式为引领，持续提升各项基础设施，开展创新创业促进产业振兴的"双百双创"活动，围绕南部百里粮油走廊建设和北部百里柑橘产业环线建设，成立了粮油、林果、畜牧、水产养殖、特色经济等科技创新服务团队，在重点基地园区、新型经营主体和重点产业村、科技示范户中开展水肥一体化、绿色防控等新技术、新应用试验示范，切实提高科技转化率。主持《丘区高效稻、蔬水旱轮作模式技术集成研究与试验示范（创新能力培育）》项目（四川省重点研发项目），推广新技术16项，打造了2处试验示范基地。与四川省农业科学院开展合作，组织开展

水稻试验、示范、推广工作，农业新技术、新品种得到了普遍应用推广，取得了良好的经济效益。

（3）创新实施科技特派员工程

井研县构建了3级科技特派员全覆盖网格体系、探索建立科技"1+4"对口联系制度、搭建2个线上线下农技创新推广平台，建立农业"线下服务+线上技术指导+整体解决方案"的服务矩阵，探索建立"科技特派员+专家大院+科技小院+农产品产销"一体化模式。创新建设"1个中心4个服务点"，打造集"农科研发、农技推广、科技扶贫、乡土人才培养、科技成果转化"等功能于一体的农业科技综合服务平台，构建了农村基层新型农业科技服务体系，提升辐射服务能力，形成以点带面的农业科技服务模式，解决农业生产中的问题并形成可持续发展的市场化运作模式。

（4）实施新型经营主体培育工程

井研县实施新型经营主体培育工程，加大对农业龙头企业、社会化服务组织、新型经营主体和新型农民的培育力度，培育省级农业产业化联合体2家，市级以上农业产业化重点龙头企业4家，农民专业合作社和家庭农场61家。井研县老农民水稻种植专业合作社是井研县开展新型主体培育的一个典型案例。合作社成立于2017年，为省级示范合作社，主要从事水稻等粮油作物和柑橘等经济作物的耕、种、防、收及全程托管服务。发展初期，农户普遍对农业社会化服务这一新型的农业生产经营模式不理解，存在诸多疑虑，小农户接受社会化服务程度较低。老农民合作社深入调研，广泛宣传，逐步探索出了"村集体经济组织+合作社+农户"的服务模式。一是村集体获得中介收益。村集体经济组织发挥组织优势，在合作社和农户之间发挥了重要纽带作用，有效解决了社会化服务过程中的统筹协调、组织发动、纠纷化解等实际问题，农户对农业生产托管服务的认可度不断提升；同时，老农民合作社根据不同服务环节，给予村集体经济组织中介服务费3~5元/亩，由此实现村集体收入的增加。二是农民实现增产增收。通过实行生产托管服务，推广先进适用的农业机械，将农户从繁重的体力劳动中解脱出来，实现了劳动力在种地和转移就业之间的合理流动，促进了农户工资性收入的增长。同时，服务组织通过采用"六统一"服务模式，统一采购农资、统一技术、统一耕种、统一田间管理、统一收获、统一销售，农户每年每亩可降低生产成本30%以上，增产10%左右，节本增效明显。井研县老农民水稻种植专业合作社成立以来坚持服务"三农"的宗旨，积极探索创新农业生产经营模式，拓展服务领域，延伸服务链条，为引领井研县丘陵地区的广大小农户与现代农业科技发展接轨作出了重要贡献。

2. 威远县："五级三方"同发力，"小"产业撬动大市场

威远县地处内江市西北部，位于四川盆地中南部，属于川南经济区，是丘区的大县。近年来，威远县按照因地制宜、生态保护、城乡一体、产城融合的思路，对现代农业空间布局实施科学规划，进行功能分区，准确定位了农业产业发展方向，明确划分出北部山区生态涵养农业区、南部丘区现代农业融合发展示范区两大农业产业功能分区，形成南北分区、优势互补的农业产业发展格局。先后荣获中国西部百强县、全国农村创业创新典型县、中国无花果之乡、中国无花果名县等荣誉称号，威远无花果被纳入中国特色农产品优势区。2022年四川省农业科学院与威远县人民政府在威远县签署农业科技合作协议，双方以此次签约为契机建立合作共赢的交流平台，重点开展以主导产业无花果为主，涵盖优质粮油、特色蔬菜、道地中药材、农产品加工等的技术攻关、成果转化、培训交流、基地建设等方面的合作，通过建立常态化的合作机制为威远县产业发展提供科技支撑，助力共建省级农业科技现代化先行县。

（1）坚持以点带面，探索发展智慧农业

威远农业智慧灌溉试点项目位于向义镇四方村，覆盖威远县向家岭无花果种植农民专业合作社和威远县无花果研究所的735亩无花果生产种植，安装有智能无线控制系统、土壤墒情监测系统、自动施肥系统等，实现了无花果灌溉全智能自动化。按735亩计算，每年增产约35%，实现效益增收约420万元。在新店、向义、界牌等镇，以大棚设施蔬菜高效生产模式，建成了现代经济作物产业标准化设施蔬菜基地，安装物联网技术设施设备，打造威远县农业物联网示范基地，实现蔬菜生产自动化管理，推进设施农业向智慧农业转型发展。威远县高度重视数字农业发展，从探索现代农业发展新模式、新途径入手，本着"顶层设计、整体规划、分步实施、注重应用"的原则，加大资金投入，推动物联网、大数据、移动互联网等信息技术在农业生产的在线监测、精准作业、数字化管理等方面得到不同程度应用，为实现农业结构调整和增加农民收入发挥越来越重要的作用。

（2）立足精深加工，打造现代农业产业链

威远县引进培育了金四方、久润泰、美源润、远歌、南强农科、同泉6家企业，生产休闲食品、酵素、饮料、果酒、日化等5大类30余种产品，年加工能力7万吨，居全国首位。2021年，鲜果加工率94.3%，产值6.3亿元，销售份额占全国同类产品六成。目前，久润泰正在和广药王老吉对接协商，争取授权品牌开发王老吉大健康产品无花果饮料系列。在确定无花果为主导产业之初，威远县就坚持加工龙头企业要提前发展，保证老百姓种出来的果子能变成钱，让老百姓无后顾之忧，让无花果产业稳定发展。除威远县金四方果业有限责任公司外，威远县还培育了四川久润泰科技有限公司、四川省美源润生态农业发展有限公司等无花果加工龙头企业，无花果鲜果年处理能力达10万吨，占全国的70%，位居第一，涉及无花果酵素、休闲即食食品、无花果茶等产品。

（3）发挥政府引领，重视农业科技投入

威远县充分发挥政府引领作用，加大农业科技投入力度，用好各级专项资金，

"省、市、县、镇、村"五级和"院企地"同向发力，夯实全县农业科技现代化发展基础。截至2023年6月，威远县利用中央、省级510万元农业专项建设资金，对基础农技推广硬件进行了全面升级，做到了办公设备全、培训场地好、服务工具齐；进村有摩托、检验有仪器、学习有平台。此外，全县精选组织、精选对象、精选教师，连续2年针对畜牧类、种植类、农机类、防疫类，分批分类培训324名新型职业农民，发放了324本新型职业农民培育合格证书。无花果产业是威远县农业主导产业之一，由政府牵头成立的威远县无花果科学研究所，是四川县域成立农业科研机构为当地产业提供科技支撑的典型案例。近年来，威远县无花果科学研究所持续强化技术攻关，积极选育无花果新品种，用"芯"打好威远无花果产业"特色牌"。截至2023年8月，无花果研究所已建立含90余个品种的无花果种质资源库，申报专利26项、培育新品种6个，为威远县无花果产业的发展提供了有力的科技支撑。

3. 巴中市恩阳区："四个聚力"兴产业，龙头带动助腾飞

恩阳区位于四川省东北部，地处成都、重庆、西安的几何中心，属秦巴山区扶贫开发核心区和成渝、关天两大经济区黏合带。2022年恩阳区入选四川省农业科技现代化先行县共建名单，与对口技术单位四川省农业科学院开展共建工作。近年来，恩阳区立足自身资源禀赋，结合产业发展基础，初步构建了粮油、果蔬、生猪、畜禽等为特色的现代农业产业体系，形成了"一核两环四带多园"现代农业产业布局。建有柳林海山优质粮油、红岩芦笋、普济宫魔芋等现代农业园区，建成田园恩阳科技中心、芦笋科技赋能中心、海山农事综合服务中心，助推农业现代化发展。全区推行"四个聚力"，聚力科技合作、聚力园区建设、聚力品牌建设、聚力集体经济引领，强化龙头企业带动，探索出一条具有恩阳特色的农业科技现代化发展之路，对推动秦巴山区实现农业科技现代化具有典型示范作用。

（1）聚力深化科技合作，强化科技赋能

充分对接农业科技供需，促进农业科技成果转化落地。一是通过科技供需对接，确立了农业科技研发目标和任务。恩阳区与北京、山东、四川等地科研院所和涉农高校合作，围绕芦笋种质资源收集、品种选育、组培试验、栽培技术等领域开展科研合作。二是加强科研平台建设，强化科技赋能。截至2023年8月，建成恩阳芦笋研发中心1处、建设芦笋科技赋能中心1个，科技引领芦笋特色产业提质增效。年产笋1.5万吨，实现综合产值3.5亿元。另外，已建设国家级专家大院1个（永平乡玉米新品种示范与推广专家大院），省级专家大院1个（弓棚子苜蓿草产业化示范专家大院），市级专家大院4个（即扶余玉米大豆科技专家大院、玉米超标准良种化工程专家大院、四粒红花生专家大院和利民种业优质玉米品种研繁项目专家大院），有效提升了农业产业发展的现代化水平。

(2) 聚力加强园区建设，强化以点带面

围绕"五化"发展要求，加强园区建设，以点带面，将现代农业园区建设作为示范引领全区农业科技现代化的重要载体。一是有序推进粮油园区建设。以省五星级现代粮油园区创建为抓手，聚焦"五化"建园思路，采取"稻-油"轮作、"稻鱼共生"生产模式，建设"稻鱼共生"基地200亩，新品种示范基地200亩，推广"稻香杯"系列良种15个，良种覆盖率100%，先进技术推广面100%，带动全区推广水稻、玉米、油菜等优势品种60个。建立MAP技术服务中心，新装数字化信息设备9套，实现园区管理数字化。二是加快推进芦笋现代农业园区建设。以双胜-下八庙芦笋产业园为核心区，建设核心示范园1万亩。园区建有芦笋研发中心1处、果蔬集配中心及加工厂1处，建设芦笋科技赋能中心1个。辐射带动恩阳区发展芦笋3.4万余亩，年产笋1.5万吨，实现综合产值3.5亿元。

(3) 聚力推动品牌建设，强化企业主体

恩阳区立足辖区地理优势和资源禀赋，积极推进区域特色品牌建设。一是培育壮大本土品牌，创新品牌运行模式。培育壮大"恩阳猕猴桃""恩阳大米""恩阳菜籽油""万仞山"等数项本土品牌。成功注册地理标志证明商标6件。通过推行"政府+地理标志+农户""协会+地理标志+农户""龙头企业（专业合作社）+地理标志+农户"等运作模式，有力促进市场主体与地理标志、商标品牌产业融合。二是培育引进业主，强化企业主体。采取"国企+村集体+新型经营主体"模式，招引有实力的业主合作发展芦笋产业。全区发展市级龙头企业3家，省级龙头企业1家，新型经营主体400余家。按照"政府引导、企业主体、市场运作"的思路，拓宽芦笋种植、加工、销售招商引资渠道，做优精深加工。针对芦笋产业发展，构建了"127"利益联结机制，促进新型经营主体、农户和村集体经济"三方共赢"。

(4) 聚力强化集体经济引领，创新社会化服务

恩阳区探索创新集体经济引领农业社会化服务方式，实现了小农户和现代农业发展有机衔接。一是成立联合社。在调研过程中，通过与恩阳区柳林镇海山村村书记的交流了解到，海山村通过农村集体资产清产核、成员确认、股份量化和登记赋码，成立了恩阳区柳林镇海山村股份经济合作联合社。该联合社集体资产1 672.44万元，成员3 892人，拥有100米^{2}日处理60吨烘干房，耕、种、收农机和烘干设备价值100余万元。二是创新农业社会化服务方式。建立耕种、收割农户需求台账，由农户自主选择服务项目，实行统一耕种、统一收割。与万仞山米业公司签订"订单式"购销合同。参与农业社会化服务的农户亩均节约生产成本300元以上。针对小农户、规模经营户特点，探索出优势互助互补生产合作模式，生产效率提高了30%，亩均降低成本150元，实现了生产效率和经济效益双提升。此外，联合社开展系统培训，提升农民种管能力。从生产资料、技术服务等方面予以帮扶指导，引导农户向懂经营、会技术、能管理的新型职业农民转变。

4. 会东县:"三个第一"筑基石,开创彝区农科路

会东县位于四川西南、凉山正南,地处川南滇北交汇之处,是四川构建沿金沙江经济带和建设美丽富饶文明和谐安宁河谷的核心区域之一,是国家建设攀西战略资源开发实验区的重要组成部分。境内地貌为横断山脉南部褶皱山中切割地带,地形复杂,高差悬殊,资源禀赋。先后获得"全国烟叶产量第一大县、生猪调出大县、产粮大县、华山松第一大县、松露产量第一大县"等荣誉称号,以"三个第一"为基础,开创具有"会东"特色的少数民族地区农业科技现代化路径。根据四川省农业农村厅《关于组织开展省级农业科技现代化先行县共建工作的通知》(川农函〔2022〕610号)和《关于印发〈四川省级农业科技现代化先行县共建工作实施方案〉的通知》(川农函〔2023〕477号)等文件精神,与对口技术单位凉山州农业科学研究院共建四川省级农业科技现代化先行县,探索构建科技支撑引领乡村全面振兴和农业农村现代化的新机制新模式,聚力打造新时代攀西经济区现代农业"会东样板"。

(1) 引培示范主体,推进产业全链条发展

会东县牢固树立"科学发展、转型跨越"理念,以抓工业的思路和方法抓产业,探索创新现代产业经营模式,深入实施大企业带动战略,推进产业全链条发展。据悉,会东县人民政府与凉山州烟草专卖局(公司)签订《共建全国烟叶一流强县战略合作框架协议》,大力发展烟草业,烟草公司乘此机遇,积极拓展产业链条,依托烟叶复烤厂、物流园,构建了"产、供、销、收、储、调"全链条管理体系,推动现代仓储、物流、服务业融合发展。2018年,会东县人民政府招商引入会东超越农业有限公司,成功打造国际先进水平的会东县现代化蓝莓产业园,面积约5 000亩,含种植3 000亩高标准大棚基质蓝莓示范园,2 000亩陆地蓝莓栽培基地并配套建设蓝莓分选包装、冷链运输、精深加工为一体的完整产业链,探索出具有会东特色的"龙头企业+合作社+职业农民+贫困户"的产业扶贫模式,可带动2 000户周边农户从事蓝莓种植生产,同时对农户种植产品统一回收、统一分选包装、统一销售,极大地增加了农户收入。2018年,会东县政府投入资金1.8亿元,建设铁骑力士仔猪繁育场,租赁给铁骑力士公司使用,现能繁母猪存栏10 500头,年生产商品仔猪可达22万~25万头,探索出了"政府+公司+养殖户(代养场)""仔猪—育肥猪"循环的产业链条,并采用"园区+农户"模式发展订单农业,实行保底价收购。

(2) 深化院县共建,提高农业科技化水平

会东县大力实施科技兴农战略,推动特色农业持续发展。与凉山州农业科学研究院签订合作协议,组建支撑会东县农业科技先行县专家组,联合县农业、科技等部门的专业技术人员组建9个联合攻关组,下设粮油、养殖、经果、牧草、植保、蚕烟、农机、农经(含资源环境利用)、数字农业9个创新团队,围绕会东县

"烟、桑、畜、果、蔬、粮、药"主导产业，采用技术成果转移应用、委托攻关、联合攻关等形式，针对农业生产中存在的技术瓶颈下沉开展科技攻关和技术服务。

在烟草方面，依托院企联创烟叶技术平台，建设专家工作站，围绕良种培育、上部叶高可用性开发、中棵烟培育等核心关键环节开展科技攻关，全面提升烟叶质量和可用性，全面推广有机肥增施、烟地深耕等绿色生产措施，积极探索清洁能源烘烤模式变革，强化面源污染治理和绿色防治技术，构建烟叶标准化生产体系，健全完善病虫害预测预报网络和烟叶抗旱防灾减灾体系，加强全程数字化管控，全面推行信息化收购、全程质量可追溯，健全完善烟叶生产全域全程质量管理规范和技术标准。2010年，由中国农业科学院、中国产业促进会相关院所及上海烟草、湖南中烟、川渝中烟等卷烟企业组成的专家评估团，把会东烟叶定位为山地"清香型"，在2012年全国特色优质烟叶开发工作暨烟叶生产技术研讨会上，荣获清甜香最突出、烟气飘逸程度最显著、品质得分最高"三最"好评。

在蓝莓方面，与40余家高校、企业、科研院所建立战略合作关系，与中国农业大学和西北农林科技大学开展专家联营、技术攻坚，大力实施"智汇乡村"人才培养计划，有效激发园区发展动力活力。2022年，引回5名本土高素质人才参与园区管理，培养12名党员致富带头人、21名技术型本土人才，带动当地水电移民、贫困户、土地流转户等625户，总计增收约2 100万元。

（3）加强园区建设，强化以点带面示范带动

围绕会东县"烟、桑、畜、果、蔬、粮、药"主导产业，以园区为抓手，以点带面，推动农业生产提质增效，促进农业科技现代化发展。做强粮烟现代农业园区，面积15 835亩，其中会东烟草科创园300亩，烟草复烤加工与仓储物流区535亩（复烤厂380亩、仓储区155亩），实施粮烟复合种植、种养循环、绿色防控、水肥一体化智能灌溉、青饲加工、数字农业、土壤修复与治理、农机配套、新品种选（引）育等工程，推动绿色生产技术运用，推行化肥农药减量化、废弃物资源化，形成"烟-草-畜-沼-烟"循环的经济链条。筛选适宜品种1~2个，配套栽培技术1套，粮烟复合种植、种养循环模式各1个，开展数字农业示范，开展技术培训2~3次，培训农民100余人次，秸秆资源利用93%以上，降解膜使用率90%以上，"三品一标"1个。培优石榴现代农业园区，面积3.5万亩，依托科研院所科技资源，开展绿色防控、种养结合等技术，主要通过引进放养捕食螨，用生物的方法来防治病虫害；农用噬菌体靶向治疗作物细菌性土传病害的研究和试验示范；推广果园养鹅技术；开展技术培训2~3次，培训农民100余人次，秸秆资源利用93%以上；开展大田测试及示范，实现农用噬菌体的初步产业化。实现病虫害防效>80%、节药成本60%、减少化学农药用量60%；种养复合经济效益增加收益1 600元/亩；品牌建设1个、培育新型家庭农场2个。

（4）加强农技推广，加快农业科技成果转化

农业技术推广体系是农业科技成果转化的桥梁和纽带，是农业社会化服务体系

的重要组成部分。根据中央、省、市、州关于农技推广安排部署要求，会东县制定了《会东县2022年中央财政农业生产发展项目（基层农技服务推广体系改革与建设）实施方案》，为稳口粮、稳玉米、扩大豆、扩油料，应对重大自然灾害和病虫害等提供技术服务支撑。一是强化基层农技推广机构公益性职责履行，组建科技服务小分队，有县局机关1个（内设机构8个）和农技推广机构14个，实有职工171人，其中事业人员110人，专业技术人员85人。形成了以乡镇政府管理为主，县级部门为辅的管理体制、运行机制，乡镇政府负责人、财、物等资源管理，县级部门负责对乡镇技术推广机构进行业务指导，以及人员的调配、考评和晋升，并制定完善的人员聘用、培训、推广责任、工作考评等制度，实行工资报酬、职称晋级等与业务考评挂钩，充分调动农技人员的工作积极性。二是加强先进适用技术、主导品种主推技术示范推广，开展了农业主推技术遴选推介，全年发布主推技术10项，指导科技示范户推广应用新品种、新技术，农业主推技术到位率≥98%，三是打造先进农业技术展示平台，提升农技推广显示度和带动能力，建成粮油示范基地（大豆玉米带状复合种植科技示范基地）、姜州镇石榴林下套种大球盖菇试验基地、会东县水电移民产业发展扶持基地3个科技示范基地。四是加强农技人员知识更新培训，提升基层农技推广队伍素质，组织参加省级骨干人才培训、州级"新时代基层农业干部主题（业务能力提升班）"培训、州级"乡村人才振兴五年行动计划在职"培训、州级"基层农技人员州级调训"培训，共计91名农技人员参加5天脱产能力提升培训。五是加快普及"互联网+"农技推广服务手段，提高农技推广服务信息化水平，建设农技推广信息化和农技推广云平台，通过QQ、微信、在农技推广App累计上传日志4 500余条。按时上传中国基层农技服务信息平台工作动态等材料。

5. 巴塘县："内外资源"促融合，奋楫高原强农路

巴塘县位于川西北高原，甘孜州西南端金沙江上游东岸，川、滇、藏三省（区）接合部，是三省（区）自然、文化、经济、交通的交汇地带。近年来，巴塘县紧紧围绕县委"12466"发展思路，以州级"10+2"产业发展体系为依托，进一步巩固拓展农牧产业发展成果与乡村振兴有效衔接，加快培育金沙江流域现代农业产业带，推进产业布局区域化社会化，园区建设集约化规模化，发展方式资本化市场化，农畜产品品牌化绿色化。聚焦"北旅中农南水"产业布局，围绕"果蔬肉药蜜"五大特色产业，强化与科研院所的深度合作。重点依托自身高原气候资源特色和"甲着"小麦资源，探索外部资本、人力等资源与本地资源融合互促的农业科技现代化发展模式，成功创建四川省省级农业科技现代化先行县，对川西北生态经济区农业科技现代化发展具有典型示范作用。

（1）夯实"院所支撑"

紧紧围绕产业发展所需，全力达成与各级各类科研院所战略合作，逐步实现

"科技助农、科技育农、科技兴农"。通过与巴塘县农牧农村和科技局领导座谈，了解到巴塘县近年来不断深化与科研院所的科技合作。一是依托院所，提升标准化生产。遵循国家行业标准、结合地方实际，研究、编制生产质量管理标准、规范，严格按照"五有一可"（种养有标准、操作有规范、过程有记录、产品有标识、上市有检测、质量可追溯）组织生产，建立健全农产品质量安全追溯体系，筑牢产品营销保障体系。二是依托院所，积极探索"政府推动、专家促动、龙头拉动、典型带动、农民主动"的技术推广方式，强化科技成果在生产一线的实际应用。三是依托院所，针对不同类别的痛点、难点问题，实地调研，联合攻关，建立试验、示范样板，编撰图文并茂系列教案、教材，组织线上线下"田间课堂"，建设技术团队，构建人才梯队。四是依托院所，实现良种良法良技配套，促进增产增收，促进特色资源与特色技术叠加，助推有机巴塘打造，助推农产品区域公用品牌、产品品牌创建。

（2）做优"两个资源"

依托当地气候、"甲着"小麦等特色资源，吸引外部资本注入，促进内外部资源融合互动，推动农业科技现代化。首先，巴塘县属半干旱河谷亚热带气候，具有热量充足、生态环境良好、无工业污染源等资源优势，适合栽培各种蔬菜。巴塘县国资公司与山东寿光高科温室工程有限公司共同组建了巴塘县高原鲜生态农业发展有限公司，种植发展生态蔬菜产业。其次，巴塘县拥有优异农业资源"甲着"小麦。巴塘县"甲着"入选了2022年全国十大优异种质资源。吸引成都等地资本注入，专门成立了四川甲着农业科技有限公司，并与四川省农业科学院作物研究所及甘孜州当地有关部门签订合作协议，借助科研力量对"甲着"进行遗传改良和开发利用。依托东西部协作和省内对口援建资源优势，通过采购、代销、委托加工等多种形式对接外部市场，拓宽销售渠道。

（3）建设"两个中心"

一是建立了农技农机服务中心。牵头组织、协调、统筹产业发展各环节技术标准、规范的研究和制定，以及后续的培训、指导、服务；负责产业发展所需设施设备的计划、购置；负责安全生产指导、监督；负责技术服务团队、基层技术人员的组建、教育、培训、管理。推进两者互动互促、协调共进。二是建立了产业信息服务中心。利用线上线下各种渠道，定期不定期深入一线调研，及时、广泛收集、梳理、汇总与产业发展相关的所有技术、管理、营销信息，建立健全涵盖政策法规、实用技术、管理营销等在内的信息库，建立健全问题发现、统计分析、宣传培训数字化管理系统，逐步搭建覆盖产业发展各链条、各环节的服务平台，构建县、乡、村、组四级联动网络，实现种植养殖技术、加工技术、市场销售行情等信息互动、共享，实现服务与监管一体化、规范化。

（4）强化"两个统筹"

首先是统筹融合发展。立足巴塘年接待游客近百万人的优势，实施"实体店＋

景区+乡村"多元融合模式,使过路经济向过夜经济转化、发展,让每一名游客都成为巴塘的"活广告"。一是在县城布局旅游景点与特色农产品展示体验中心;二是在措普沟、姊妹湖、格木草原等知名景区融入特色农产品;三是在甲英镇雅哇村、竹巴龙乡水磨沟村、中咱镇波浪村等地,布局发展田园观光、休闲度假、农牧体验等新业态。其次是统筹品牌营销。支持企业开展生产、加工、配送、销售一体化经营的基础上,全力打造"特巴食"农产品公用品牌,统一"互联网+"电商平台与外出展销。一是强化合作,开设了"鹏程万里话巴塘"抖音直播平台;二是利用现代网络通信技术,通过认领、定制等方式,布局建设"共享菜园""共享果园""共享圈舍";三是适时组织企业及新型经营主体参加博览会、展销会、区域优品全国行、产销对接会等,不断扩大产品市场影响力、占有率。

(5)实施"两大工程"

首先是"四围绕"实施基础提质工程。紧紧围绕产业发展规划,争取国家、省、州支持,积极将产业发展落实到村、组、农户和地块,全力做到面积(规模)、种源、技术、物资、责任五落实。围绕园区(基地)建设要求,健全完善水、电、路、通信、网络等基础设施建设。围绕原料生产标准,组织开展农产品质量安全监管、检测、执法。围绕"互联网+农业""物流+农业",做好构建现代农村购销网络共享平台、建立农村公共仓储配送体系前期工作。其次是"四加强"实施品牌打造工程。以基本拟定的区域农产品公用品牌"特巴食"为核心,以南区海椒、巴塘苹果、"金核一号"等特色地理标志产品为重点,以打造醋海椒、苹果干、蜂蜜、毛桃果酒等特色农产品"区域+企业"双品牌为抓手,多措并举,构建"政府推动、部门联动、企业主动、社会促动"的农产品品牌建设长效机制。另一方面,通过加强对外合作,搭建电商直播平台,定期不定期推介"高原江南·五彩藏乡"区域公共品牌、"特巴食"区域农产品公用品牌,以及境内特色文旅资源,提升了影响力、知名度。